ullstein

Das Buch

Das kleine skandinavische Königreich zwischen Nord- und Ostsee gilt als unkompliziert. Doch Dänemark ist nicht nur Gemütlichkeit, Tivoli und Smørrebrød, mit deutscher Höflichkeit kommt man hier nicht weit, und die Anmeldung eines Autos kann ganz schnell zur Katastrophe geraten.

Doch bare rolig, immer mit der Ruhe, wie der Däne sagt. Zum Glück lernt Elmar Jung schnell, auf Dänisch zu fluchen, viel Aquavit zu trinken und die Direktheit der Dänen nicht immer so persönlich zu nehmen. Und als er Sara kennenlernt, mit ihr zusammenzieht und eine Familie gründet, offenbart sich ihm das Land als eine einzige große und hyggelige Familie.

Der Autor

Elmar Jung, geboren 1978, arbeitet seit 2009 als Skandinavien-Korrespondent in Dänemark, wo er u. a. für *Die Welt* und die *Süddeutsche Zeitung* schreibt. Mit seiner Freundin und seinem kleinen Sohn lebt er in Kopenhagen.

Elmar Jung

Alles wegen Dänen!

Überleben mit Smørrebrød

Ullstein

Besuchen Sie uns im Internet:
www.ullstein-taschenbuch.de

MIX
Papier aus verantwortungsvollen Quellen
FSC
www.fsc.org
FSC® C014496

Originalausgabe im Ullstein Taschenbuch
1. Auflage Mai 2013

Umschlaggestaltung und Gestaltung des Vor- und Nachsatzes: Sabine Wimmer, Berlin
Illustration: Katja Spitzer
Satz: LVD GmbH, Berlin
Gesetzt aus der Excelsior
Papier: Pamo Super von Arctic Paper Mochenwangen GmbH
Druck und Bindearbeiten: GGP Media GmbH, Pößneck
Printed in Germany
ISBN 978-3-548-37504-5

PROLOG

Eigentlich könnten sich die Autohersteller das Einbauen von Hupen sparen. Zumindest bei allen Fahrzeugen, die für den dänischen Markt bestimmt sind. Es macht sowieso niemand von ihnen Gebrauch. Auch jetzt, an diesem Augustabend, bleiben die Dänen hinter dem Steuer gelassen, obwohl der sonst eher beschauliche Berufsverkehr während der diesjährigen Fashion Week bedrohlich anschwillt. Die Modewoche lässt die Kopenhagener noch besser aussehen als sonst schon. An der Kalvebod Brygge am Hafenbecken strömen Geschäftsleute in gutsitzenden Anzügen durch die Drehtüren sonnendurchfluteter Konferenzzentren, die Silhouetten noch besser gekleideter Models spiegeln sich in der schwarzen Glasfassade der Königlichen Bibliothek, Autos quälen sich der Ampel Ecke Hammerichsgade entgegen. Und ich bin der Einzige, der hupt.

Wir waren bei Verwandten am anderen Ende der Stadt zu Besuch, als bei meiner Freundin Sara die Wehen einsetzten. Obwohl es nur noch fünf Tage bis zum errechneten Geburtstermin waren, kam das für uns völlig überraschend.

»So schnell haben wir dann doch nicht damit gerechnet«, hatte ich unseren Freunden noch zugerufen, als wir überstürzt ihre Wohnung verließen. »Alles Gute«, riefen sie uns hinterher.

Jetzt stecke ich mit unserem klapprigen BMW in der Innenstadt fest und bin ziemlich nervös. Werden wir es rechtzeitig in den Kreißsaal schaffen? Ich blicke zu Sara, die ihre Augen geschlossen hat und sich auf ihre Atmung konzentriert. Ansonsten scheint sie relativ entspannt zu sein. Ganz im Gegensatz zu mir.

»Hältst du durch?«, frage ich sie in einer etwas längeren Wehenpause.

»Mir bleibt kaum etwas anderes übrig«, antwortet sie kurzatmig. »Oder traust du dir zu, das Kind im Auto zur Welt zu bringen?« Jetzt grinst sie, aber mich beruhigt ihre Aussage nicht wirklich. Im Gegenteil.

Mit quietschenden Reifen biege ich auf Höhe des Schwarzen Diamanten links ab. Die Neue Carlsberg Glyptothek, der Tivoli und das Rathaus rauschen an uns vorbei. Normalerweise genieße ich es, den Hans Christian Andersens Boulevard entlangzufahren, aber jetzt ist mein Sichtfeld eingeengt zu einem Tunnelblick, und meine Augen richten sich starr auf die Straße vor uns.

»Keine Sorge«, versuche ich Sara und ein klein bisschen auch mich selbst zu beruhigen, »gleich sind wir da.« Doch sie reagiert nicht, und als ich zur Seite blicke, bemerke ich, dass sie gerade vor sich hin döst. Sie atmet jetzt ganz ruhig. Offenbar gönnen die Wehen ihrem Körper gerade eine längere Pause.

Jetzt sind es nur noch wenige hundert Meter bis zum Rigshospital, der zentralen Universitätsklinik Dänemarks. Dort werden jedes Jahr etwa 6000 Babys geboren, und wenn alles gutgeht, auch bald unser Sohn. Nur noch einmal links abbiegen und wir sind da. Aber als ich kurz in den Rückspiegel schaue, bemerke ich zu meinem Entsetzen Blaulicht. Es ist die Polizei, die mir mit der Lichthupe zu verstehen gibt, dass der Einsatz mir gilt und ich rechts ranfahren soll. Mist! Widerwillig leiste ich der Anweisung Folge und bringe den Wagen zum Stehen. Als ich das Seitenfenster herunterfahre, trifft mich der Schlag.

»Das darf doch nicht wahr sein. Du schon wieder!«, flucht der Polizeibeamte, der anscheinend genauso überrascht ist wie ich. Kopenhagen ist wirklich ein Dorf. Vor mir steht ausgerechnet der Polizist, dem ich in den letzten zehn Monaten schon zweimal bei einer Verkehrskontrolle begegnet bin. Und dieses Mal wird er mich wohl nicht so einfach davonkommen lassen.

EINS

Fünfzehn Monate früher, im Mai 2011, rollen wir mit unserem Wagen langsam durch verkehrsberuhigte Straßen. Immer mal wieder überfahren wir eine Abbremsschwelle, und der Blick aus der Frontscheibe verrutscht. Wir bewegen uns deshalb im Schritttempo. Unseren künftigen Nachbarn scheint das nur recht zu sein. So haben sie mehr Zeit, sich die Neuen genau anzuschauen.

Für Sara und mich ist es ein ganz besonderer Samstag. Denn heute ziehen wir endlich zusammen. Lange haben wir nach einer Mietwohnung suchen müssen, die uns gefällt, gut liegt und zugleich erschwinglich ist, bis wir am Ende dann doch noch in einer idyllischen Ecke von Østerbro, einem Viertel im Nordosten Kopenhagens, fündig wurden. In Zukunft werden wir Teil dieser Nachbarschaft sein, die uns gerade so aufmerksam begutachtet.

Eine ältere Frau lässt die Schere sinken, mit der sie gerade die Zierkirsche in ihrem Vorgarten bearbeitet hat, und schaut uns neugierig hinterher. Drei junge Männer mit Baseballmützen, die sich eben noch euphorisch zugeprostet haben, nehmen die Tuborg-Dosen vom Mund. Vielleicht feiern sie immer noch, dass der FC Kopenhagen gestern sein Heimspiel gegen den Lokalrivalen Brøndby gewonnen hat. Jedenfalls machen alle Köpfe einen Schwenk in unsere Fahrtrichtung.

Nachdem wir die richtige Hausnummer gefunden und eine Parklücke erspäht haben, halte ich den Wagen an.

»Neugierige Nachbarn. Genau das, was ich brauche«, murmele ich, während ich rückwärts einparke. »Haben die noch nie zwei Menschen in einem Auto gesehen?«

»Doch«, entgegnet Sara. »Aber das Nummernschild …«

Sie braucht den Satz nicht zu beenden. Sofort ist es wieder da, das flaue Gefühl im Magen. Es überfällt mich immer dann, wenn ich ein schlechtes Gewissen habe. Ich habe mein Glück schon viel zu lange überstrapaziert. Eigentlich hätten mich Polizei oder Finanzamt längst erwischen müssen. Denn wer nach Dänemark zieht und sein Auto nicht innerhalb von zwei Wochen ummeldet, der muss mit einer saftigen Strafe rechnen. Und ich lebe schon seit über zwei Jahren hier – mit einem Auto, für dessen Besitz ich nach dänischem Gesetz richtig tief in die Tasche greifen müsste. Was die Angelegenheit so teuer macht, ist allerdings weniger das Auto selbst als die weiß-roten dänischen Nummernschilder: Denn die sind fast so kostbar, als wären sie aus Gold gestanzt. Bis zu 180 Prozent des aktuellen Verkehrswertes eines Autos will der dänische Staat für sie haben. Für einen zehn Jahre alten BMW wie meinen wären daher mindestens 100 000 Kronen, also umgerechnet mehr als 13 000 Euro fällig. Dies ist der Grund, warum ich mit meinem Münchner Kennzeichen schon gefühlte 120 Wochen zu lang in meiner neuen Heimat unterwegs bin.

Nachdem wir ausgestiegen sind, kneife ich denn auch gleich misstrauisch die Augen zusammen und mustere die Leute unserer neuen Nachbarschaft. Doch die haben sich schon wieder von uns abgewandt und machen da weiter, wo sie gerade aufgehört haben: Die drei Jungs mit den Tuborg-Dosen prosten sich noch einmal gut gelaunt zu, und die Gärtnerin ist schon wieder mit den Zierkirschen beschäftigt. Nur ein Mann mit zerzaustem Haar, der seinen Kopf aus einem Fenster im ersten Stock steckt, beobachtet uns immer noch. Ich befürchte das Schlimmste: Bestimmt notiert er gleich unser Kennzeichen, um es an die Steuerbehörden weiterzureichen.

»Du, ich glaube, der da oben greift gleich zum Hörer und verpfeift uns. Würde mich nicht wundern bei einem Dänen«, raune ich Sara zu, die sich gerade unser neues Haus ansieht. Seitdem ich einmal im ZDF-Auslandsjournal eine Reportage über angebliche Stasi-Verhältnisse in Dänemark gesehen habe, hält sich bei mir das Vorurteil vom denunzierenden Dänen hartnäckig – wenn auch zu Unrecht.

»Jetzt übertreib mal nicht«, pfeift mich Sara zurück. Kein Wunder: Sie ist Dänin. »Die sehen doch alle ganz nett aus. Und jetzt schau mal, wie toll wir hier wohnen.«

Sie hat ja recht. Unser neues Viertel ist selbst für Kopenhagener Verhältnisse außergewöhnlich schön gelegen: Rote Backsteinhäuser aus dem Ende des 19. Jahrhunderts reihen sich aneinander. Die Witterung hat die Dachschindeln aus Ziegel in verschiedenste Rottöne getaucht. Ovale Messingschilder mit den Namen der Bewohner zieren die blauen Eingangstüren, und in den von weißen Holzzäunen umgebenen Gärten wiegen die Rhododendren sich im Sommerwind. Es ist herrlich ruhig, obwohl Østerbro eigentlich ein sehr geschäftiger Stadtteil ist: Supermärkte, Banken und Cafés reihen sich hier aneinander. Das Fußballstadion Parken, das auch oft für Konzerte genutzt wird, ist nicht weit, und viele Familien mit kleinen Kindern sorgen für Lebendigkeit.

Østerbro, das seinen Namen von einer Brücke, zu Dänisch *bro*, trägt, die im Mittelalter zum Stadttor Østerport führte, schließt im Nordosten direkt an die Kopenhagener Altstadt an. Es entstand Mitte des 17. Jahrhunderts im Rahmen der vierten großen Stadterweiterung. Im Zentrum bestimmen Altbauten das Straßenbild, die jedoch mit zunehmender Entfernung vom Stadtkern von kleinen Einfamilien- und Reihenhäusern abgelöst werden, fast alles schöne Klinkerbauten mit unregelmäßigem Mauerwerk. Sara ist Architektin, weshalb sie sich sogleich für dieses Detail begeistert: »Toll, dass die Häuser nicht so glatt und perfekt sind. Das hat viel mehr Charme!« Da der Lieferwagen unseres Umzugsunternehmens noch immer nicht in Sicht ist, drehen wir noch eine kleine Runde durch unsere Straße und gehen dann zu unserem neuen Heim.

Auf der Schwelle des Hauses (natürlich auch aus rotem Backstein), dessen Parterrewohnung wir gemietet haben, liegt ein fetter schwarzer Kater und lässt sich die Sonne auf den Pelz brennen. Er ist so entspannt, dass er noch nicht einmal hochschreckt, als plötzlich die Tür aufgeht: Eine distinguierte Dame in einem beigen Hosenanzug und High Heels tritt ins Freie. Ihr Gesicht ist fast weiß geschminkt, sie trägt dunkelgrauen Lidschatten, der ihre eisgrauen Augen noch mehr hervorhebt. Auch ihr langes glattes Haar, kunstvoll zu einem Zopf geflochten und mit zwei sich kreuzenden Nadeln nach oben gesteckt, ist fast weiß. Eine beeindruckende Erscheinung. Vorsichtig steigt sie über den Kater, der überhaupt keine Anstalten macht, sich auch nur einen Millimeter zu rühren. Erst danach hebt die Frau ihren Blick und stellt sich uns als Ellen vor.

Von unseren Vermietern wissen wir, dass Ellen in der Wohnung über uns lebt. Früher einmal hatte ihrem Mann das ganze Haus mit allen drei Wohnungen gehört, doch nach seinem Tod vor ein paar Jahren war es ihr zu viel geworden, die alleinige Verantwortung für das Anwesen zu tragen. Also verkaufte sie die Wohnung unter dem Dach an eine junge Familie und die im Erdgeschoss an Hanne und Ole, ein älteres Baptisten-Pärchen, das derzeit in Südschweden missioniert und seine Wohnung an uns untervermietet. Vor drei Wochen meldeten sich die beiden auf unser Suchinserat, das wir in der Lokalzeitung geschaltet hatten. Obwohl ich Katholik bin, Sara sogar konfessionslos ist und wir fortan in wilder Ehe zusammenleben werden, haben sich Hanne und Ole für uns entschieden. Für die Besichtigung blieb nicht viel Zeit, weil die beiden schon wieder auf dem Sprung waren, »denn unsere Arbeit ruht nie«, wie Hanne uns erklärte. Wir wurden deshalb durch die Wohnung mehr gejagt denn geführt. Da sie uns auf den ersten Blick zusagte und erschwinglicher Wohnraum in Kopenhagen nicht einfach zu finden ist, sagten wir kurzerhand zu. Selbst wenn wir Gefahr liefen, zum Umzugstermin schon wieder vergessen zu haben, wie unser neues Zuhause aussah.

»Ihr seht aber ganz schön zerknittert aus«, sagt Ellen trocken, ohne sich die Mühe zu machen, das Gespräch mit ein paar freundlichen Floskeln einzuleiten. Dänen halten Small Talk für reine Zeitverschwendung – eine Eigenart, die ich auch an Sara sofort bemerkt habe, als ich sie vor einem guten Jahr kennenlernte. Sie spricht die Dinge am liebsten direkt und ohne Umschweife an. Mir kommt das ehrlich gesagt entgegen. Auch ich bin nicht gut darin, erst einmal stundenlang um den heißen Brei zu reden, bevor ich mein eigentliches Anliegen äußern kann. Außerdem sehen wir gerade wirklich nicht wie das blühende Leben aus. Ich entscheide mich, Ellen einfach zuzustimmen.

»Da hast du wohl recht. Wir haben gestern noch bis spät in die Nacht Kisten gepackt. Und dann schläft man vor einem Umzug ja nie wirklich gut. Die ganze Aufregung und so.«

Ellen nickt verständnisvoll, wobei sich eine ihrer Haarnadeln löst und zu Boden fällt. Als sie sich bückt, fällt ihr Blick auf das Kennzeichen meines Autos.

»Da macht euch mal keine Sorgen«, sagt sie, offenbar davon ausgehend, dass sie es hier mit jemandem zu tun hat, der sich schon viel zu lange um die Gebühr für dänische Nummernschilder drückt. »Hier wird euch niemand bei den Behörden melden. Ich schon gar nicht. Ich halte die Zulassungsgebühr sowieso für vollkommen idiotisch. Viele meiner Bekannten hat die Angst vor den Behörden schon auf die absurdesten Ideen gebracht.« Ellen erzählt mit glockenklarer Stimme von gefälschten Nummernschildern und von Leuten, die die Dinger einfach klauen, um sie sich dann ans eigene

Auto zu schrauben. »*Helt sindsygt* – total verrückt«, beendet sie ihren Kurzausflug in die Abgründe dänischer Abgaben- und Steuergaunerei. »Aber was rede ich hier so lange herum. Kommt doch schnell auf einen Kaffee zu mir in die Wohnung.«

»Wir würden wirklich gerne, aber das Umzugsauto kommt bestimmt …«, beginne ich, aber da unterbricht mich schon Sara.

»Ein Kaffee kann nie schaden«, sagt sie. »Und wenn der LKW vorfährt, kriegen wir das schon mit.« Typisch Sara: Während in mir bereits die Ungeduld aufsteigt, hat sie die Ruhe weg.

Als wir Ellens Wohnung im ersten Stock betreten, fällt mir sofort auf, wie angenehm luftig und leicht sie eingerichtet ist. Keine schweren Vitrinenschränke aus dunklem, poliertem Holz, kein staubiger Barocksessel oder Porzellanfigürchen auf dem Fenstersims, wie ich es aus Deutschland von Wohnungen etwas betagterer Menschen gewohnt bin. Stattdessen stehen im Esszimmer auf dem hellgeölten Dielenboden ein weißer ovaler Holztisch, dazu sechs Stühle in passender Farbe des dänischen Designers Arne Jacobsen. Über dem Ensemble hängt eine ausladende Deckenleuchte von Louis Poulsen. An den Sprossenfenstern werfen olivgrüne Vorhänge aus dünnem Tuch ihre Falten. Ellen bittet uns, auf einem grauen Ecksofa Platz zu nehmen, das sich trotz der schlichten Polsterung als sehr bequem erweist.

Das Beste an dänischem Design ist, dass es nicht nur gut aussieht, sondern auch funktioniert. Reduktion aufs Wesentliche, ohne dass dabei die Wärme verlorengeht. Ich komme mir in Ellens Wohnung vor wie in einem Einrichtungsmagazin. Gemütlich ist es trotzdem.

Bei einer Tasse Kaffee und einem Stück Schokoladenkuchen erfahren wir, warum gerade Ellen eine der erbittertsten Gegnerinnen der dänischen Kfz-Registrierungsgebühr ist. Als Informationschefin von Citroën Dänemark ist sie qua Profession wegen der ganzen Sache gar nicht gut auf den Staat zu sprechen. Das finde ich als Journalist natürlich spannend: »Darf ich dich zitieren, wenn ich darüber mal einen Artikel schreibe?«

»Na klar.«

»Auch wörtlich, also ohne abgeschwächte Formulierungen? Es wäre schade, wenn am Ende nur noch die Hälfte von deinen Erzählungen übrig bliebe.«

»Da mach dir mal keine Sorgen. Wir sind hier in Dänemark.« Dänen nehmen nur ungern ein Blatt vor den Mund, was sie in meinen Augen nicht nur sehr sympathisch macht, sondern für einen Journalisten auch zu idealen Gesprächspartnern. Wir könnten ewig mit Ellen Kaffee trinken, Schokoladenkuchen essen und über Merkwürdigkeiten im Staate Dänemark sprechen. Doch irgendwann müssen wir uns auch mal um unseren Umzug kümmern.

Als Sara und ich eine Stunde später die Wohnung betreten – der Umzugswagen ist immer noch nicht da –, staunen wir. So groß hatten wir sie nicht in Erinnerung. Bei der ersten Besichtigung vor drei Wochen war sie noch vollgestellt mit Möbeln, jetzt offenbart sich uns eine riesige, mediterran anmutende Küche mit dunkelroten Terrakotta-Fliesen, die über zwei Stufen in das leicht erhöhte, mit breiten Holzplanken ausgelegte Wohnzimmer übergeht. Lediglich ein schwarzer

Holzofen, der, wie wir uns zuvor vergewissert haben, nicht nur Zierde ist, trennt die Zimmer voneinander. Zudem gibt es ein Schlaf- und ein Gästezimmer sowie ein kleines Büro. Und was ganz wichtig und hier eine echte Rarität ist: ein Badezimmer mit Badewanne! Da Kopenhagen im Zweiten Weltkrieg von Zerstörungen weitgehend verschont blieb, hat die Stadt eine vergleichsweise alte Bausubstanz. Bunte, 300 Jahre alte Giebelhäuser, historische Villen mit herrschaftlichen Fassaden und pittoresken Türmchen, rote Backsteinhäuser: Das ist zwar alles schön anzuschauen, vieles auch repräsentativ und erhaben. Aber die Badezimmer sind meist nicht mehr als Nischen in einer Felswand.

Während wir darauf warten, dass die inzwischen eingetroffenen Hünen vom Umzugsdienst mit dem Auspacken beginnen, durchschreiten wir gemeinsam die Räume und richten sie in Gedanken ein. Als wir zu dem Zimmer treten, in dem ich eigentlich mein künftiges Büro sehe, meint Sara: »*Og det skal være børneværelset.*« Und das wird das Kinderzimmer.

Mir wird etwas schwindelig. »Wieso Kinderzimmer? Bist du etwa schwanger?«, huste ich, während sich auf meiner Stirn erste Perlen von Angstschweiß bilden.

»Schwanger? Nein. Wie kommst du denn darauf?« Sara lacht und lässt sich auf dem Holzboden nieder, während ich dastehe wie ein begossener Pudel. Aber meine unsouveräne Reaktion scheint sie wenig zu stören. Als sie mir den Schrecken anmerkt, steht sie wieder auf, umarmt mich und klopft mir beruhigend auf den Rücken.

»Ich meine ja nur, du hast schließlich gerade vom Kinderzimmer gesprochen«, versuche ich mich, halb lachend und halb stotternd, zu rechtfertigen.

»Aber nein! Ich habe gesagt: Das hier *wäre* also das Kinderzimmer. Für den Fall, dass ...«

Ah, da bin ich offensichtlich mal wieder in die dänisch-deutsche Übersetzungsfalle getappt. Im Dänischen ist nämlich nicht immer ganz leicht auszumachen, ob etwas *ist*, *sein wird* oder *sein soll*. Grammatikalische Feinheiten wie der Konjunktiv finden zumindest in der gesprochenen Sprache nicht immer statt. Oder ich habe das nach zwei Jahren in Dänemark noch immer nicht ganz begriffen.

»Oh Mann. Dänisch ist wirklich eine schwere Sprache ... und diese Missverständnisse kosten mich manchmal ganz schön Nerven«, brumme ich Sara an. Aber die ist schon wieder mit dem imaginären Einrichten der Wohnung beschäftigt.

Ich nutze die Gelegenheit und gehe nach draußen, wo ich mich einen Moment auf die Bordsteinkante setze und die Augen schließe. Kinder. Dafür bin ich doch noch viel zu jung! Zumindest gefühlt. Außerdem kenne ich Sara noch gar nicht so lange, wir sind erst seit knapp eineinhalb Jahren ein Paar und ziehen gerade erst zusammen. Da darf der Nachwuchs ruhig noch ein wenig auf sich warten lassen. In letzter Zeit hat sich auch so schon genug in meinem Leben verändert. Wenn ich mir überlege, dass ich erst vor zwei Jahren nach Dänemark gekommen bin ...

Mit meinem ganzen Hab und Gut, das damals noch in einen Mercedes Sprinter XXL passte, hatte ich die Reise von München nach Kopenhagen angetreten. Drei meiner besten Freunde waren mit dabei, um mir beim Umzug zu helfen und mir in den ersten beiden Tagen in Dänemark beizustehen. Das Volontariat bei einer überregionalen deutschen Tageszeitung war gerade zu

Ende gegangen, und da das anschließende Stellenangebot etwas halbherzig war, beschloss ich, mich erst einmal als Selbständiger durchzuschlagen – und warum nicht in Kopenhagen: Ich hatte schon früher mit dem Gedanken gespielt, in Dänemark zu leben. Als 16-Jähriger hatte ich auf meiner ersten Interrail-Reise Bekanntschaft mit Kopenhagen gemacht. Damals hatte ich eigentlich geplant, sechs Länder und zehn Städte in drei Wochen zu bereisen. Doch daraus wurde nichts. Ich lernte innerhalb kürzester Zeit so viele nette Leute in Kopenhagen, meiner ersten Reisestation, kennen, dass ich eine Woche dort hängenblieb. Die Dänen erschienen mir alle so freundlich und unkompliziert, Kopenhagen im Vergleich zu München geradezu kosmopolitisch, und dann war da auch noch das Meer, das direkt an die Stadt angrenzte – am liebsten wäre ich für immer geblieben.

Nach meinem Volontariat war ich mit meinen dreißig Jahren noch einigermaßen jung und auch ungebunden, schließlich hatte ich weder eine Familie noch eine Beziehung. Eigentlich war ich nur für mich selbst verantwortlich. Warum also nicht das Wagnis eingehen, zu meiner alten Liebe zurückkehren und als freier Journalist in einer der spannendsten Städte der Welt arbeiten?

Meine Freunde und Kollegen schienen der gleichen Meinung zu sein: »Wenn nicht jetzt, dann nie«, sagte mein Freund Conni, alle anderen rieten mir ebenso zum Sprung ins Ungewisse. Und irgendwann sagte ich mir das auch. Einzig meine Eltern waren skeptisch. »Willst du nicht lieber doch die Stelle in München annehmen?«, fragten sie. »Geh doch auf Nummer sicher und bleibe hier.« Ich wäre wohl auch ein wenig enttäuscht gewesen, hätten sie nicht wenigstens versucht, mir das Auswandern auszureden. Aber elterliche Fürsorge hin oder her. Mein Entschluss stand fest.

Also packte ich sechs Wochen nach Ende des Volontariats meine Sachen und fuhr mit Conni, Nigel und Peter Richtung Norden. Ich war froh, dass die drei mich auf meiner Reise ins Ungewisse begleiteten. Denn ein bisschen mulmig war mir schon zumute. Nachdem wir nach einer fast fünfzehnstündigen Autofahrt in Vanløse, einem kleinen Viertel am Rande der großen Stadt, angekommen waren und meine Möbel ausgeladen hatten, wollten wir es uns erst einmal gutgehen lassen. Wir gingen aus, unser Ziel war das Jazzhouse, einer der angesagtesten Nachtclubs direkt in der Innenstadt. Gut gelaunt stellten wir uns in die lange Schlange, und als wir nach einer knappen halben Stunde endlich Einlass fanden, standen drinnen Luft und Leute. Von den roten Vorhängen an den Fenstern war vor lauter Gedränge kaum mehr etwas zu sehen. Ganz am Ende des Raums führte eine Wendeltreppe nach unten, von wo die Musik dröhnte. Kein Jazz, wie der Name des Clubs suggerierte, eher Techno. Wir beließen es dabei, uns an die Bar zu stellen und das Treiben von dort aus zu beobachten. Gutgekleidete Menschen aller Altersgruppen hingen sich mit glasigen Blicken in den Armen. Sie lallten, taumelten, fingen sich und stürzten dann doch.

»Auch nicht anders als in München«, rief ich Conni ins Ohr.

»Ist das jetzt gut oder schlecht?«, schrie er zurück.

»Gut. Auf jeden Fall gut!« Ich war in diesem Moment tatsächlich froh über alles, das mich irgendwie an meine Heimat erinnerte. Und wenn es sich nur um das Ausgehverhalten junger Erwachsener handelte. Mich fröstelte ein wenig bei dem Gedanken an Montag, wenn das Wochenende vorbei sein würde und meine besten Freunde abgereist und ich der Wahrheit ins Gesicht blicken müsste: Du bist ausgewandert, und zwar allein.

Plötzlich trat eine zierliche Gestalt mit großen schwarzen Augen, ganz in Schwarz gekleidet, an mich heran und verwickelte mich in ein Gespräch. Momina, so ihr Name, hatte indische Wurzeln, war jedoch in Dänemark geboren. Ihre schlanken Arme waren mit unzähligen Ketten und Holzreifen behangen, die bei jeder Bewegung klackerten. Ich schaute gerade auf ihre spitzen, beim Lachen leicht vibrierenden Nasenflügel, als Momina fragte:

»Hast du eine Freundin?«

»Nein«, antwortete ich etwas perplex ob ihrer Direktheit.

»Schade. Dann wäre es nicht nur aufregend, sondern auch noch verboten gewesen.« Sie nahm jetzt den Strohhalm in den Mund und saugte mit einem schlürfenden Geräusch den Rest ihres Getränks vom Boden des Glases.

»Was meinst du?« Mir war nicht ganz klar, wohin das hier führen sollte.

»Dass wir jetzt zu mir fahren«, sagte sie. »Warte, ich hole nur schnell meine Jacke, und dann los.«

Ich schaute fragend meine Freunde an, entschied mich aber dann, den Dingen ihren Lauf zu lassen, und warf ihnen meinen Wohnungsschlüssel zu.

Gut zwei Jahre ist das jetzt her, dass mich eine fremde Dänin an meinem ersten Abend in Kopenhagen spontan mit zu sich nach Hause genommen hat. Alles war so unbedarft und folgenlos. Und jetzt ziehe ich in die Kopenhagener Vorstadt, mit einem Gärtchen vor der Tür und einer Freundin, die sich bereits fragt, wo unser Nachwuchs schlafen soll.

Inzwischen müssen wir uns den Weg zwischen Türmen aus Umzugskartons, kleineren und größeren Tischen, Stehlampen und Schrankwänden hindurchbahnen, um von einem Raum in den nächsten zu gelangen. Als nach gut 90 Minuten alles ausgeladen ist, gebe ich den beiden Möbelpackern ein Trinkgeld und bitte sie, die Rechnung wie vereinbart per Post zu schicken.

»Zuerst bezahlen, die Rechnung kommt später«, murmelt darauf der eine von ihnen.

Der andere nickt eifrig und hält die Hand auf.

Also doch. Wir hatten uns extra ein möglichst seriös erscheinendes Umzugsunternehmen ausgesucht, um sicherzugehen, dass auch ja nichts am Fiskus vorbeigeschleust würde. Denn bei Steuer- und Sozialbetrug versteht man in Dänemark keinen Spaß. Der Staat ist sehr großzügig, wenn es um die Verteilung sozialer Wohltaten an seine Bürger geht. Doch wehe, man hintergeht ihn. Drakonische Strafen drohen jedem, der seine Putzfrau schwarz beschäftigt oder den für private Notizen benutzten Bleistift in der Steuererklärung als Büromaterial deklariert. Nachdem wir unser Glück mit meinem deutschen Kennzeichen schon hinreichend auf die Probe gestellt hatten, wähnten wir uns mit der Firma Jensen & Jensen auf der sicheren Seite. Und jetzt will man doch Bares sehen. Zähneknirschend zücke ich die Geldbörse und bezahle. Die Rechnung, versichern die beiden, werde uns dann später per Post zugestellt.

Mit einem ausländischen Autokennzeichen die Aufmerksamkeit der ganzen Nachbarschaft erregt und die Umzugsfirma schwarz bezahlt: zwei Straftaten an einem einzigen Tag. Das macht mich dann doch etwas nervös. Nachdem sich die beiden Möbelpacker getrollt haben, krame ich deshalb sofort mein Notebook hervor und setze mich an den provisorischen Schreibtisch in der Küche, den ich mir aus vier Umzugskartons und einem Holzbrett gebastelt habe. Höchste Zeit, endlich die Ummeldung des Autos in Angriff zu nehmen.

Stunden vergehen, während ich durch die unübersichtlichen Internetseiten von Finanzamt, Zulassungsstelle und der Stadt Kopenhagen irre. Sara wuselt derweil durch die Wohnung und hat bestimmt schon die Hälfte der Umzugskisten ausgepackt. Bei ihr stehen Dinge nie lange unerledigt herum, während ich ein Meister im Aufschieben bin. Gut, dass ich jetzt zumindest die Sache mit dem Kennzeichen angehe.

»Es ist schon ganz schön spät. Willst du nicht mal was essen?«, fragt sie mit hochgezogenen Augenbrauen. »Ich höre dein Magenknurren bis hierher.«

Ich schaue auf die Uhr. Schon halb neun. »Ich bin gleich fertig. Muss nur noch schnell die letzten Formulare zusammensuchen.«

Ein völlig grundloser Optimismus, denn die Online-Safari geht nur schleppend voran, auch weil mir auf meiner Tastatur die dänischen Buchstaben æ, ø und å fehlen. Einen neuen Laptop könnte ich vielleicht auch gebrauchen. Aber eins nach dem anderen. Irgendwann habe ich die nötigen Formulare zusammengesucht und herausgefunden, welche Behörden ich in welcher Reihenfolge zu besuchen habe. Am Ende formen sich meine Lippen zu einem zufriedenen Lächeln, das jedoch schlagartig gefriert, als ich über einen Button auf der Homepage der Stadt Kopenhagen stolpere. »Sozialbetrug melden«, steht da. Mit zitternder Hand führe ich den Cursor auf die Stelle und klicke. Auf der nächsten Seite erscheint ein Formular, das jeden dazu einlädt, detailliert anzugeben, wie sein Mitbürger den Staat betrügt – anonym versteht sich. Mutmaßlicher Tatbestand, Beobachtungszeitraum, Adresse des Beobachteten, eben alles, was die Ermittler wissen sollten. Man bedanke sich ganz herzlich für die Kooperation und werde jedem Hinweis nachgehen, heißt es ganz unten.

Ich muss unbedingt mein Auto ummelden. Denn die Sache wird mir langsam zu heiß.

ZWEI

Am nächsten Morgen weckt mich das Klingeln meines Mobiltelefons. Die erste Nacht in der neuen Wohnung war kurz. Wir hatten spätabends noch Spaghetti gekocht. Nicht besonders dänisch, doch angesichts unseres Geschirrmangels am praktischsten. Dazu gab es zwei Flaschen Rotwein, und obwohl das Ganze im Schein einer Schreibtischlampe stattfand, war es irgendwie romantisch. Um Musik mussten wir uns nicht kümmern. Die kam vom Nachbarhaus, wo die drei Jungs mit den Baseballkappen offenbar immer noch den Sieg des FC Kopenhagen feierten. Oder aber Dänemarks Erfolgsband *Aqua* gab ein Privatkonzert. Jedenfalls hörten wir ziemlich oft das Lied »*I'm a barbie girl, in a barbie world …*«. Als ich endlich eingeschlafen war, träumte ich, wie zwei Beamte der SKAT, das ist die dänische Steuerbehörde, mich abholten: Sie trugen schwarze Anzüge, dunkle Sonnenbrillen und Funkknöpfe in den Ohren und beschlagnahmten, ohne ein Wort mit mir zu wechseln, mein Auto, bevor sie mich in Handschellen legten und abführten. Nach einer endlosen Fahrt durch graue, namenlose Straßen luden sie mich vor den Säulen des Kopenhagener

Amtsgerichts in der Innenstadt ab. *»Med lov skal man land bygge«*, Gesetze sind die Bausteine eines jeden Landes, entzifferte ich den in goldenen Lettern gehaltenen Schriftzug über dem Eingang. Das Letzte, woran ich mich erinnern kann, ist, wie der Richter, der in seine schwarze Robe gehüllt hinter einem fünf Meter hohen Pult aus Holz steht, mit seinem Hammer zum Urteilsschlag ausholt.

Das Handy klingelt. Meine Hand greift einige Male ins Leere, erwischt ein halbvolles Glas mit Wasser, dessen Inhalt sich über den Holzboden ergießt, ehe sie das auf dem Boden liegende Telefon zu fassen kriegt. Es ist Ulf Carstens, der Leiter für das Ressort Außenpolitik einer großen Tageszeitung, für die ich schreibe.

»Bitte entschuldigen Sie, dass ich so früh anrufe. Aber wir bräuchten dringend einen Text von Ihnen. Haben Sie gut geschlafen?« Sonntags sind meine Auftraggeber immer besonders freundlich. Ich schaue auf den Wecker. 9.30 Uhr.

»Guten Morgen Herr Carstens. Um was geht es denn?« Ich versuche, wach und aufgeräumt zu klingen, aber es fällt mir schwer.

»Wir planen einen Schwerpunkt zur Gesundheitsreform in Deutschland und wollen dabei auch auf einige unserer Nachbarländer schauen. Bei euch da oben in Dänemark läuft doch immer alles so reibungslos.«

»Na ja. Sooo toll ist das Gesundheitssystem hier auch wieder nicht. Die Kosten für die Patienten sind ziemlich hoch. Und bis man mal beim richtigen Arzt landet ...«

»Da haben Sie ja schon einiges zu berichten. Uns reichen 80 Zeilen. Sagen wir bis um halb vier? Wir sind gespannt auf Ihren Text.« Aufgelegt.

Ich beschließe, den Telefonüberfall fürs Erste zu ignorieren. Schließlich ist es noch früh am Morgen, und wir müssen erst mal frühstücken. Erschöpft vom gestrigen Umzug, liegt Sara neben mir auf der Matratze und blinzelt mich müde an.

»Und ich dachte, wir hätten den Sonntag mal ganz für uns«, gähnt sie, während sie sich auf die Seite dreht und streckt.

»Du weißt doch: Sonntagsarbeit kann mir als Journalist immer drohen«, antworte ich und streichle ihr über den Kopf. Ich habe schon überlegt, aus dem Tageszeitungsgeschäft auszusteigen, weil mir die Publikationsfrequenz zu hoch ist. Doch wenn ein aktuelles Thema anliegt, packt mich immer der Ehrgeiz.

»Ich weiß, ja«, meint Sara verständnisvoll. »Aber wir haben heute noch jede Menge zu tun …«

»… und deshalb habe ich beschlossen, den Artikel erst einmal auf die lange Bank zu schieben und mich um das Frühstück zu kümmern!« Mit diesen Worten drücke ich ihr einen Kuss auf die Stirn und erhebe mich von der Matratze.

Vom Schlafzimmer stapfe ich in die Küche, vorbei an den Einzelteilen unseres Bettes, die immer noch an der Wand lehnen, zwei Tellern mit Spaghettiresten und dem Fernseher, den wir gestern als Erstes ausgepackt und angeschlossen haben. Der Geruch frisch geweißelter Wände hängt in der Wohnung, weshalb ich ein paar Fenster öffne. Draußen herrscht herrliche Ruhe. In unserem Kühlschrank gähnende Leere. Nichts, außer ein paar Flaschen Orangenlimonade, die vom Umzug übrig geblieben sind. Zum Glück ist man sonntags in Dänemark nicht auf Tankstellen oder schlechtsortierte Geschäfte an Bahnhöfen angewiesen. Im protestantischen Norden hat die von höchster christlicher Instanz verordnete Sonntagsruhe – Gott sei Dank – einiges von ihrer Strahlkraft eingebüßt, was sich in einem ziemlich liberalen Ladenschlussgesetz niederschlägt. Öffnungszeiten von 10 bis 22 Uhr an Sonn- und Feiertagen waren mit das Erste, was ich an Dänemark zu schätzen lernte. Nur allzu schnell und gerne habe ich mich daran gewöhnt, sonntags um 19.30 Uhr Milch und Müsli für den nächsten Morgen zu besorgen, und bin dadurch noch planungsfauler geworden, als ich ohnehin schon war.

Um halb elf sitze ich auf meinem Fahrrad und radle durch den Fælledpark, der zwischen dem Kopenhagener Rigshospital und dem Fußballstadion liegt, das in Anlehnung an seine Umgebung schlicht *Parken* heißt. Verstreut über die von dickstämmigen Buchen eingerahmten Wiesen haben es sich Familien mit Kind und Kegel auf Decken bequem gemacht und ihre Tupperschüsseln hervorgeholt, gefüllt mit *pølser*, *smørrebrød*, also Würstchen und belegten Broten, und dem wichtigsten: *øl*. Bier, und da gehe ich als Oberbayer d'accord, ist für die Dänen weit mehr als nur ein alkoholisches Getränk. Bier ist Lebensgefühl, das man eigentlich zu jeder Uhrzeit genießen möchte. Sei es abends zum *æble flæsk*, einem kräftigen Eintopf aus Schweinefleisch und Äpfeln, oder eben an einem Sonntagvormittag im Park, wenn vor allem junge Väter der Natur die Erziehung ihrer Kinder überlassen, während sie sich ein paar Carlsberg, Tuborg, Slots Guld, Fur, Bering Bryg, Jomfruhumle, PJ Harvey, Påske Bock, Thor oder Ægir schmecken lassen. Die Liste ließe sich beliebig lang fortsetzen, so zahlreich sind Biersorten und Kleinstbrauereien in Dänemark. Mit welcher Hingabe die

Dänen ihre Biere genießen, rührt mich als Bayer fast schon zu Tränen, auch wenn bei Sorten wie Pearl of India oder Peach Beer das Reinheitsgebot wohl nicht eingehalten wird. So wichtig ist das für die Leute hier aber auch gar nicht. Wichtig ist, dass sie sich mit einem guten Bier in den Zustand allgemeiner *hygge* versetzen.

Hygge ist das vielleicht wichtigste Wort der Dänen. Oft wird es mit »Gemütlichkeit« oder »Wohlbefinden« übersetzt. Doch für *hygge* gibt es eigentlich keine passende Übersetzung, weil keine dem Phänomen gerecht wird. *Hygge* ist viel mehr. Meine Mitbewohnerin beschrieb mir *hygge* einmal als die Kunst, Intimität zu schaffen, ein Gefühl von Heiterkeit und Zufriedenheit. Mit *hygge* könne alles Mögliche gemeint sein, erklärte sie. Der Hot Dog an der Würstchenbude nach einem Theaterbesuch in einer lauen Sommernacht, ein DVD-Nachmittag an einem verregneten Sonntag oder schlicht und einfach Sex. *Hygge*, so meine Mitbewohnerin, sei eine Idylle, die durch nichts und niemand gestört werden kann. Und Dänemark ist Hort dieser *Hygge*.

So gesehen hätte ich mir kein besseres Land als Wahlheimat aussuchen können.

»Elmar!« Irgendjemand ruft meinen Namen. »Elmar!«

Suchend lasse ich meinen Blick über das Meer an hyggeligen Picknickern schweifen, bis ich einen winkenden Mann sehe. Es ist mein Freund Paw, *Pau* ausgesprochen. Vorsichtig bahne ich mir einen Weg durch herumlaufende Kinder, immer auf der Hut, dass mir keines vors Fahrrad läuft oder mir einen Stock in die Speichen wirft. Als ich endlich durch den Menschenverhau bin, steht Paw vor mir. Ein blonder Mann in Pullover, Jeans und Turnschuhen. Klein und schlank, fast schon drahtig. Seine Mundwinkel zeigen wie bei einem Clown leicht nach oben, und durch die Grübchen rund um seine grauen Augen sieht er immer aus wie jemand, der gerade etwas ausheckt. Bier und Zigarette sind seine ständigen Begleiter, weshalb er auch jetzt keine Hand zur Begrüßung frei hat. Händeschütteln ist in Dänemark aber sowieso nicht üblich. Stattdessen gibt es eine Umarmung.

»*Tak for sidst*«, sagt Paw, was so viel heißt wie »danke fürs letzte Mal«. Das ist die typische Begrüßungsformel – die mich aber noch heute zum Stutzen bringt. Sie wird selbst dann verwendet, wenn das letzte Treffen schon Jahre zurückliegt. Eine Höflichkeitsfloskel, die angesichts der direkten und schnörkellosen Art der Dänen überrascht, die aber genauso dazugehört wie das obligatorische *Tak for mad*, »danke für das Essen«, oder dem *Med venlig hilsen*, »mit freundlichem Gruß«, mit dem selbst die dicksten Freunde ihre E-Mail beenden.

»Äh, ja. *Selv tak*«, »ebenfalls«, erwidere ich zögernd, ohne mich recht daran erinnern zu können, was wir das letzte Mal so Besonderes gemacht haben, dass man sich dafür bedanken müsste.

»Wie lief es mit dem Umzug? Hat alles geklappt?«, will Paw wissen.

»Ja. So weit, so gut. Dauert halt immer ein wenig, bis man richtig eingerichtet ist«, antworte ich.

»Ich habe einen Plan«, sprudelt es aus ihm hervor, während er ungeduldig auf den Zehen wippt.

»Das habe ich mir fast schon gedacht!« Ich muss schmunzeln. Dass Paw einen Plan hat, überrascht mich nicht. Der Mann ist das größte Energiebündel, das ich kenne. Immer muss etwas passieren. Einfach in den Tag hineinleben geht nicht. Wahrscheinlich hat er dieses Picknick schon vor Tagen mit der Akribie eines Buchhalters vorbereitet und bis spät in die Nacht Listen über noch zu machende Nudelsalate, Nusskuchen und Holunderblütensäfte geführt. Jedenfalls kann ich aus den Augenwinkeln erspähen, dass sein Picknickkorb vor selbstgemachten Spezereien nur so überquillt.

»Ja, stell dir vor. Was hältst du davon, wenn wir heute Nachmittag in Christiania in die Sauna gehen? Wir schwitzen ein wenig und genehmigen uns ein paar Bier. Das wäre doch *superhyggeligt*.«

Eigentlich habe ich die Dänen als ruhiges und entspanntes Völkchen kennengelernt. Umso mehr sticht mir Paws Hyperaktivität ins Auge. Sein Bewegungsdrang und seine Rastlosigkeit sind in seinem Umfeld fast schon legendär. Der Gute lässt keinen Stein auf dem anderen, sucht sich ständig neue Herausforderungen. Als Manager eines mehr oder weniger erfolgreichen Performancekünstlers etwa hat er schon die aberwitzigsten Projekte organisiert.

»Wie waren eigentlich die Reaktionen auf deine Butoh-Tanz-Veranstaltung?«, fällt mir da ein.

»Du hättest Pias Gesicht sehen sollen, als sie morgens zur Arbeit kam und feststellen musste, dass vor der Zentrale ihrer Partei gerade japanischer Ausdruckstanz dargeboten wird. Zum Schießen«, erzählt Paw und stößt dabei ein tiefes rauchiges Lachen aus. Paw liebt die Provokation mit Augenzwinkern. Wenn ein mit Kreide bemalter, halbnackter Mann durch seinen grotesk anmutenden Tanz ein Naserümpfen bei der

Vorsitzenden der rechtspopulistischen Dänischen Volkspartei, Pia Kjærsgaard, hervorruft, ist ihm das Lohn genug.

»Kann ich mir gut vorstellen«, grinse ich.

»Ich finde, man kann Pia gar nicht oft genug entlarven. Kulturministerin möchte sie gerne werden, versteht von kontemporärer Kunst aber nicht die Bohne.« Paw ist jetzt gar nicht mehr zum Lachen zumute. Als engagierter Kenner der Kunstszene fürchtet er nur wenig mehr als eine volkstümelnde Politikerin als dänische Kulturchefin.

»Aber genug davon. Was ist jetzt mit Christiania? Bist du dabei?«

Die Umzugskisten und der Eilauftrag sind leider zwei gewichtige Gründe gegen einen Besuch im »Freistaat Christiania«, der alternativen Enklave mitten im Zentrum der Stadt. Als ich Paw von meinem Artikel über das dänische Gesundheitssystem erzähle, zuckt er mit den Schultern.

»Was gibt's da schon groß zu schreiben? Nicht gerade toll«, sagt er und rollt mit den Augen. Dass ein Däne sich so kritisch über die Funktionsweise des Gesundheitswesens seines eigenen Landes äußert, ist bemerkenswert. Anders als in Deutschland gilt es in Dänemark als tabu, vor Fremden schlecht über sein Heimatland zu sprechen. Einmal unterhielt ich mich mit einem dänischen Journalistenkollegen über das Thema. Dabei lernte ich schnell, dass ich als Ausländer Kritik, wenn überhaupt, nur in homöopathischen Dosen äußern und den eigentlichen Missstand lediglich als Petitesse am Rande erwähnen sollte. Als ich nämlich ansetzte, mich über zu lange Wartezeiten zu mokieren, erntete ich einen finsteren Blick und den Kommentar, dass in Deutschland auch nicht alles rosig aussehe und Dänemark auf dem Gebiet medizinischer Versorgung immer noch zu den führenden Nationen gehöre. Mein Kollege wollte Kritik von meiner Seite einfach nicht zulassen.

Ich lenkte dann schnell ein und meinte, dass das dänische Gesundheitssystem grundsätzlich ganz großartig sei. Manchmal müsse man halt ein wenig warten, bis der Arzt einen Termin frei habe, aber an und für sich sei das kein großes Problem, da Stress und Zeitdruck ohnehin nur auf die Gesundheit schlügen.

Bei Paw kann ich mir solch in Lob verpackte Kritik allerdings sparen. Dafür kennen wir uns schon zu gut.

Nach meinem Kurzeinkauf und einem für Saras Geschmack viel zu hastigen Frühstück setze ich mich zu Hause an den provisorischen Schreibtisch. Nachdem ich die gewünschten 80 Zeilen über das dänische Gesundheitssystem geschrieben habe, lese ich mir den Text noch einmal durch. Mehr als eine Übersicht kann ich in dieser Kürze nicht bieten, denke ich. Trotzdem wirkt der Artikel ein wenig farblos. Ich beschließe, mir noch ein Statement zu besorgen, und zwar ein exklusives. Für eine Geschichte dieses kleinen Kalibers wäre das zwar gar nicht nötig, aber jetzt hat mich der Ehrgeiz gepackt. Wenn ich schon den Saunabesuch mit Paw sausenlasse, muss es sich schließlich auch lohnen.

Also rufe ich die persönliche Referentin von Gesundheitsminister Jakob Axel Nielsen auf ihrem Handy an. Nun bin ich auch nicht besser als mein Ressortleiter, über dessen sonntäglichen Anruf ich mich vorher noch geärgert habe. Kein Problem, erwidert die freundliche Dame nur und gibt mir einfach die Handynummer ihres Chefs. Danke. *Det var så lidt*, gern geschehen. Nach mehr als zwei Jahren in Dänemark erstaunt es mich noch immer, wie einfach man auch an höherrangige Politiker rankommt. In Deutschland beschäftigt jeder Staatssekretär einen ganzen Pressestab, um sich die Journalisten vom Hals zu halten. Und von einem Regierungschef wird sogar eine gewisse Unnahbarkeit erwartet. Vor Kumpeltypen verlieren die Leute irgendwann den Respekt, weil sie nicht mehr zu ihnen aufschauen können. Eigentlich merkwürdig. Dänische Politiker hingegen müssen *folkelig* sein. Volksnah. Wer sich nicht hin und wieder mit seiner Familie beim Grillen im Garten in Szene setzen lässt, gilt als abgehoben. Selbst Regierungschef Lars Løkke Rasmussen ist am Samstagnachmittag oft zu Gast in seichten Talkrunden. In Jeans und Holzfällerhemd sitzt er dann mit hochgekrempelten Ärmeln auf dem Sofa und plaudert gut gelaunt über sein Rezept für in Weinbrand eingelegte Sauerkirschen und erzählt, wie das so ist, wenn der Hund auch das letzte Paar Turnschuhe zerbissen hat. Man stelle sich das einmal mit Angela Merkel im deutschen Fernsehen vor. Ach, vielleicht lieber doch nicht.

Es klingelt. Schon mal ein gutes Zeichen. Als sich dann aber eine Kinderstimme meldet, bin ich ein wenig verunsichert.

»Hallo?«

»Ja, ähem. Hier spricht Elmar Jung, Nordeuropakorrespondent. Ist das die Nummer von Gesundheitsminister Jakob Axel Nielsen?«

»Paaapa!«, schreit es plötzlich am anderen Ende, »hier ist ein Mann, der dich sprechen will!«

Im Hintergrund klirrt und scheppert es. »*For satan*,

verdammt!« Das war wohl der Herr Gesundheitsminister.

»Sag ihm, Papa hat gerade keine Zeit, weil Papa gerade die Pfanne vom Herd gefallen ist.«

»Hallo? Papa sagt, er …«

»Ich habe es gehört«, schmunzle ich. »Danke trotzdem. *Hej hej*.« Ich schaue auf die Uhr. Es ist schon kurz vor Abgabeschluss. Dann werde ich mich wohl mit einem Zitat aus dem Archiv begnügen müssen.

DREI

In meiner ersten Zeit in Kopenhagen bekam ich von all den Sehenswürdigkeiten der Stadt nicht viel zu sehen. Paw hielt das für Zeitverschwendung. »Das kannst du doch später immer noch machen«, antwortete er, wenn ich vorschlug, mal die Kleine Meerjungfrau anzuschauen oder in den Tivoli zu gehen. Er wollte mir *sein* Kopenhagen zeigen, und das lag im Stadtteil Nørrebro, fernab ausgetretener Touristenpfade.

Nørrebro ist eines der ärmeren Viertel Kopenhagens, stellenweise heruntergekommen, aber auch inspirierend und farbenfroh. Geschäfte mit Oliven, Pita-Brot und Humus in den Auslagen reihen sich aneinander, und es duftet exotisch nach zerstoßenen Korianderkörnern und Kreuzkümmel. Viele Bewohner dieser Gegend kommen aus Afrika oder dem arabischen Raum, aus Pakistan, Somalia oder Marokko. Fast jeder Dritte in Nørrebro hat einen Migrationshintergrund, in ganz Dänemark nur jeder Zehnte.

Ich genoss das buntgemischte Flair des Viertels, versuchte aber auch, bestimmte Ecken nachts zu meiden, was mir nicht immer gelang. Rund um die S-Bahn-Station Nørrebro kulminiert dieser Schmelztiegel zu einer explosiven Mischung, die sich bisweilen in Schießereien und Vandalismus entlädt. Mit Brettern vernagelte Fenster, Graffiti an fast allen Häuserwänden, das Heulen von Sirenen und nach Einbruch der Dunkelheit überall Stimmen, die einem zuflüstern: *Vil du hygge dig*, willst du Spaß haben? Mit Hygge ist in diesem Fall der Spaß mit Drogen gemeint. Oder mit Prostituierten. Ich war anfangs ehrlich gesagt jedes Mal ein wenig geschockt, wenn ich so mit der Härte Kopenhagens konfrontiert wurde.

Andererseits ist die Offenheit und Spontanität der Menschen in Nørrebro fast schon legendär. Sie begegnen einem ohne Vorbehalte. Status zählt nichts. Es ist nicht wichtig, wer du bist, sondern wie du bist. Paw ist das Musterbeispiel eines Nørrebro-Bewohners. Stets freundlich, interessiert und entgegenkommend. Wäre er nicht so, ich hätte ihn nicht kennengelernt, damals, im Frühjahr 2009.

Ich war vielleicht seit zwei Wochen in der Stadt und versuchte, bei einem langen Spaziergang rund um die Blågårdsgade die kurze, aber heftige Beziehung mit Momina zu verdauen, die ich an meinem ersten Abend im Jazzhouse kennengelernt hatte. So unvermittelt alles begonnen hatte, so abrupt war es auch wieder zu Ende gegangen. Wir passten einfach nicht zueinander.

Für einen Abend Anfang März war es bitterkalt. Mich fror es an Händen und Füßen, so dass ich ziemlich schnell die nächstbeste Bar ansteuerte. Die Harbo Bar war klein und brechend voll. An den wenigen Holztischen saßen junge Menschen dicht gedrängt, diskutierten, gestikulierten, tranken. Ich zog meine Jacke aus und bestellte mein Bier, weil in Dänemark wie in

Deutschland in solchen Läden keine Bedienungen an die Tische kommen, direkt an der Bar.

»*En øl*«, sagte ich ein wenig nervös, obwohl es sich nur um zwei einfache Silben handelte, die ich da aussprach. So viele Biere hatte ich schließlich noch nicht auf Dänisch bestellt. Die Frau hinter dem Tresen schaute mich an und fragte: »Fällölellafläske?« Nun weiß ich inzwischen, dass sie einfach nur wissen wollte, ob Bier vom Fass oder aus der Flasche. Doch damals brachte diese simple Gegenfrage meine aus zwei dänischen Wörtern zusammengeschusterte Bestellung völlig durcheinander.

»Äh, wie bitte?«, fragte ich und begann zu schwitzen.

»Fällölellafläske?« Dass die dänische Aussprache besonders schwierig ist, wusste ich ja. Aber dass *fällölellafläske fadøl eller flaske* bedeuten konnte, damit hatte ich dann doch nicht gerechnet. Ich merkte, wie die Barkeeperin, eine 1,80 m große Hünin mit schweren geflochtenen Zöpfen und einer riesigen Tätowierung auf dem Oberarm, langsam ungeduldig wurde. Vielleicht sollte ich besser auf Englisch bestellen? Da stand plötzlich ein blonder Mann in Pullover, Jeans und Turnschuhen neben mir. Klein und schlank, fast schon drahtig.

»Bahgihamenmöakfällöljaibetäiler«, sagte er zu der blonden Riesin. Dass ich dabei nur Bahnhof verstand, war nicht weiter schlimm, denn kurze Zeit später hielt ich ein großes Glas dunklen Bieres in der Hand. Und der Typ hatte auch noch dafür bezahlt.

»*Skål*«, prostete er mir zu. »Wie heißt du?«, fragte er – zu meinem Glück auf Englisch.

»Äh, Elmar«, stammelte ich verdutzt. »Ich bin erst seit zwei Wochen in Kopenhagen. Eigentlich komme ich aus München. Das ist in Deutschland.«

»Sieh an, ein Deutscher. Habe ich gleich gehört, als du dein Bier bestellt hast«, grinste er und wippte auf den Zehen.

»Kann ich mir kaum vorstellen. Ich habe doch nur ›*en øl*‹ gesagt. Was kann man da bitte schön heraushören? Schaffe ich es nicht einmal, bei der Aussprache von zwei einfachen Silben wie ein echter Däne zu klingen?«

»Frag mich nicht. Man hört es einfach. Ich heiße übrigens Paw«, lächelte er. »Komm, setz dich doch einfach zu uns.« Da war sie wieder, diese spontane Offenheit der Dänen, die mich sofort an meine erste Interrail-Reise zurückdenken ließ.

Paw führte mich an einen Ecktisch, an dem drei Männer saßen, die er mir alle kurz vorstellte. Da war Martin, ein Theaterregisseur mit Dreitagebart und Halbglatze, der in Dänemark keine Stelle fand und deshalb im schwedischen Malmö auf der anderen Seite des Öresunds arbeitete. John hatte zerzaustes Haar, schlechte Zähne und ein vernarbtes Gesicht. Ein freiberuflicher Dokumentarfilmer, der viel Zeit in Afrika verbrachte und sich finanziell von einem Projekt zum nächsten hangelte. Und schließlich Stuart, Performancekünstler, Butoh-Tänzer, Familienvater, Ire. Trotz der herrschenden Hitze trug er eine graue Mütze und einen schwarzen Strickpullover. »Das ist mein Schützling. Ich manage ihn. Und glaube mir: Sein Dänisch ist viel schlechter als deins. Dabei wohnt er schon seit zehn Jahren hier«, stichelte Paw in Stuarts Richtung. Doch der hörte gar nicht hin, sondern war damit beschäftigt, den anderen mit ausladenden Gesten sein letztes Projekt zu beschreiben.

Ich setzte mich, stellte mich vor, und als ich erzählte,

dass ich Journalist sei, freischaffender noch dazu, erntete ich in der Runde sofort aufrichtiges Mitgefühl. Sie alle kannten die Unwägbarkeiten eines Lebens als Freiberufler. Auch sonst verstanden wir uns auf Anhieb, vor allem Paw und ich. Bald wurde es hyggelig. Wir tranken ein Bier nach dem anderen, wobei Paw ziemlich oft vor die Tür ging, um eine Zigarette zu rauchen. Auch in Dänemark gibt es, zumindest auf dem Papier, ein ziemlich strenges Nichtraucherschutzgesetz. Seit 2007 verbietet es das Rauchen in allen Gaststätten mit einer Größe von mehr als 40 Quadratmetern, und die meisten Wirte und deren Gäste halten sich daran. Mittlerweile war ich aber auch in Kneipen, die um einiges größer waren als die Harbo Bar, in denen aber trotzdem derart viel geraucht wurde, dass ich am nächsten Tag meine Kleidung verbrennen wollte. Manche Wirte beweisen großen Einfallsreichtum, indem sie zum Beispiel einfach einen Blumenkasten an der richtigen Stelle positionieren und den dadurch optisch abgeteilten Raum flugs zum Garderobenbereich umdeklarieren. So senken sie die Größe des Schankbereichs unter die magische 40-Quadratmeter-Marke. Die Behörden bleiben meist untätig, selbst wenn im Garderobenbereich keine einzige Jacke hängt, sondern lediglich Rauchschwaden.

Paw schien es an diesem Abend nicht zu stören, dass sich die Harbo Bar keiner solcher Kniffe bediente und er deshalb in der Kälte von einem Bein auf das andere hüpfen musste. Genauso wenig wie seine Kollegen. Während er draußen stand, bestellten sie fleißig eine Runde nach der anderen. Auch vor mir wurden volle Biergläser auf den Tisch gestellt, ohne dass sie mich um Geld dafür baten. Mir war das zunehmend unangenehm. Schließlich bot ich an, ebenfalls eine Runde auszugeben.

»*En Pripps Blå, en mørk fadøl, en lys fadøl, en Ale Nummer Seksten*«, prasselte es auf mich ein. Wieder stand ich vor der Frau hinter dem Tresen, wieder musste ich eine Bestellung auf Dänisch aufgeben, nur dass sie dieses Mal um einiges komplizierter war. Als ich sah, wie mich die Barkeeperin angrinste, beschloss ich, mir eine weitere Peinlichkeit zu ersparen, und deutete einfach auf die halbvollen Gläser und Flaschen, die noch auf unserem Tisch standen.

»Das Ganze bitte noch einmal«, sagte ich, froh über meinen genialen Einfall. Guten Gewissens, nicht mehr der Einzige in der Gruppe zu sein, der noch keine Runde ausgegeben hat, brachte ich den anderen ihr Bier und erntete dafür anerkennendes Nicken. Wie ich im Laufe meines Aufenthalts in Dänemark herausfand, gehört das Spendieren von Getränken an geselligen Kneipenabenden wie diesem zum guten Ton. Genaues Gegenrechnen, wer wie viel Geld ausgegeben hat, ist unerwünscht. Laut meiner Freunde gleicht sich auf die Dauer ohnehin alles wieder aus. Eine wohltuende Gelassenheit, verglichen mit dem Erbsenzählen, das ich bei gleicher Gelegenheit in Deutschland schon erlebt habe.

Es war etwa elf, ich wollte gerade aufbrechen, als Paw mich nach einer seiner Zigarettenpausen fragte:

»Wir gehen kommendes Wochenende brunchen ins *Kalaset*. Magst du mitkommen? Das wird sicher richtig *hyggeligt*. Dort gibt es Spiegeleier mit Speck, Müsli und jede Menge Vollkornbrot. Kennt ihr das in Deutschland, *rugbrød*?«

Ich war gerührt und entrüstet zugleich. Gerührt, weil

ich nach nur einem Abend von einem netten und halbwegs fremden Dänen zum Brunchen eingeladen worden war. Entrüstet, weil er allen Ernstes daran zweifelte, dass ich Vollkornbrot kannte.

»Entschuldige mal! Aber du bist dir schon darüber im Klaren, dass ich aus dem Mutterland des Brotes komme? Natürlich haben wir in Deutschland Vollkornbrot! Wir haben das Vollkornbrot erfunden.«

»Das *Rugbrød* haben wir erfunden. Das weiß doch jedes Kind.«

Eine Behauptung, über die ich mich noch so manches Mal ärgern sollte. Die meisten Dänen wähnen ihr Land doch wirklich als die Wiege allen Schwarzbrotes. Es mag ja sein, dass sich Vollkornbrot in Dänemark ganz außerordentlich großer Beliebtheit erfreut. Aber nur weil wir Deutschen ganz verrückt nach Sushi sind, behaupten wir auch nicht, es wäre bei uns zu Hause.

»Ich werde das recherchieren«, sagte ich, immer noch leicht säuerlich.

»Aber bitte ordentlich. Journalisten verbreiten oft genug Halbwahrheiten«, grinste Paw. Offenbar nahm er mich nicht richtig ernst.

»Das nächste Mal werde ich deutsches Vollkornbrot mitbringen. Damit du schon mal lernst, dass wir geschmacklich die Nase vorn haben«, lehnte ich mich, angestachelt von Paws unbeeindruckter Art, aus dem Fenster. Wohl etwas zu weit, denn bis das Brot aus Deutschland mit der Post in Dänemark ankäme, wäre es bestimmt schon ganz ausgetrocknet und als Beweis für die deutsche Vollkornbrot-Überlegenheit wenig überzeugend. Aber zurückrudern wollte ich auch nicht mehr. Hier ging es schließlich nicht um so nebensächliche Themen wie die Finanzkrise! Hier ging es um eine weit existentiellere Frage! Ich beschloss, mir das Brot wenn nötig von meinen Eltern per Express schicken zu lassen. Und wenn es mich ein Vermögen kosten würde.

»Da bin ich aber gespannt. Und was ist jetzt? Kommst du mit zum Brunchen oder nicht? Ich könnte ja verstehen, wenn du kneifen würdest. Immerhin wird es für dich der erste schmerzvolle Schritt auf dem Weg der Erkenntnis sein«, sagte Paw mit einem Augenzwinkern.

»Das könnte dir so passen. Nein, nein. Ich komme sehr gerne.« Der Fehdehandschuh war geworfen.

Wir verabredeten uns für den kommenden Sonntag. Ich trank mein Bier aus, stand auf und zog meine Jacke an, als die Eingangstür aufging und eine Frau in die Bar kam. Sie war ein Sonnenschein. Braunes Haar, Pferdeschwanz, Pony, Sommersprossen, entwaffnendes Lächeln. Zu meiner Überraschung und Freude steuerte sie direkt auf unseren Tisch zu.

»Ah, da bist du ja endlich«, sagte Paw. »Darf ich vorstellen? Das ist Elmar, ein Journalist aus Deutschland, der nicht weiß, dass wir das Vollkornbrot erfunden haben.«

Die Frau reichte mir ihre Hand. Aus großen, graugrünen Augen strahlte sie mich an, und um mich war's geschehen.

»*Hej*. Ich heiße Sara. Und von der Vollkornbrot-Nation Deutschland habe ich noch nie etwas gehört«, sagte sie, nachdem sie sich hingesetzt hatte. So bezaubernd und doch so auf dem Holzweg, dachte ich. Gesagt habe ich aber nichts dergleichen. Irgendwie war mir nicht mehr nach Konfrontation zumute. Meine Gedanken kreisten nur noch um diese faszinierende Frau.

»Paw hat mich gerade zum Brunch eingeladen. Kommst du auch?«, übte ich mich in dänischer Direktheit.

»Von Brunchen wusste ich ja gar nichts«, schaute Sara vorwurfsvoll Paw an. Der schmunzelte nur, vielleicht weil er bemerkte, wie sehr ich mich für Sara begeisterte. Die eben noch alles entscheidende Frage nach dem Erfinder des Vollkornbrots erschien mir plötzlich gar nicht mehr so wichtig. Und überhaupt musste ich mir in den kommenden Wochen und Monaten eingestehen, dass dänisches Vollkornbrot ganz ausgezeichnet schmeckt.

Erfunden haben es die Deutschen. Aber es reicht ja, wenn nur ich mir da sicher bin.

VIER

Nach einer Woche in der neuen Wohnung sind die meisten Umzugskartons noch immer nicht ausgepackt. Wie Mahnmale unserer Faulheit türmen sich in den Zimmern Kisten voller Bücher, Geschirr und Klamotten. Uns fehlt es auch an Stauraum. Bücherregale beispielsweise könnten wir gut gebrauchen, einen Kleiderschrank oder einen Schreibtisch. Sara ist fürchterlich im Stress wegen des bevorstehenden UN-Klimagipfels. Der beginnt zwar erst in einem guten halben Jahr, doch schon jetzt spielen im Bella Center alle verrückt. Dänemarks größtes Kongresszentrum ist Schauplatz der Konferenz, von deren Teilnehmern nichts weniger erwartet wird als die Rettung der Welt. Es geht um ein rechtlich bindendes Klimaabkommen, das die Nationen zum Handeln verpflichtet. Und als Architektin ist Sara mit dafür verantwortlich, dass dies in einem entsprechenden Ambiente geschieht. Aber die Ansprüche einzelner Delegationen treiben sie immer wieder zur Weißglut. Etwa wenn ein Land erfährt, dass der Pavillon des Nachbarlandes größer ist als der eigene, und nachrüstet, um den anderen um einige Quadratmeter zu übertreffen. Oder wenn sich eine Organisation beschwert, weil sie auf Klappstühlen von IKEA sitzt, während andere mit Designermöbeln ausgestattet sind.

Als Sara an diesem Mittwochabend nach Hause kommt, wirft sie ihre Tasche entnervt in die Ecke und lässt sich aufs Sofa fallen.

»Die spinnen doch alle«, flucht sie. »Heute hat sich jemand Messingschilder gewünscht, weil er meinte, recyclingfähiges Plastik sähe ordinär aus. Die haben total aus den Augen verloren, worum es bei dieser Klimakonferenz eigentlich geht.«

»Na, wenigstens wollte er keine Schilder aus Gold«, witzele ich.

»Ich finde das nicht lustig«, brummt Sara und verschränkt demonstrativ die Arme. Ich könnte jetzt sagen, so seien die Menschen nun einmal. Und dass der Klimagipfel auch in Zelten auf einem Campingplatz in Nørrebro stattfinden könnte, wenn es wirklich nur um die Sache ginge. Statt Moltebeeren, Moschusochse, Rentier und Königskrabben würde Müsli mit Dörrobst kredenzt. Und die hochrangigen Politiker stiegen nicht im Hotel d'Angleterre am Kongens Nytorv ab, sondern in einer Jugendherberge am Hauptbahnhof.

Aber ich bin lieber still, denn für meinen Desillusionismus, den ich auch gern mal als deutschen Pragmatismus verkaufe, hat Sara nicht viel übrig. Im Gegensatz zu mir ist meine Freundin Idealistin. Genau wie ihre Mutter, die sich Ende der 1960er Jahre der Hippiebewegung anschloss und in verschiedenen Kommunen in Kopenhagen und Berlin-Kreuzberg wohnte. 1978 ging sie nach Kenia, um dort als Krankenschwester zu arbeiten und »die Welt ein bisschen besser zu machen«, wie sie sagt. Sara wurde in Nairobi geboren und sog den Graswurzelidealismus quasi mit der Muttermilch auf. Bis heute schlägt sich das in ihrer Gesinnung nieder. Sie ist Mitglied bei Amnesty International, kauft Kaffee nur, wenn er fair gehandelt worden ist, und wählt stets eine Partei links von den Sozialdemokraten, wovon es im dänischen Parlament gleich zwei gibt.

Für Sara ist der *fællestanke* wichtig, die Idee von einer Gemeinschaft, in der die Starken den Schwachen helfen. In Dänemark ist sie damit in bester Gesellschaft. Hier wird viel stärker als in Deutschland auf das Prinzip der Umverteilung gesetzt, das soziale Gerechtigkeit gewährleisten soll. Hohe Steuern zur Finanzierung sozialer Wohltaten werden nicht hinterfragt. Generell gilt der dänische Staat bei seinen Bürgern als Freund und Helfer und nicht als jemand, der ihnen nur das Geld aus der Tasche ziehen will.

Wir beschließen, uns eine längere Diskussion über den Sinn und Unsinn von Messingschildern und den Wohlfahrtsstaat zu ersparen – vorerst. Ein Blick auf das Chaos in unserer Wohnung zeigt, dass es Wichtigeres zu tun gibt. Zwar stehen der dunkle Holztisch in der Küche und das beige Sofa im Wohnzimmer schon an ihrem Platz, doch fehlt es immer noch an einem Schreibtisch. Will ich in den nächsten Tagen einen anständigen Arbeitsplatz haben, muss schnell Abhilfe her. Ganz zu schweigen von den vielen Büchern, für die wir keine Regale haben.

»Ich sage es nur ungern, aber ich fürchte, wir müssen zu IKEA«, wende ich mich in der Hoffnung an Sara, sie würde widersprechen. Doch sie stößt nur einen leisen Seufzer aus und nickt. Besuche beim schwedischen Möbelhaus sind uns beiden zuwider, besonders an Werktagabenden und Samstagen, wenn Heerscharen von

Großfamilien IKEA nicht nur zum Möbelkauf, sondern auch als Ausflugsort im Rahmen ihrer Freizeitgestaltung nutzen. Als zielstrebiger Käufer ständig Massen entscheidungsschwacher Flaneure vor den Füßen zu haben, ist wahrlich kein Vergnügen.

»Es hilft nichts, da müssen wir jetzt durch«, sagt Sara, als hätte sie meine Gedanken gelesen. »Das eigentliche Problem liegt aber woanders. Wie kommen wir hin?« Gute Frage. Unser Auto ist immer noch illegal, ein Taxi zu teuer, und im Bus oder auf dem Fahrrad lassen sich zwei Bücherregale und ein Schreibtisch schlecht transportieren. Da wir aber nicht mehr länger inmitten von Umzugskartons leben wollen, entschließen wir uns, das Risiko einzugehen und uns einmal mehr mit deutschen Nummernschildern auf dänische Straßen zu wagen. Da es nicht absehbar ist, dass wir in den kommenden Tagen früher vom Arbeiten nach Hause kommen, machen wir uns gleich auf den Weg, obwohl wir beide hundemüde sind.

Auf der Stadtautobahn 19 Richtung Helsingør halte ich nervös nach der Polizei Ausschau. Alle zwei Sekunden springt mein Blick in den Rückspiegel. Die Sonne steht schon etwas tiefer am Himmel und lässt vorüberziehende Bäume und Häuser lange Schatten werfen. Vielleicht ist es unauffälliger, die Geschwindigkeitsbegrenzung von 90 km/h um die gemeinhin üblichen 20 Stundenkilometer zu überschreiten? Irgendwie erwarten die Dänen von den Deutschen ja, dass sie schneller fahren. Schließlich kommen wir aus dem Land der unbegrenzten Geschwindigkeit.

Ich trete das Gaspedal durch, bis die Nadel bei 110 Stundenkilometern steht, ohne mich dabei deutscher oder gar sicherer zu fühlen. Im Gegenteil. Jetzt kassieren wir auch noch die abschätzigen Blicke derer, die sich mal wieder bestätigt fühlen, dass die Deutschen ein Volk von Rasern sind, als wir sie überholen. Schnell gehe ich deshalb wieder runter auf 90 km/h und reihe mich brav auf der rechten Spur ein. Mit jedem Meter, den wir fahren, steigt meine Anspannung.

»Gleich haben wir es geschafft«, versucht Sara mich zu beruhigen. »IKEA ist nicht mehr weit.«

Sie hat ihren Satz noch nicht beendet, als ich das Blaulicht hinter uns bemerke. Ein Polizeiwagen. Offenbar haben mich meine Gedanken über Dänen auf deutschen Autobahnen derart eingelullt, dass ich ihn nicht habe kommen sehen. Andererseits: Was hätte ich schon machen können?

»Ich hab's geahnt«, stöhne ich, als uns eine rot blinkende Leuchtschrift anweist, die nächste Ausfahrt zu nehmen.

»Wie praktisch. Da wollten wir sowieso hin«, murmelt Sara fatalistisch. Eigentlich sind wir bestens vorbereitet, denn wir haben diese Situation schon tausendmal durchgespielt und genau vereinbart, welche Geschichte wir den Polizisten jetzt auftischen werden: Sara und ich führen schon seit knapp einem Jahr eine Fernbeziehung, was mit der Zeit jedoch ziemlich anstrengend geworden ist. Deshalb will ich jetzt nach Dänemark ziehen – just in diesem Moment sind wir auf dem Weg zu einer Wohnungsbesichtigung. Von einer Registrierungsgebühr für mitgebrachte Fahrzeuge habe ich noch nie gehört, aber natürlich würde es mir nicht im Traum einfallen, eine solche Regelung zu umgehen, sollte ich dieses wundervolle Land tatsächlich zu meiner neuen Heimat machen. Das war vielleicht etwas dick aufgetragen – und darüber hinaus glatt gelogen. Die Beamten brauchen meinen Namen nur in ihren Computer einzugeben, um zu sehen, dass ich meinen Wohnsitz schon seit mehr als zwei Jahren in Dänemark habe. Aber einen Versuch war es wert. Das dachten wir zumindest.

Doch als der dänische Polizeibeamte auf der Fahrerseite ans Fenster tritt, kommt mir unsere Ausrede plötzlich furchtbar schäbig vor. Ich habe das Gefühl, als stünde uns der Betrug förmlich ins Gesicht geschrieben. Ein Blick zu Sara verrät mir, dass es ihr ähnlich geht. Ich kurble das Fenster herunter und versuche, möglichst fragend zu schauen.

»Guten Tag. Führerschein und Fahrzeugpapiere bitte«, sagt der Polizist.

Mist. Wie viele andere Dänen spricht auch dieser Beamte gut Deutsch. Nervös nestle ich an meinem Geldbeutel herum und reiche ihm die Dokumente durchs Fenster. Seelenruhig mustert der Mann die Papiere. Beim Anblick des Fotos grinst er.

»Ich hoffe, meine langen Haare von damals werden mir jetzt nicht zum Verhängnis«, witzele ich.

Sein Lächeln verschwindet. »Sie wissen, warum wir Sie angehalten haben?«

»Nein, keine Ahnung.«

»Ihr rechtes Rücklicht funktioniert nicht.« Er schaut mich an. Hoffentlich sieht er mir die Erleichterung nicht an.

»Ach so. Und ich dachte …«

»Was dachten Sie?«

»Äh, dass ich vielleicht zu schnell gefahren wäre.«

»Nein. Aber das mit dem Rücklicht müssen Sie unbedingt in Ordnung bringen. Sonst wird's teuer. In Dänemark herrscht nämlich auch tagsüber Lichtpflicht.«

»Ach so, das wusste ich gar nicht!«, rufe ich scheinheilig.

Der Polizeibeamte schaut noch einmal nacheinander in meine Papiere und in mein Gesicht.

»Dieses Mal werde ich noch ein Auge zudrücken. Immerhin haben Sie sich in der Zwischenzeit die Haare schneiden lassen. Das ist auch schon eine Leistung.« Ohne eine Miene zu verziehen, gibt er mir meine Papiere zurück. Ich weiß, Dänen lügen nicht, aber manchmal macht mich ihre Direktheit immer noch baff. Ich beschließe, den Kommentar des Beamten als Kompliment aufzufassen.

Als wir zehn Minuten später die IKEA-Filiale in Gentofte, einem Vorort Kopenhagens, erreichen, sitzt uns der Schreck noch in den Knochen. Doch Zeit zum Erholen gibt es nicht. Denn schon auf dem Parkplatz bewahrheiten sich unsere schlimmsten Befürchtungen. Wie Perlen an einer Schnur stehen die Autos bis auf die Straße hinaus. Zentimeterweise geht es vorwärts. Begleitet von einem Hupkonzert in mehreren Tonlagen wird derart geflucht, dass man meinen könnte, man befände sich auf der Weltjahrestagung der Droschkenkutscher. *Hold kæft* (halt die Fresse), *for helvede* (verdammt), *piss* (selbsterklärend) und *lort* (scheiße) wird gerufen und dabei mächtig gestikuliert. Verschreckte Mütter versuchen, sich mit ihren Kinderwagen den Weg durch das Chaos zu bahnen und einigermaßen unbeschadet den Eingang zu erreichen. Nachdem es uns gelungen ist, einen Parkplatz zu ergattern, ohne dabei jemanden über den Haufen gefahren zu haben, offenbart sich uns im Inneren des Möbelhauses ein wahres Schlachtfeld. Die gelben Plastiktaschen sind längst vergriffen, überall liegen Bleistiftstummel und abgerissene Papiermaßbänder auf dem Boden. Dänen scheinen ähnlich wie Deutsche bei IKEA nicht einfach einzukaufen, sie stürmen den Laden regelrecht. Dabei schauen sie nicht nur, sie testen auch. In einem großen Ecksofa sitzen einige Frauen und haben einen *hyggesnak*, auf den Betten wälzen sich Kinder, und in der Büroabteilung macht ein älterer Herr ein Nickerchen auf einem Schreibtischstuhl. »Fehlt eigentlich nur noch, dass jemand Nudelwasser aufsetzt und währenddessen kurz unter die Dusche springt«, scherze ich. Doch Sara hat es ihren Landsleuten längst gleichgetan und es sich auf einer Couch bequem gemacht. »Ich dachte, wir seien wegen Bücherregalen und eines Schreibtisches hier«, sage ich leicht genervt. »Jetzt setz dich doch erst mal. Wir haben Zeit«, meint Sara. *Bare rolig*, immer mit der Ruhe.

Na gut. Zielstrebiges Einkaufen ist in diesem Tohuwabohu sowieso nicht möglich. Während wir uns von unserer Shoppingtour erholen, ehe sie überhaupt angefangen hat, ziehen Menschenmassen an uns vorüber. So skeptisch die Dänen den Schweden gegenüberstehen mögen, es hält sie nicht davon ab, ihr Möbelhaus einzurennen. Früher rannten sich die beiden Völker gegenseitig die Köpfe ein, wenn mal wieder ein König den Thron des anderen beanspruchte. Nur sehr ungern hören die Dänen, dass ihre Urheimat in den südschwedischen Provinzen Skåne und Halland vermutet wird. Bis ins 17. Jahrhundert hinein gehörten diese Gebiete zum dänischen Königreich. 1658 musste das Land sie an Schweden abtreten, nachdem König Karl X. mit seinem Heer den zugefrorenen Öresund überquert hatte und unvermutet vor Kopenhagen aufgetaucht war. Die

Aktion war so wagemutig und aberwitzig, dass den staunenden Dänen nichts anderes übrigblieb, als sich kampflos zu ergeben. Der machthungrige Karl hätte sich am liebsten ganz Dänemark einverleibt und es zur schwedischen Provinz degradiert. Doch ausländische Mächte, darunter vor allem England, das sich um das Kräftegleichgewicht in der Region sorgte und kein schwedisches Superreich vor der Haustüre haben wollte, wussten dies zu verhindern. Vielleicht jubeln auch deswegen heute noch die Dänen mit Vorliebe englischen Fußballclubs aus der Premier League zu. Jedenfalls war diese Niederlage eine Schmach für das stolze Königreich. Immerhin hatte man im Hochmittelalter unter Knut dem Großen noch über Südschweden, Norwegen und sogar England geherrscht. Und während der Kalmarer Union – einem Zusammenschluss der Königreiche Dänemark, Norwegen und Schweden in den Jahren 1397 bis 1523 – war es Dänemarks Königin Margrethe I., die Schweden diktierte, wo es langging.

Geblieben sind von dieser Dauerrivalität bis heute Beleidigungen, die man sich bei Gelegenheit gegenseitig an den Kopf wirft. Regelmäßig erscheinen Studien darüber, welches Bild die Bürger der Nachbarländer sich voneinander machen. Demnach gelten vielen Schweden die Dänen als Haufen fluchender Trunkenbolde, die die Hinterlassenschaften ihrer Hunde nicht wegräumen und überhaupt mit Mülltrennung nur wenig anfangen können. Die Dänen wiederum halten die Schweden für regelkonforme Langweiler, die in ihrer politischen Korrektheit erstarren und darüber vergessen, dass man das Leben auch genießen kann. Mit anderen Worten: In den Augen vieler Dänen sind die

Schweden die Piefkes Nordeuropas, deren kulturelle Exporte man, wenn überhaupt, nur zähneknirschend ins Land lässt.

Sehr zum Ärger der meisten Dänen denkt die Konzernleitung von IKEA nicht im Traum daran, auf die phonetischen Eigenheiten der dänischen Sprache Rücksicht zu nehmen und die eigene Möbelkollektion umzubenennen, um dem kleinen Nachbarstaat die Angst vor kultureller Überfremdung zu nehmen. Der Kaufwut der Dänen tut dies jedoch kein Abbruch.

Vom Sofa aus beobachten Sara und ich, wie eine Mutter das beige Nackenpolster *Hästö* begutachtet, während eines ihrer beiden Kinder versucht, den Namen zu entziffern. Wegen der ihm unbekannten Buchstaben ä und ö dauert das eine Weile.

»Hasto«, liest es am Ende stolz.

»Nein«, sagt die Mutter, »es heißt *hæstø*. Das bedeutet Pferdeinsel.«

»Das ist aber ein doofer Name für ein Kissen. Und was sollen diese komischen Punkte über dem a und dem o?«

»So schreiben die Leute in Schweden. Die sind da alle ein bisschen komisch, weißt du«, bringt die Frau ihrem Kind bei. Das Nackenpolster klemmt sie sich trotzdem unter den Arm.

Wir beenden unsere kurze Pause und werfen uns ins Getümmel. Nach zwei Stunden erreichen wir die Möbellagerhalle. Erleichtert packe ich zwei Bücherregale und einen Schreibtisch auf den Einkaufswagen. Den Kleiderschrank sparen wir uns. Er hätte nicht mehr ins Auto gepasst. Nach dem Bezahlen essen wir beide noch jeweils zwei Hot Dogs und karren anschließend unsere Fracht zum Auto. Ich spüre schon wieder Schweißperlen auf meiner Stirn. Jetzt müssen wir es nach Hause schaffen, und am besten, ohne wieder von der Polizei angehalten zu werden. Zum Glück erweisen sich die Billy-Regale als etwas zu lang für meinen Kombi, so dass ich die Lade des Kofferraums offen lassen und mit Gummiseilen fixieren muss. Unser deutsches Autokennzeichen ist somit zumindest von hinten nicht erkennbar. Das Rücklicht aber funktioniert immer noch nicht, und gerade setzt die Dämmerung ein.

Doch wir haben Glück. Die Rückfahrt verläuft reibungslos.

Unter Aufbietung der letzten Kräfte hieven wir die Kartons in die Wohnung, wo sie sich in bester Gesellschaft befinden. Toll, drei Kisten mehr, denke ich. Doch an Auspacken und Aufbauen ist nicht zu denken. Schließlich ist es schon fast halb zehn. Wir sind völlig erschöpft. Zu nervenaufreibend waren Fahrt und Einkauf, als dass wir noch etwas anderes tun könnten, als uns aufs Sofa fallen zu lassen und den Fernseher einzuschalten. In den Nachrichten läuft mal wieder ein Beitrag über einen Streik der Mitarbeiter der Carlsberg Brauerei. Schon zum dritten Mal wird dort der Aufstand geprobt. Dabei geht es jedoch nicht um höhere Löhne. Den Angestellten stößt übel auf, dass sie an ihrem Arbeitsplatz kein Bier mehr trinken dürfen. Morgen werde ich einen Artikel zu dieser Thematik anbieten.

Es klingelt an der Tür. Als ich öffne, steht unsere Nachbarin Ellen mit zwei Schnapsgläsern und einer Flasche Gammeldansk, einem Magenbitter aus 29

Kräutern und Gewürzen, vor mir im Treppenaufgang. »Ich habe gesehen, wie ihr Möbelkisten in die Wohnung geschleppt habt. Ihr wart doch sicher bei IKEA, und ich dachte, danach könnt ihr einen Schnaps gut gebrauchen«, sagt sie und streckt mir die Flasche entgegen.

»Allerdings«, antworte ich hocherfreut, aber auch ein wenig überrascht. »Und dann sind da noch diese *pølser* von IKEA, die mir im Magen liegen wie ein Stück ranzige Butter. Wie könnt ihr Dänen nur so viele davon verschlingen?«

»Genau deshalb gibt es ja den guten dänischen Schnaps. Irgendwie müssen wir doch unsere fettige Hausmannskost verdauen. *Flæskesteg*, Schweinebraten mit knuspriger Schwarte, *stegt and*, gebratene Ente, *røget ål*, geräucherter Aal, *sennepsagurker*, Senfgurken, *stegte kartofler*, Bratkartoffeln – all das löst sich schließlich nicht von alleine auf.«

Ellen ist nicht die Einzige, die mit dem nur schwer verdaulichen Essen ihre Probleme hat. Selbst der Gemahl von Königin Margrethe II. zog schon über die dänische Küche her. Prinz Henrik ließ verlauten, das Essen sei viel zu fett und liege enorm schwer im Magen. So harsche Töne aus royalem Mund sind selten, auch wenn hier nicht unerwähnt bleiben soll, dass der Prinz Franzose ist. Jedenfalls verwundert es nicht, dass Dänen ihre gehaltvolle Kost mit reichlich Aquavit oder eben Gammeldansk verdauen.

Aber die Dänen lieben ihr fettiges Essen. Es ist zwar nicht gesund, macht offenbar aber glücklich. Laut zahlreichen Studien sind die Dänen das glücklichste Volk der Welt. Da bezahlt man die Vorliebe für deftige Kost, Alkohol- und Zigarettenkonsum auch gerne mit der im Durchschnitt niedrigsten Lebenserwartung aller Westeuropäer: 78,6 Jahre. Doch *bare rolig*, immer mit der Ruhe. Alles kein Problem, würde der Däne sagen. Die Regierung in Kopenhagen fand das hingegen gar nicht lustig und ging dem Wahlvolk zeitweise mit einer sogenannten Fettsteuer an den Speck. Anderthalb Jahre lang waren fettreiche Lebensmittel teurer, bis die Verordnung zum 1. Januar 2013 wieder abgeschafft wurde. Wahrscheinlich, weil sie die Dänen kein bisschen länger leben ließ, sondern einfach nur unglücklicher machte.

Ich bitte Ellen herein. »Wenn du schon mal da bist, können wir doch gleich gemeinsam ein Gläschen trinken«, sage ich.

»Na gut«, meint sie zögernd. »Aber nur eins. Ich muss morgen früh raus.«

Natürlich bleibt es nicht bei nur einem Gläschen. Bis in den späten Abend hinein sitzen Sara, Ellen und ich auf dem Sofa und diskutieren über die dänische Küche. Irgendwann nach Mitternacht, die Flasche ist nur noch halb voll, meint Ellen, dass sie jetzt wirklich gehen müsse. Wir umarmen uns und beschließen, dass solche Abende unbedingt häufiger stattfinden müssen. Auf dem Weg zur Tür gerät unsere Nachbarin zweimal ins Wanken. Offenbar hat sie ein wenig zu viel Gammeldansk erwischt. »Ich glaube, ich esse noch ein paar Scheiben Brot mit Gänseschmalz«, erklärt sie. »Mit irgendetwas muss ich den ganzen Alkohol im Magen ja aufsaugen.«

FÜNF

Die darauffolgende Nacht endet jäh. Saras Magen macht Probleme. Wie von der Tarantel gestochen springt sie plötzlich aus dem Bett und rennt auf die Toilette. Türen knallen, dann Gewürge. So geht das in kurzen Abständen bis in den Morgen. An Schlaf ist nicht mehr zu denken. Als um 7 Uhr der Wecker klingelt, fühlen wir uns beide ziemlich gerädert.

»Ich glaube, ich bleibe heute zu Hause«, röchelt Sara mit aschfahlem Gesicht. So bleich und mitgenommen sieht sie aus, dass ich mir ernsthaft Sorgen mache. Ich greife zum Telefon.

»So wie du aussiehst, brauchst du dringend einen Arzt«, sage ich. Doch Sara rollt nur mit den Augen.

»Leg das Telefon weg, du alter Hypochonder. Was soll der Arzt denn schon groß machen? Der wird mir auch nur raten, im Bett zu bleiben und Kamillentee zu trinken.« Sie stürmt abermals Richtung Klo.

Wer weiß, ob der IKEA-Hot-Dog von gestern dafür verantwortlich ist oder doch Ellens Gammeldansk. Eigentlich spielt es keine Rolle. Tatsache ist, dass Sara zum Arbeiten heute nicht fähig ist. Für mich gilt das (leider) nicht, auch wenn ich ebenfalls in den Seilen hänge und darüber hinaus andere Dinge in Angriff nehmen sollte, als meiner Tätigkeit als Journalist nachzugehen. Die gestrige Polizeikontrolle steckt mir immer noch in den Knochen. Ich betrachtete sie als allerletzte Warnung, meinen Wagen endlich umzumelden. Inzwischen habe ich auch schon herausgefunden, was dafür zu tun ist, und alles auf einem kleinen Zettel notiert, der jetzt am Kühlschrank klebt.

Doch wegen des Aufstands der Belegschaft von Carlsberg muss ich dieses Vorhaben abermals verschieben. Hunderte Mitarbeiter der dänischen Brauerei sitzen auf dem Trockenen, seit im Rahmen strengerer Alkohol-Richtlinien sämtliche Bier-Kühlschränke in der Firma entfernt wurden, an denen sie sich früher den ganzen Tag über bedient haben. Nun dürfen sie nur noch während ihrer 30-minütigen Mittagspause in der Kantine Bier trinken. Natürlich ist der Ärger groß. Die LKW-Fahrer von Carlsberg haben sich übrigens aus Solidarität dem Streik ihrer Kollegen angeschlossen, obwohl sie von der neuen Regelung ausgenommen sind. Sie nämlich dürfen sich auch weiterhin bis zu drei Biere aus der Kantine mitnehmen.

Nachdem ich diese herrliche Posse in einen Artikel gegossen und selbigen an meine Zeitung geschickt habe, klingelt mein Handy. Es ist ein Redakteur des Ressorts »Vermischtes«.

»Witzige Geschichte«, meint der Berliner Kollege. »Davon hätten wir in Zukunft gerne mehr.«

»Kein Problem. Da werden uns die Dänen sicher nicht enttäuschen«, antworte ich. Gleichzeitig wundere ich mich wieder einmal über die Tatsache, wie beliebt solche bunten Geschichten bei den Redaktionen sind. Politische Themen laufen oft viel schlechter.

Wenn in Dänemark die Sozialministerin zurücktritt, kräht in Deutschland keine Zeitung danach. Da lässt sich so ein Bierstreik bei Carlsberg viel besser verkaufen.

Als Nordeuropakorrespondent hat man es nicht immer leicht, mit seinen Nachrichtenthemen durchzudringen. Die Gegend gilt nun einmal als weltpolitische Peripherie, da schlägt das neue Abendkleid Carla Brunis eine Parlamentswahl in Finnland immer noch um Längen. Ich habe mich damit abgefunden und mit der Zeit ein Gespür dafür entwickelt, auf welche abseitigeren Themen ich ausweichen muss, um gedruckt zu werden.

Wieder läutet das Telefon. Dieses Mal ist Paw am anderen Ende der Leitung.

»Elmar«, ruft er euphorisch. »Rate mal, warum ich anrufe.«

»Hm«, zögere ich. Schließlich will ich Paw die Freude nicht verderben. »Du hast einen Plan?«

»Genau! Woher wusstest du das?«

»Intuition«, schwindle ich. In den letzten zwei Jahren hat mich Paw noch niemals ohne Plan angerufen. »Aber was hast du denn vor?«

»Lass uns doch heute Nachmittag den Saunabesuch in Christiania nachholen. Oder musst du etwa schon wieder einen Artikel schreiben?«

Wenn die Arbeit anderer seine Pläne durchkreuzt, kann Paw ziemlich vorwurfsvoll klingen. Dabei ist er selbst ein Arbeitstier.

»Nein. Ist schon erledigt. Sollen wir uns um 16 Uhr vor dem Badehaus treffen?«

»Cool«, freut sich Paw. »Und lass bloß die Badehose zu Hause.«

Zwei Sekunden später zwickt mich wegen meiner spontanen Zusage das schlechte Gewissen. Schließlich liegt Sara krank danieder. Andererseits – gegen ihren rebellierenden Magen würde ich ohnehin nichts ausrichten können.

Bis zum vereinbarten Termin ist noch ein wenig Zeit. Dennoch packe ich schon jetzt meine Sachen. Ein Handtuch, Duschgel und Shampoo. Das war's. Sara liegt immer noch wie ein nasser Kreidesack im Bett und ist für Aktivitäten jedweder Art völlig unzugänglich.

»Fahr du nur«, flüstert sie.

Also mache ich mich mit dem Fahrrad auf den Weg.

Auf dem Weg nach Christiania steht die Junisonne hoch am Himmel und taucht die Stadt in gleißendes Licht. Die gebürtigen Kopenhagener entledigen sich an einem Tag wie diesem ihrer Pullis und langen Hosen. Mich hingegen fröstelt es. Dafür sorgt die frische Brise, die vom Øresund, der Meerenge zwischen Dänemark und Schweden, im Osten über das Wasser kommt, durch die Straßen weht und die gefühlte Temperatur so niedrig hält, dass ich selten ins Schwitzen komme.

Als ich am Schloss Amalienborg vorbeiradle, haben sich auf dem Platz der königlichen Stadtresidenz mit dem Reiterstandbild Königs Friedrich V. wieder einmal massenweise Touristen mit Fotoapparaten und Videokameras versammelt. Die meisten von ihnen sind gekommen, um die Wachablöse der Garden zu bestaunen. Als die Uhr 12 schlägt, ist es so weit. Unter dem Klicken Hunderter Kameras staksen die acht Mann starken Bataillone der königlichen Leibgarde wie die

Zinnsoldaten von Hans Christian Andersen über den mit Pflastersteinen ausgelegten Platz, immer den abgehackten Schreien ihres Kommandanten folgend. Keiner meiner Kopenhagener Bekannten konnte mir sagen, was da eigentlich gerufen wird, weshalb sich bei mir inzwischen die Überzeugung eingestellt hat, dass es sich dabei lediglich um Worte handelt, die den Wachsoldaten den rechten Weg weisen sollen. Denn mit den tief ins Gesicht gezogenen Bärenfellmützen können die ja praktisch nichts sehen. Ähnlich wie jene Touristen in der zehnten Reihe, die einfach nur ihre Kameras hochhalten und auf gut Glück fotografieren. Mich würde einmal interessieren, was die Soldaten denken, wenn sie bei jeder Wachablöse tausendmal fotografiert werden. Belustigt über den ganzen Auftrieb, setze ich meinen Weg fort.

Doch irgendwie scheint mich das Schauspiel der blinden Soldaten und Schaulustigen selbst blind gemacht zu haben – oder zumindest gedankenlos. Sonst wäre ich wahrscheinlich nicht in den Fahrradfahrer vor mir reingekracht. Ich mache eine Vollbremsung, die jedoch nicht verhindern kann, dass der Lenker meines Rennrads die Rippen meines Vordermanns prellt.

»Pass doch gefälligst auf, *din idiot*! Hast du keine Augen im Kopf?«

»Entschuldigung. Ich habe nicht gesehen, dass wir plötzlich im Stau stehen.«

»Ist mir doch egal, wo du herkommst«, raunzt der Hüne mit dem Rauschebart. Seine buschigen Augenbrauen ziehen sich wie dunkle Wolken zu einem Gewitter zusammen. Wir stehen an der Knippelsbro, einer Brücke, welche die Kopenhagener Innenstadt mit dem auf einer Insel gelegenen Viertel Christianshavn verbindet. Während ich versuche, ihn zu beruhigen, hat sich der Pulk um uns herum wieder in Bewegung gesetzt. Vorbeifahrende Radler schauen uns an, schütteln den Kopf oder rufen wahlweise *idiot*, *tåbe* oder *fjols*, was sich alles trefflich mit Depp übersetzen lässt.

Willkommen in der Fahrradstadt Kopenhagen!

Kopenhagen gilt gemeinhin als Paradies für Radfahrer. Das ist zunächst einmal auch richtig. Erstens weil die Topographie das Strampeln erleichtert. Dänemarks Hauptstadt ist flach wie eine Flunder. Egal ob von Ost nach West oder Nord nach Süd: Es gibt keinen Hügel, den man erklimmen müsste. Außerdem fördert die Stadtverwaltung Zweiradfahrer, wo es nur geht. Fast jede Straße im Zentrum und in den angrenzenden Vierteln ist beidseitig mit Fahrradwegen ausgestattet. Viele dieser Radwege sind besser geteert als die Straße und so breit wie manche deutsche Autobahn. Und wenn auf den Einfallstraßen im sogenannten Central Business District die grüne Welle mal wieder den Radlern gilt und nicht den Autofahrern, mag so manch einer hinter dem Steuer seines PKWs vor Neid erblassen.

So viel Fürsorge macht selbstbewusst, weshalb die Radler in Kopenhagen ein derart großes Ego vor sich herschieben wie ein Fußballspieler nach dem Gewinn der Weltmeisterschaft. Und da etwa 150 000 Kopenhagener mit dem Rad zur Arbeit oder zu ihrem Ausbildungsplatz fahren, sind werktags etwa 150 000 Weltmeister unterwegs. Sie sind die Könige der Straße. Genau deshalb ist Fahrradfahren hier manchmal lebensgefährlich. Die *cyklister* bewegen sich nämlich nicht nur selbstbewusst, sondern mit einer aberwitzigen Geschwindigkeit über die Straßen. Tollkühn bahnen sie sich ihren Weg durch Autoreihen, legen Vollbremsungen hin und kratzen mit halsbrecherischen Manövern auch noch so scharfe Kurven. So wild geht es manchmal zu, dass man sich zur Entspannung in die Rushhour nach Marrakesch wünscht. An Ampeln kommt es regelmäßig zu Szenen, die an die Tour de France erinnern: Bei Rotphasen bilden sich Trauben von fünfzehn bis zwanzig Radfahrern, die ungeduldig mit den Füßen scharren. Springt die Ampel auf Grün, will sich jeder von ihnen sofort an die Spitze des Feldes setzen, um nicht im Massenstart unter die Räder zu kommen. Haben sich die Fahrer dann wie Perlen an einer Schnur eingereiht, donnert das Peloton über den Asphalt.

Distanzen und Witterung spielen für die Radler keine Rolle. Dänen sind nicht zimperlich. Ganz Wikinger, fahren sie bei Wind und Wetter quer durch die Stadt. Mit Gummistiefeln und Regencape trotzen sie auch tropischen Regenstürmen und erreichen gut gelaunt das Ziel, während unsereiner längst die U-Bahn genommen hat.

Woher nehmen die dänischen Fahrradfahrer eigentlich ihre Kraft und Ausdauer? Selbst hochschwangere Frauen und Rentner auf ihren zentnerschweren Hollandfahrrädern mit 3-Gang-Nabenschaltung heizen regelmäßig im Höllentempo an mir vorbei und geben mir das Gefühl, zu stehen. Dabei trete ich auf meinem Rennrad eigentlich einen ziemlich hohen Gang. Irgendwo muss es ein Leistungszentrum für Beinmuskulatur geben, von dem ich nichts weiß.

Endlich ist es mir gelungen, mein hitziges Gegenüber zu besänftigen. Denn so aufbrausend die Kopenhagener sein können, so schnell beruhigen sie sich auch wieder.

»Ist schon o. k.«, sagt der Mann und trollt sich.

Erleichtert steige ich auf und fahre weiter.

Als ich in der Hippie- und Aussteigersiedlung Christiania ankomme, ist die Polizei schon da. Vier Einsatzfahrzeuge stehen in der Bådsmandsstræde, die direkt an das Areal grenzt. Wieder einmal eine dieser Spontanrazzien, die zum Ziel haben, den Haschischmarkt auszutrocknen, bislang aber erfolglos blieben. An jeder Ecke steht eine Gruppe von zwei, drei Mann. Bis an die Zähne bewaffnet und in kugelsicheren Westen. Trotz des nicht gerade freundlichen Empfangskomitees beschließe ich, den Torbogen mit der Aufschrift »Sie verlassen jetzt die EU« zu passieren. Vorsichtig setze ich einen Fuß vor den anderen. Bei jedem Schritt knirscht der Kies, die Ruhe ist gespenstisch. Denn mit dem Auftauchen der Polizei ist das sonst so rege Treiben in Christiania schlagartig zum Erliegen gekommen. Die Bewohner haben sich in ihre Häuser zurückgezogen, die Dealer mit Sack und Pack die Flucht ergriffen, Touristen sind zu Salzsäulen erstarrt, und die Kunden der Cannabishändler sind vollauf damit beschäftigt, möglichst nonchalant zu wirken, um bloß nicht den Verdacht der Gesetzeshüter auf sich zu ziehen. Nur der Hustenanfall eines alten Mannes in schwarzer Lederweste mit zotteligem Haar, Zigarette und Bier durchschneidet die Stille. Er sitzt vor einer brüchigen Ziegelwand, auf der ein Graffito einen Mann mit Rastalocken beim Rauchen eines Joints zeigt, und macht den Eindruck, als lägen seine besten Tage schon ganz weit zurück. Runde Mülltonnen aus Metall stehen herum, die immer dann in Brand gesetzt werden, wenn es kalt wird. Und vor einem baufälligen Haus liegt – weitab jeden Wassers und dazu noch völlig unbrauchbar – eine rote Jolle aus morschem Holz, auf der drei gelbe Punkte prangen. Alles wirkt ein wenig zufällig und bunt zusammengewürfelt. So, als ob hier nie jemand richtig aufgeräumt hätte, seit das Gelände einer verlassenen Militärkaserne vor vierzig Jahren durch eine Gruppe junger Leute besetzt wurde.

Damals, am 26. September 1971, schnitten Jugendliche ein Loch in den Zaun der stillgelegten Kaserne Bådsmandsstræde im Stadtteil Christianshavn und riefen das 36 Hektar große Areal zum »Freistaat Christiania« aus. Sie nahmen Armut und ein sehr einfaches Leben in Kauf, wenn sie sich dadurch nur dem Diktat von Lohnarbeit und Eigentum entziehen konnten. Als Insel verantwortungsbewusster Individuen sollte Christiania inmitten einer kapitalistischen Gesellschaft all jenen Platz bieten, die sich dem erbarmungslosen System nicht anpassen wollten. Das Projekt sprach sich – auch mit Hilfe der Medien – schnell herum, Hausbesetzer kamen aus dem ganzen Land und zogen in die Baracken ein. Schon bald wohnten in Christiania 300 Leute.

Der Staat ließ sie – gemäß der Prinzipien von Toleranz und Offenheit, aber auch in Ermangelung von konkreten Nutzungsplänen für die alte Kaserne – mal mehr, mal weniger gewähren. Dennoch mussten sich die Bewohner mit den Behörden irgendwie einigen, sollte die Kommune auch auf Dauer Bestand haben. Heute entrichten die Bewohner Abgaben für Wasser, Strom und Abfallbeseitigung an die Stadt. Miete jedoch zahlen sie nicht, was dem Kämmerer und den

Kopenhagener Immobilienmaklern Magenkrämpfe bereitet bei dem Gedanken, zu welchen Preisen Grundstücke und Häuser in dieser Spitzenlage auf dem freien Markt verkauft werden könnten. Doch in Christiania gibt es kein Eigentum. Wenn jemand geht, zieht einfach der Nächste ein. Das klingt einfach, ist in Wirklichkeit jedoch nahezu ein Ding der Unmöglichkeit. Der Zugang zur Freistadt ist streng reglementiert. Nur wer mindestens einen der Bewohner kennt oder Verwandtschaft in Christiania hat, wird überhaupt in Betracht gezogen. Mit seinen Mitbewerbern muss er sich dem großen Plenum stellen, der Vollversammlung Christianias. Es kursieren viele Geschichten über den Auswahlprozess. Ungemütlich soll es da bisweilen zugehen, inquisitorisch gar. Einer, der meinte, er sei von Beruf Bankkaufmann, soll nicht einmal die ersten fünf Minuten überstanden haben. Keine Frage. Die Bewohner haben ziemlich genaue Vorstellungen davon, wer zu ihnen gehören soll und wer nicht. Das so freie und offene Christiania ist eigentlich eine geschlossene Gesellschaft.

Heute wohnen etwa 800 Menschen dort. Es hat sich viel getan seit den Anfangsjahren, als ein paar Hippies Holzbalken in den Schlamm rammten, um die Wände der baufälligen Baracken zu stützen. Inzwischen besitzt die Freistadt eine durchaus akzeptable Infrastruktur mit Kanalisation, medizinischer Versorgung, Straßenreinigungsdienst, Kindergärten, Werkstätten und dem Badehaus, vor dem ich mich mit Paw treffen werde. Es ist für Außenstehende nur schwer vorstellbar, wie sich dieser Staat im Staate Dänemark in direkter Nachbarschaft von Regierungssitz und Polizeigewalt etablieren, wie er wachsen und gedeihen konnte. Denn auch heute, 40 Jahre später, ist diese Gemeinschaft von Künstlern, reichen Idealisten, Haschisch-Dealern, Aussteigern, Obdachlosen und Verrückten relativ stabil.

Ich lasse die sogenannte Pusher Street erst einmal links liegen und streife durch den restlichen Teil Christianias, bis zur Verabredung mit Paw habe ich noch etwas Zeit. Schon nach wenigen Metern wird es deutlich ruhiger, und spätestens im *Nordområdet*, dem nördlichen Teil Christianias, ist man völlig allein. Die salzigen Brisen rauschen von der nahegelegenen Küste durch die Wipfel der alten Buchen. An einigen Stellen durchbricht Sonnenlicht das dichte Blattwerk und bringt den kühlen Waldboden zum Dampfen. Tautropfen glänzen an Spinnweben hängend. Es riecht nach Holz, Moos und Moder. Plötzlich das Knacken eines durchgebrochenen Astes. Ich drehe mich um und sehe ein kleines Mädchen, vielleicht 10 Jahre alt, mit langen blonden Haaren, das in viel zu großen Gummistiefeln über den weichen Waldboden stapft, in der rechten Hand hält es einen Bund Löwenzahn.

Sie ist unterwegs zu einem Haus, das sich an einen wiesenbewachsenen Wall schmiegt. Auf dem First des geschwungenen Reetdaches wächst Gras, und an den Wänden rankt der Efeu. Auf den letzten Metern beschleunigen sich die Schritte des Mädchens. »Papa!«, ruft es. Die Tür geht auf, und ein Mann tritt heraus, der seine Tochter mit offenen Armen empfängt, sie hochhebt und sich mit ihr im Kreis dreht. Als die beiden mich bemerken und zu mir herüberschauen, komme ich mir plötzlich wie jemand vor, der hier nicht sein sollte. Wahrscheinlich befinde ich mich schon längst auf privatem Grund und werde gleich freundlich, aber bestimmt darauf hingewiesen, das Gelände doch bitte wieder zu verlassen. Doch nichts dergleichen geschieht. Im Gegenteil. Nachdem der Mann seine Tochter wieder abgesetzt hat, winkt er mich zu sich. Ich schaue mich um, ob nicht hinter mir noch ein weiteres Familienmitglied steht. Doch ich bin allein. Zögerlich gehe ich durch das knöchelhohe Gras auf das Haus zu.

»Wer bist du?«, fragt er erstaunt. Seine Augen sind hellblau, und doch strahlen sie Güte aus. Das schlohweiße Haar hängt ihm in die Stirn. Mit langen filigranen Fingern streicht er es zur Seite.

»Ich weiß nicht«, stottere ich wie ein verlegener Schuljunge. »Ich habe mich nur ein bisschen umgeschaut, und plötzlich bin ich hier gelandet.«

»Du weißt nicht, wer du bist?«

»Doch, natürlich. Ich heiße Elmar. Eigentlich bin ich mit einem Freund vor dem Badehaus verabredet. Doch bis dahin ist noch ein wenig Zeit, und die habe ich für einen Spaziergang genutzt.«

»Na, wenn du noch ein wenig Zeit hast, dann komm doch herein. Meine Frau hat gerade Brot gebacken.«

Ein Angebot wie aus einer anderen Welt. Spontane Gastfreundschaft kenne ich eigentlich nur unter Freunden. Aber Wildfremden gegenüber? Ich habe ja schon viel gehört von Christiania und seinen Bewohnern. Dass sie nur unter ihrem Vornamen leben, weil Namen ohnehin nicht viel mehr sind als Schall und Rauch. Dass sie anderen Menschen keine soziale Stigmata aufdrücken und Privatsphäre nichts zählt, gerade weil sie in der Welt da draußen alles ist. Doch wörtlich habe ich das alles nie genommen. Es heißt auch, von den Idealen Christianias sei heute nicht viel mehr übrig als ein Mythos. Mag sein. Für mich aber ist dieser Mythos gerade ziemlich real.

Das Innere des Hauses steht ganz im Kontrast zu seinem Aussehen, das eher an die Unterkunft eines *skovnisse,* eines in Dänemark heimischen Waldkobolds, erinnert. Die große Wohnküche aus poliertem Edelstahl hätte ich hier ebenso wenig vermutet wie den Flachbildfernseher und die Espressomaschine. Alles sehr modern und aufgeräumt. Noch nicht einmal der Boden unter den Füßen knarzt. Es duftet nach Frischgebackenem. Eine Frau holt gerade ein heißes Blech aus dem Ofen und stellt es auf die Herdplatte.

»Setz dich«, sagt der Mann. »Ich heiße übrigens Bengt. Und das ist meine Frau Stine. Unsere kleine Rikke kennst du ja schon.« Schüchtern lugt das Mädchen hinter den Beinen ihres Vaters hervor, dann verschwindet sie in ein Nebenzimmer. Die ebenfalls blonde Frau streift sich die Ofenhandschuhe von den Händen und nickt freundlich.

»Macht ihr das immer so?«, will ich wissen – und frage direkt wie ein Däne.

»Was meinst du?«

»Fremde Menschen zum Essen einladen.«

»Zu uns verschlägt es nicht viele. Da freuen wir uns eigentlich über jeden Besuch«, lächelt Bengt. Stine stellt eine Butterdose, einen Korb mit dampfenden Brötchen und ein Glas *syltetøy*, hausgemachte Marmelade mit extragroßen Fruchtstücken, auf den Tisch.

»Stachelbeere«, sagt sie. »Probier mal.«

Skeptisch betrachte ich den grünlich schimmernden Brotaufstrich. Marmeladen mit großen Fruchtstücken zählen zu meinen Kindheitstraumata, seitdem ich als kleiner Junge immer die selbstgemachte Erdbeermarmelade meiner Großmutter probieren musste. Die Fruchtstücke darin waren so riesig, dass es mir kaum gelang, sie auszusparen. Und wenn mir die glibberigen Fruchtstücke dann die Kehle runterrutschten, fand ich das einfach widerlich. Doch Trauma hin oder her. Meine netten Gastgeber will ich auf keinen Fall vor den Kopf stoßen. Das gebietet einfach die Höflichkeit. Also gebe ich einen großen Klecks Stachelbeermarmelade auf das Butterbrötchen, beiße hinein und würge den Bissen, ohne zu kauen, hinunter.

»Schmeckt's?« Stine schaut mich neugierig an.

»Ganz ausgezeichnet«, lüge ich und versuche dabei, ein Gesicht zu machen, das dem eines Genießenden gleicht. Doch offenbar verrutscht mir die Mimik dabei so sehr, dass meine Tarnung auffliegt.

»Ihm schmeckt's nicht«, sagt Stine zu Bengt.

»Doch, doch«, nicke ich eifrig.

»Hättest ruhig sagen können, dass es dir nicht schmeckt.«

»Es schmeckt mir aber.« Zum Glück zeigt Bengt nun Erbarmen mit mir, ehe ich mich noch um Kopf und Kragen lüge.

»Keine Sorge«, beruhigt er mich und schaut dabei leicht vorwurfsvoll seine Frau an. »Das macht sie immer. Sie liebt es, Leute auf den Arm zu nehmen und zu testen, wie geradeheraus jemand ist. Ich kann die Marmelade auch nicht besonders leiden.«

Erleichtert lege ich die angebissene Stulle zurück auf den Teller. Mit der deutschen Höflichkeit bin ich jedenfalls ziemlich auf der Nase gelandet. Einmal mehr wird mir klar, dass man Dänen besser sagt, was man denkt.

Wir unterhalten uns noch eine Weile. Dabei stellt sich heraus, dass Bengt Architekt ist und schon seine Kindheit in Christiania verbrachte. Sein Vater hat das Haus mit seinen eigenen Händen gebaut. Damals glich es im Inneren noch einer Höhle, in der man mehr hauste als wohnte. Das Leben sei einfacher gewesen, erinnert sich Bengt. »Nicht unbedingt besser, aber einfacher.«

Schon damals, Ende der 1970er Jahre, machten vereinzelte Polizeiaktionen den Christianitern, wie sich die Bewohner der Freistadt selbst nennen, zu schaffen. Als in den Folgejahren der Drogenhandel immer größere Ausmaße annahm, setzte die Polizei 1992 eine 70 Mann starke Patrouille ein, die teilweise unter massivem Einsatz von Gewalt versuchte, das Problem zu beseitigen. Es kam zu Straßenschlachten, bei denen unter anderem Tränengas und Schlagstöcke eingesetzt wurden. Auch Bengt nahmen sie einmal in Gewahrsam. Als er nach zwei Tagen wieder zu seiner Familie zurückkehrte, war sein Körper übersät mit blauen Flecken und Blutergüssen. Es war eine dunkle Zeit in der Geschichte Christianias, aber auch Dänemarks, dessen Regierung auch aus dem bürgerlichen Lager wegen des brutalen Vorgehens der Polizei kritisiert wurde. Ende 1993 befahl der Justizminister, die Patrouille wieder abzuschaffen. Auch weil Christiania zu diesem Zeitpunkt schon längst zu einer der größten Touristenattraktionen Kopenhagens geworden war. Inzwischen besuchen jährlich etwa eine Million Menschen die Freistadt.

Kaum zu glauben, dass diesem einzigartigen Biotop im Februar 2011 fast ein Ende bereitet worden wäre, als der Oberste Gerichtshof Dänemark das alleinige Nutzungsrecht zusprach. Der Weg für die Regierung war frei, Christiania zu »normalisieren«, wie man es nannte. Schließlich, im Juni desselben Jahres, kam es doch noch zu einer Einigung zwischen Staat und Freistadt. Über einen gemeinsamen Fonds kauften die Christianiter dem Land Dänemark nicht nur Grund und Boden ab, sondern auch einen Großteil der darauf befindlichen Gebäude. Etwa zehn Millionen Euro bezahlten sie dafür. Kein schlechter Preis für die Utopie von einer besseren Welt. Christiania, das Symbol für Offenheit und Toleranz, abzuschaffen, wäre aber auch ganz und gar undänisch gewesen.

Das Rattern meines Handys auf dem Holztisch reißt uns aus dem Gespräch über die bewegte Geschichte der Freistadt. Es ist Paw. »Wo steckst du?«, nöhlt er. »Ich warte schon seit einer halben Stunde und habe drei Bier getrunken, und wenn du nicht bald kommst, trinke ich noch eins.«

Sosehr ich die Gastfreundschaft von Bengt und seiner Familie genossen habe, so sehr muss ich mich jetzt beeilen, um zum Badehaus zu kommen. Aber als ich mich von Bengt verabschieden will, meint der nur:

»Kein Problem. Du gehst aber nicht, ohne noch zwei, drei Gläschen Gammeldansk getrunken zu haben. Einem angetüdelten Dänen nüchtern gegenüberzutreten, macht keinen Spaß. Glaube mir.« Er holt eine bauchige Flasche aus dem Wandschrank, stellt zwei Schnapsgläser auf den Tisch und füllt sie bis zum Rand. »*Skål*!« Wir kippen kurz hintereinander drei Pinnchen herunter.

»Schmeckt's?«, fragt Stine mit einem verschmitzten Lächeln.

Diesmal halte ich es mit der Wahrheit: »Grauenvoll.«

Vor dem Eingang zum *Badehuset* sitzt Paw, mit einer Dose Tuborg in der einen und einer Zigarette in der anderen Hand. Eigentlich sieht er gar nicht aus wie jemand, der verärgert ist, weil er zu lange auf seine Verabredung warten musste. Im Gegenteil. Mit seinen rosa Wangen, den über Kreuz geschlagenen Beinen und dem versonnenen Lächeln könnte er nicht besser in die Szenerie Christianias passen: in sich ruhend und mit sich und der Welt zufrieden.

»Komm, wir trinken noch eins zusammen«, sagt Paw und streckt mir ein Bier entgegen. Alkohol und Sauna vertragen sich ja eigentlich nicht, aber was gelten hier schon Regeln?

Im Badehuset läuft heißer Dampf in dicken Tropfen von den Fensterscheiben. An der Tür prangt das Logo Christianias: drei gelbe Punkte auf rotem Grund, die i-Punkte des Namens sind zugleich Symbole für Liebe, Hoffnung und Freiheit. Oder waren es Freiheit, Gleichheit und Brüderlichkeit? Oder Frieden, Liebe und Harmonie? Ich hab's vergessen. Und wahrscheinlich weiß es auch kein Christianiter mehr. Aber so lange daraus kein »Leistung, Zwist und Keilerei« wird, spielt es auch keine Rolle.

Früher durften in das Badehuset nur Christianiter und deren Freunde, aber heute sind die Regeln weniger streng. Die Rezeption ist nur durch eine niedrige Holzwand von Duschen und Umkleidehaken getrennt. Im Hinterzimmer hackt ein hagerer Mann Holz für den Ofen, der die Temperatur in der Sauna konstant auf 85 Grad hält.

»Du kannst auch die Gemeinschaftsbürste benutzen«, sagt die Frau an der Rezeption und zeigt auf einen Klumpen vergilbter Borsten, der mit einer Schnur notdürftig an einem Stück Holz befestigt ist. »Aber nicht vergessen, die Bürste nach dem Gebrauch zur Reinigung in das Desinfektionsbecken zu legen.« Sie deutet auf eine Wanne, in der eine gelbliche Flüssigkeit schimmert. Paw hält seine Nase über den Inhalt, schnüffelt und verzieht das Gesicht.

»Danke für das Angebot«, sagt er, »aber ich glaube, wir verzichten auf die Bürste. Oder, Elmar?« Er blickt mich flehend an. Ich nicke eifrig.

Nachdem wir uns ausgezogen haben, betreten wir dieSauna. In der kleinen Holzkabine schwitzen zwei Däninnen, ein Paar massiert einander die tätowierten Schultern, und ein junger Mann, den niemand darum gebeten hat, erzählt auf Englisch unbekümmert Reiseerlebnisse in die diesigen Tiefen des Raums. Irgendwo spielt ein Radio den Countrysong *Cowboy take me away* von den Dixie Chics. Selten hat sich Alltag so entspannt angefühlt wie in diesem Augenblick. Paw und ich fläzen uns auf eine Ecke der Holzbank und lassen still die Hitze auf uns wirken. Die drei Gammeldansk und das Bier in Verbindung mit der Wärme machen mich bald so benommen, dass das Sichtfeld vor mir langsam anfängt, Schlieren zu ziehen.

In der Sauna herrscht hohe Fluktuation. Ständig öffnet sich die Tür und jemand tritt herein oder geht hinaus. Die meisten halten es nicht einmal fünf Minuten aus. Es wird gekeucht, geröchelt und gestöhnt. Mögen die Dänen auch noch so ausdauernd sein, wenn es um den Verzehr alkoholischer Getränke geht, von der Saunafestigkeit ihrer nordeuropäischen Nachbarn haben sie nicht viel abbekommen. Auch Paw hat bereits nach einem Saunagang genug. Bei ihm vermute ich aber schlicht Langeweile. »Komm, wir trinken noch einen«, sagt er.

»Aber wir sind doch eben erst gekommen«, protestiere ich. Paw will gerade den Mund aufmachen, als sein Klient Stuart, der Butoh-Tänzer, die Sauna betritt. Sonst splitternackt, trägt er dieselbe graue Mütze wie damals in der Harbo Bar, als ich ihn zum ersten Mal traf. Paw und ich schauen uns an und brechen in lautes Gelächter aus.

»*Hej* Stuart«, sagt Paw, nachdem er sich wieder gefangen hat. »Hast du nicht was vergessen?«

»Nein. Was denn?«, fragt Stuart und schaut erschrocken an sich runter.

»Nicht da unten. Da oben«, grinst Paw. »Oder ist dir das Ding etwa an den Kopf gewachsen?«

»Meine Güte. Habe ich tatsächlich noch meine Mütze auf«, bemerkt Stuart, ohne jedoch Anstalten zu machen, sie abzunehmen. »Was soll's. Jetzt, wo ich schon mal hier bin, kann ich sie gleich anlassen, als künstlerische Performance sozusagen.« Schon bald gesellen sich immer mehr Menschen zu uns. Punks mit grünem Irokesenschnitt, von Kopf bis Fuß Tätowierte, mit Piercings Behangene: Sie alle haben in ihrem Leben bestimmt schon viel gesehen, einen Mann mit Mütze in der Sauna aber offenbar noch nicht. Immer noch amüsiert von Stuarts spontaner Einlage, verabschieden sich Paw und ich von ihm mit dem Hinweis, dass er die Mütze besser bald auszieht, damit er keinen Hitzeschlag bekommt. Wir lassen den Tag mit vier Dosen Tuborg im Biergarten von Christiania ausklingen. Dort treffe ich auch Bengt und seine Frau Stine wieder, die unter grünen Plastikgirlanden sitzen und Backgammon spielen. Zwei Mädchen tanzen in gebatikten Röcken zur Technomusik des DJs. Daneben eine ältere Dame, die im Schein der Taschenlampe ein Buch liest.

Spät am Abend machen wir uns auf den Nachhauseweg. Daheim finde ich zu meiner Erleichterung Sara tief und fest schlafend im Bett. Ein gutes Zeichen dafür, dass es ihr bessergeht.

SECHS

Inzwischen ist ein Monat vergangen, seit wir in unsere neue Wohnung gezogen sind. Die Sonne scheint so intensiv, dass selbst mir fröstelndem Südländer warm wird. Sogar die sonst so frische Meeresbrise ist heute mild. In T-Shirt und kurzen Hosen sitze ich mit Sara im Garten, trinke Tee und lese Zeitung. »Immer mehr Frauen lassen sich zu Männern umoperieren«, titelt *Politiken,* Dänemarks größte Tageszeitung. Darunter eine Geschichte mit der Überschrift »Hier gibt es das beste Eis in Kopenhagen«. Wenn selbst die profilierteste überregionale Tageszeitung ihre Titelseite mit Geschichten über Transsexuelle und schmackhaftes Speiseeis füllt, weiß man, dass Sommer ist in Dänemark. Die *agurketiden*, die Sauregurkenzeit, gibt es hier genau wie in Deutschland. Nur dass sie sich in der dänischen Medienlandschaft ganz anders entfalten kann. Denn während sich in Deutschland zumindest die seriösen Printmedien auf den vorderen Seiten mit außenpolitischen Themen behelfen, wenn daheim nichts los ist, bemühen sich dänische Zeitungen erst gar nicht, der Versuchung nach sommerlichen Soft News zu widerstehen. Aufmacher mit Überschriften wie »Grippevirus sorgt für Bademeister-Knappheit«, »Technologie-Neuheit: Schweiß reinigt diesen Anzug« oder »Wo der Strand noch genügend Sand hat« gibt es dann am Fließband.

Ja, die Dänen sind ganz verrückt nach dem Sommer, was wahrscheinlich daran liegt, dass er im Vergleich zum nasskalten Winter, kühlen Frühling und früh einsetzenden Herbst in aller Regel recht kurz ausfällt und dementsprechend in vollen Zügen genossen werden muss. Wer meint, er könne sich der allgemeinen Hysterie entziehen, irrt. Denn Sommer ist in Dänemark auf allen Kanälen. Als Sara kurz nach drinnen geht, um neuen Tee zu holen, schaltet sie das Radio ein. »Die Kühe kalben, jetzt dürften bald mal wir an der Reihe sein. Wir können es kaum erwarten, wir platzen fast«, dudelt es aus dem Lautsprecher. Ein Sommerhit der Satire-Band *Det brune punktum*, die mit dem Lied *Vi skal ud i det blå*, *Wir sollen raus ins Blaue*, die Versessenheit der Dänen auf die warme Jahreszeit aufs Korn nimmt.

Ich lege die Zeitung beiseite und schaue die Straße hinab. An jeder zweiten Haustür laden Väter Koffer in ihre Kombis, quetschen zusammengerollte Schlauchboote dazwischen und fixieren Kindersitze im Fond der Fahrgasträume. Während die Mütter noch schnell die letzten Brote für die Fahrt schmieren, malt der Nachwuchs mit Kreide Figuren auf den Asphalt oder hängt am elterlichen Hosenbein und quäkt im Zweisekundentakt: »Fahren wir jetzt endlich los?« Aber die Dänen denken gar nicht daran, sich von der Ungeduld ihrer Kinder aus der Ruhe bringen zu lassen. Nicht im Sommer! Nicht zu Beginn der Ferienzeit! Gute Laune ist jetzt quasi Pflicht. Daran können auch ein paar kleine Quälgeister nichts ändern.

Inmitten all der Heiterkeit wirkt Saras mürrisches Gesicht wie ein Fremdkörper. Wortlos und mit nach unten hängenden Mundwinkeln sticht sie mit der Gabel in das vor ihr auf dem Teller liegende *wienerbrød*, als wolle sie damit ihrem Erzfeind den Todesstoß versetzen.

»Wir hätten den Einbauschrank eben schon früher in Auftrag geben sollen. Und überhaupt: *Ich* hätte mich auch mit der IKEA-Variante zufriedengegeben«, sage ich.

»Ja, ja«, murmelt Sara.

»Aber sieh es doch positiv. Was lange währt, wird sicher gut.«

»Hm?« Saras Laune ist im Keller. Da hilft es auch nicht, wenn ich Phrasen dresche. Grund für ihren Missmut sind die Umzugskisten mit unserer Kleidung, die immer noch unausgepackt im Schlafzimmer stehen. Leider fehlt uns der passende Stauraum, weshalb wir uns dazu entschlossen haben, einen Einbauschrank von einer dänischen Firma anfertigen zu lassen. Die Rechnung haben wir jedoch ohne eine skandinavische Erfindung gemacht, die sich *industriferie* nennt und im Juli für drei bis vier Wochen weite Teile des Landes lahmlegt. Denn wenn Sommer ist, lassen die Dänen alles stehen und liegen. Kindertagesstätten setzen die Kleinen vor die Tür, Arzttermine gibt es nur für Todkranke, Zulassungsstellen geben keine Autokennzeichen aus, und Möbelproduzenten bauen keine Kleiderschränke. Mehr als die Hälfte aller dänischen Unternehmen haben geschlossen, was die Mitarbeiter regelrecht zum Urlaubmachen zwingt. In Deutschland wäre *industriferie* schon allein deshalb undenkbar, weil das Verkehrsnetz auf der Stelle zusammenbrechen würde, wenn in allen Bundesländern gleichzeitig Sommerferien wären.

Ich persönlich kann mit ein paar Umzugskisten, die drei Wochen länger im Schlafzimmer stehen, ohne Probleme leben. Doch für Sara, deren Ordnungssinn deutlich ausgeprägter ist als meiner, sind sie wie Folter. Während der einzige Platz, an dem bei mir Ordnung herrscht, der Desktop meines Computers ist, bringt sie schon der verrutschte Teppich vor unserem Holzofen aus der Fassung. Sara wirft mir vor, Staub auch dann noch zu übersehen, wenn er sich schon längst zu kniehohen Knäueln formiert hat. Ich habe dem immer nur wenig entgegenzusetzen. Wie alle Männer – sagt Sara. Damit mag sie vielen Unrecht tun. Ich aber bekenne: Ja, ich bin staubblind.

So oder so. Auf den Einbauschrank müssen wir noch einige Wochen warten. In den letzten zwei Jahren habe ich gelernt, dass es wenig hilft, sich gegen die mächtige Dynamik der Industrieferien zu stemmen. Das Beste ist, einfach selbst Urlaub zu machen. Zumal es für mich in dieser Zeit ohnehin wenig Sinn hat, Geschichten über die beliebtesten *Smørrebrød*-Rezepte der Heringsfischer von Bornholm anzubieten. Obwohl ein solcher Text wahrscheinlich sogar großen Anklang finden würde, denn schließlich gilt die Sauregurkenzeit auch in Deutschland.

Wir haben Glück, schon vor einem Monat haben Paw und seine Freundin uns in das Ferienhaus seiner Eltern eingeladen. Wie die allermeisten Dänen – Saras Mutter gehört wegen chronischen Geldmangels leider nicht dazu – besitzen auch sie ein kleines Domizil im Grünen. Klammert man all jene aus, die es im Sommer nach

Thailand oder an den Gardasee zieht, bleiben immer noch gefühlte 90 Prozent übrig, die ihren Urlaub in der Heimat verbringen. Ich kann das nur allzu gut verstehen, denn mit seiner Topographie biedert sich Dänemark als Reiseziel regelrecht an. 96 Inseln und eine 7314 Kilometer lange Küste lassen die berechtigte Frage aufkommen, ob es hier überhaupt so etwas wie ein Landesinneres gibt. Dänemark bietet somit genügend Platz für wunderschöne Strandvillen, die aber leider ein Vermögen kosten – sogar wenn sie nur 40 Quadratmeter groß sind. Auch wenn das Haus nicht direkt am Meer oder an einem See liegt, wird oft mit »Blick aufs Wasser« geworben. Schon ein kleiner Tümpel oder eine Pfütze nach einem besonders starken Regenfall lassen den Preis für ein Domizil gehörig in die Höhe klettern. Der Meerblick ist wichtigstes Attribut aller Sommerhäuser und mag schon so manchem das Wasser in die Augen getrieben haben. Sei es aus Freude, das Objekt seiner Träume erstanden zu haben, oder aus Trauer, weil es unerschwinglich ist.

90 Prozent aller Deutschen wohnen weit weg vom Meer. Gewiss kommen sie auch deshalb jeden Sommer zu Tausenden über die Grenze nach Dänemark. Vor allem auf den Inseln Ærø und Langeland, aber auch in Skagen, dem nördlichsten Zipfel Jütlands, bilden sich dann saisonale deutsche Enklaven. Mittlerweile sind es so viele, dass in Dänemark regelmäßig die Angst vor einer germanischen Invasion umgeht und die Regierung in Kopenhagen per Gesetz geregelt hat, dass die Deutschen nicht zu Dauergästen werden. Nur wer seinen festen Wohnsitz in Dänemark hat und dort seit mindestens fünf Jahren lebt, erwirbt das Recht, ein Sommerhaus zu kaufen. Hinter dieser Regelung steckt

freilich weniger die Angst, aus Dänemark könnte ein zweiter Ballermann werden, als vielmehr die Sorge, dass die große Nachfrage aus dem Süden Sommerhäuser für die Einheimischen aus dem Norden unbezahlbar machen werde. Vor mir brauchen die Dänen allerdings keine Angst haben. Ich könnte mir mit meinem deutschen Gehalt niemals ein Sommerhaus mit Meerblick in Dänemark leisten.

Gut, dass wir Meliha und Paw haben. Am Tag unserer Abreise kommen sie mit ihrem Auto, einer Rostlaube aus Frankreich mit 250 000 Kilometern auf dem Tacho, um die Ecke gezuckelt. Der Motor stottert, der Auspuff hängt bedenklich tief und bläst schwarze Rußwolken in die Luft. »Schaffen wir es mit dem Ding überhaupt bis ans Ziel?«, frage ich und mustere dabei abschätzig den Wagen.

»Wir könnten auch einfach dein Auto nehmen. Aber DU meldest es ja nicht um«, erwidert Paw und wippt dabei ungeduldig auf den Zehenspitzen.

»Ah, touché.«

Wir umarmen uns und setzen uns für eine Tasse Kaffee noch kurz in den Garten. *Bare rolig,* immer mit der Ruhe. Vor allem Sara und Meliha sind froh, sich nach längerer Zeit wieder einmal zu sehen.

»Aber jetzt mal im Ernst«, sagt Paw. »Du musst dein Auto wirklich bald ummelden, sonst wird dich das teuer zu stehen kommen. Und in Dänemark ist das nicht nur eine Floskel.« Er reißt seine Augen weit auf, um seiner Mahnung Nachdruck zu verleihen.

»Ich weiß. Aber der ganze Papierkram … und jetzt noch die Industrieferien …« Paw hat meinen wunden Punkt getroffen – und setzt noch einen drauf:

»Alles Entschuldigungen, die bei Polizei und Finanzamt nicht zählen … Außerdem: Was nützt dir ein Auto, das du nie benutzt, weil du Angst hast, beim Fahren erwischt zu werden?« Jetzt stimmt auch noch Sara in die Standpauke mit ein. Das nervt, aber ich muss mir eingestehen, dass beide recht haben. Es ist an der Zeit zu handeln.

»Wenn die Ferien vorbei sind, melde ich den Wagen um. Versprochen«, beende ich das unliebsame Gespräch.

Nach dem Kaffee verstauen wir das Gepäck und uns selbst in Paws winzigem Auto und fahren los – wenn auch vorerst nur um die Ecke, denn für einen ordentlichen Sommerhaus-Aufenthalt muss ordentlich eingekauft werden.

»Wir brauchen unbedingt Eier und Speck und *pølser* und Fleisch und Wurst und Oliven und Brot und Bier und Wein und Zigaretten und …«, brabbelt Paw ohne Pause.

»Entspann dich!«, unterbricht ihn Meliha etwas gereizt. Sie kann es nicht leiden, wenn ihr Freund mal wieder dabei ist, in eine seiner manischen Phasen zu verfallen. In vielerlei Hinsicht ist sie das totale Gegenteil von Paw. Lange schlafen, in den Tag hineindösen und Nichtstun stehen ganz oben auf der Liste ihrer Lieblingsbeschäftigungen. Und nichts bringt sie mehr auf die Palme, als wenn Paw an einem Sonntagmorgen schon um 8 Uhr in der Küche herumwuselt, Schranktüren klappern und Geschirr scheppern lässt. Da ist es auch völlig egal, ob Paw den Lärm nur verursacht, um ihr später das Frühstück ans Bett zu bringen. Die beiden könnten unterschiedlicher nicht sein, und doch kommen sie bestens miteinander aus. Wahrscheinlich auch, weil Paw es gut versteht, Meliha den Wind aus den Segeln zu nehmen.

»Entspannen? Ja, das könnte ich.«

Der Supermarkt mit dem Namen *Føtex* liegt am Lyngbyvej, kurz bevor die Autobahn nach Helsingør ihren Anfang nimmt. Trotz seiner beeindruckenden Größe besitzt das Einkaufszentrum erstaunlich wenige Parkplätze – wozu auch, die meisten Kunden kommen ohnehin mit dem Fahrrad. Ich marschiere direkt zur Fleischtheke, die in diesem Supermarkt aus mehr besteht als nur einer kleinen Auslage mit in Frischhaltefolie eingeschweißten Minutensteaks, die man sonst in den allermeisten Geschäften in Dänemark findet. Hinter dem Tresen steht ein stämmiger Mann mit blutverschmierter Schürze und pariert riesige Berge von Fleisch. An seiner rechten Hand trägt er einen Kettenhandschuh, ohne den seine Finger wohl in etwa die Lebenserwartung einer Dose Tuborg in Paws Händen hätten. Geschickt löst er das Filet eines Rinderrückens von der Wirbelsäule. Ich schaue mir die Auslage an, kann aber nirgends ein Stück Fleisch finden, das sich für die Zubereitung einer Suppe oder eines Gulaschs eignen würde. Haufenweise Rinder- und Lammfilets, Roastbeef und Steaks.

»Hast du auch ›Tafelspitz‹?«, frage ich den Mann.

»Tafel was?«

»Tafelspitz. Du weißt schon, Rindfleisch zum Kochen?«

Der Mann bricht in heiseres Gelächter aus, das nach und nach in Husten übergeht. Wieso um Himmels willen ich Rindfleisch kochen wolle, fragt er. Das sei doch nur etwas für Weicheier. Ich gebe mich nicht so schnell geschlagen.

»Was ist mit einem Stück aus der Schulter, Wade oder Brust?«

»Es gibt nur das, was du vor dir siehst.«

»Ich werde aber keine Suppe mit Kalbsfilet aufsetzen«, sage ich, etwas verärgert über die kulinarische Engstirnigkeit des Mannes.

»Würde ich auch nicht machen. Einfach in der Pfanne braten. Salz, Pfeffer. Ich sag nur eins: lecker«, grinst er. »Aber wenn du Fleisch unbedingt kochen willst, dann schau doch mal in der Tiefkühlabteilung. Vielleicht liegt da noch irgendwas herum. Ansonsten im Fachgeschäft probieren.«

Ich hätte es besser wissen müssen: Die Dänen sind nämlich ein Volk von Kurzbratern. Schmoren, köcheln, dämpfen und sieden gehören nicht zum Standardrepertoire ihrer Küche. Zumindest nicht, wenn es um Fleisch geht. Was zählt, sind die Gourmetstücke: das Filet, der Rücken, die Hochrippe und vielleicht noch die Hüfte, wenn's sein muss. Auch Paw ist ganz vernarrt in zarte Steaks und hält den Rest eher für minderwertig.

Vor dem Kühlregal für Milchprodukte hingegen ist die Auswahl so groß, dass man meinen könnte, dieses Volk nähme nichts anderes zu sich. Vor allem die Anzahl der Fettabstufungen versetzt mich immer wieder in Erstaunen. Es gibt die Kaffeesahne, die Koch- und Schlagsahne. Aber mir will nicht so recht in den Kopf, warum es sie in acht Fettabstufungen (8 %, 9 %, 10 %, 11 %, 12 %, 18 %, 36 %, 38 %) zu kaufen gibt. Das Gleiche gilt für dänischen Käse, der, so scheint mir, prinzipiell in Portionen nicht unter einem Kilogramm verkauft wird. So groß sind die Klumpen, dass man es pro Tag schon auf etwa acht Käsebrote und ein Käsefondue bringen muss, um das Haltbarkeitsdatum nicht zu überschreiten.

»Paw?«, rufe ich verunsichert durch den Supermarkt, als ich vor dem Kühlregal stehe. »Welche Sahne soll ich denn mitnehmen?«

»Einmal 9, einmal 18 bitte!«, ruft er zurück.

Nach einer halben Stunde sind die beiden Einkaufswägen bis über den Rand hinaus gefüllt. »Eines fehlt aber noch«, sagt Sara, »*danskvand*«.

»Ach ja. Die ureigenste Erfindung der Dänen«, spöttele ich. »Gott sei Dank seid ihr irgendwann auf die geniale Idee gekommen, die sprudelnde Köstlichkeit zumindest namentlich in den Kanon nationaler Errungenschaften aufzunehmen, wenn ihr das Verfahren, Mineralwasser mit Kohlensäure zu versetzen, schon nicht erfunden habt.«

»Spar dir deinen Hohn. Ich kann schließlich nichts dafür, dass wir Sprudel so nennen«, verteidigt sich Sara. Erklären aber kann sie es auch nicht. Selbst führende Ethnologen des Landes rätseln, warum die Dänen das Sprudelwasser quasi nationalisiert haben, indem sie es schlicht *danskvand*, also »Dänischwasser«, nennen.

Die Dänen sind sich selbst halt sehr sympathisch. Und wenn dann so eine unbestritten leckere Sache wie das Sodawasser daherkommt, warum nicht so tun, als hätte sie ihren Ursprung im eigenen Land? Das Gleiche ließe sich übrigens auch über den so praktischen wie ehemals revolutionären bargeldlosen Zahlungsverkehr sagen, der in Dänemark nicht etwa mit einer EC- oder Maestro-Karte getätigt wird, sondern mit der *dankort*. Der Nichtbesitz einer solchen Dankort wird beim Einkaufen mit teils sehr hohen Gebühren bestraft. Viele kleinere Geschäfte akzeptieren gar keine EC-Karte, was jeden Einwanderer binnen kürzester Zeit dazu zwingt, sich die Karte mit dem großen DK auf der Rückseite zuzulegen. Zumindest wenn er nicht den Abwasch machen will, nachdem er etwas in einem Café bestellt hat, weil er bargeld- und somit mittellos ist.

In der Getränkeabteilung haben wir dann die Wahl: Apollinaris oder Ramlösa. »Sollen wir jetzt das deutsche oder das schwedische Danskvand mitnehmen?«, will ich von Sara wissen, die diese Frage schlicht mit dem Stinkefinger beantwortet. Ich beschließe, meinen Mund zu halten, packe einen Wasserkasten auf die Schulter und gehe zur Kasse.

Auf der Fahrt öffnet Sara eine Flasche Sprudel und nimmt einen kräftigen Schluck.

»Ah, köstlich, dieses Danskvand … Willst du auch einen Schluck?« Sie hält mir die Flasche hin und schaut dabei immer noch ein wenig böse wegen meiner zynischen Bemerkung im Supermarkt.

»Klar«, antworte ich. »Ich habe ja nicht gesagt, dass mir Danskvand nicht schmeckt. Finde es nur lustig, dass ihr es Dänischwasser nennt. So etwas würde uns in Deutschland nicht im Traum einfallen, zum Beispiel zum Orangensaft ›Deutschsaft‹ zu sagen, nur weil er so gut schmeckt.« Auch ich nehme einen großen Schluck aus der Flasche.

»So? Und was ist mit euren Deutschländerwürstchen?«, fragt Sara triumphierend. Vor Schreck verschlucke ich mich so sehr, dass mir das Wasser aus der Nase spritzt. Die Kohlensäure des Danskvand brennt.

»Meister? Warum heißen Deutschländer eigentlich Deutschländer?«, äfft Paw plötzlich den Lehrling nach, der in der Fernsehwerbung seinen Chef nach der Namensherkunft der Wurst fragt. Mist. Paw kennt den Werbespot offenbar auch.

»Die sind knackig wie Wiener, würzig wie Frankfurter und zart wie Bockwürste«, stimmt Sara ein. »Wien. Liegt das nicht in Österreich?«

»Argh! Genug!«, flehe ich und raufe mir die Haare. »Ich ergebe mich!« Dass die allermeisten Dänen drei oder vier deutsche Fernsehkanäle empfangen können, wusste ich. Dass sie die aber auch anschauen, war mir neu. Ich konnte ja nicht ahnen, dass sich meine dänischen Freunde so gut in der deutschen Fernsehwerbelandschaft auskennen. Für den Rest des Tages bin ich das Gespött der Runde.

Das Ferienhaus von Paws Eltern liegt auf Sjællands Odde, einer schmalen Halbinsel an der Nordwestküste der dänischen Insel Seeland, eine gute Autostunde von Kopenhagen entfernt. Saftige Wiesen und leuchtende Rapsfelder, eingerahmt von einem kilometerlangen Sandstrand, der sich wie ein perlmuttfarbener Schal um die spitze Landzunge schmiegt. Windzerzauste Schlehensträucher, Dorn- und Rosenbüsche stehen knorrig im Schatten sanfter Hügel. Alte Dreiseitengehöfte mit Reetdächern, die seit Jahrhunderten dem rauen Seeklima trotzen, sprenkeln die Moränenlandschaft. Schade, dass wir so viel Zeit bei uns im Garten und beim Einkaufen verloren haben. Schon steht die Sonne blutrot im Westen, was Ende Juni in Dänemark ziemlich spät der Fall ist.

Das Sommerhaus besteht aus zwei Gebäuden, die mit einer Holzterrasse verbunden sind. Stil, Einrichtung und Ausstattung sind – typisch skandinavisch – nicht luxuriös, aber funktional. Der Boden ist mit Holzplanken ausgelegt, die Küche ist klein, aber mit allem ausgestattet, was man braucht. Dazu ein winziges Badezimmer, das aber auch nicht viel kleiner ist als das der meisten Kopenhagener Stadtwohnungen. Auf dem weißen Esstisch im Wohnzimmer liegen Puzzleteile verstreut. Das Motiv auf dem Schachteldeckel zeigt eine Szene aus dem Rock-Festival von Roskilde. 12 000 Teilchen. Offenbar ein Langzeitprojekt von Paw und Meliha. Und in der Ecke der *pejs*, ein kleiner Holzofen, der in keinem dänischen Sommerhaus fehlen darf.

Es ist schon spät, aber noch mild draußen. Der Geruch von Nadelhölzern liegt in der Luft, und von Süden ist das Rauschen der Brandung zu hören. Noch nicht einmal fünf Minuten sind es bis zum Strand, weshalb wir uns entschließen, den Rest des Abends mit einer Flasche Rotwein auf einer Filzdecke am Meer zu verbringen. Ohne das Licht der Stadt schimmern die Sterne klar am Nachthimmel. In ihrem Schein öffnen wir den Wein.

»Danke, für mich heute nicht«, gähnt Sara, als Paw gerade ihr Glas füllen will. »Ich bin heute schrecklich müde, und wenn ihr noch ein wenig von mir haben wollt, sollte ich besser nichts trinken.« Ich stutze kurz, weil Sara bei Rotwein eigentlich nicht nein sagen kann, messe dem Ganzen aber keine weitere Bedeutung bei. Ich jedenfalls will den Tropfen unbedingt probieren, immerhin handelt es sich hier um einen dänischen. Im Jahr 2000 erlaubte die Europäische Union dänischen Winzern erstmals, zwischen Jütland und Bornholm Wein anzubauen. Nach geglückten Versuchen ist das skandinavische Land seit 2007 offiziell anerkannte Weinbaunation, Klimawandel sei Dank. Das müde Lächeln der Experten über das Bemühen der Weinbauern ist mittlerweile Überraschung und sogar Anerkennung gewichen. Manch einem Kenner gilt Wein aus Dänemark inzwischen als Geheimtipp. Ich bin trotzdem skeptisch, als ich versuche, im Dunkeln das Etikett zu entziffern. Pinot noir, eine genügsame Rebsorte, die auch unstetes Klima verzeiht. Der Tropfen ist in der Tat nicht der beste, den ich je getrunken habe. Aber was spielt das jetzt schon für eine Rolle? Wir sitzen noch bis tief in die Nacht am Strand und sprechen über Gott und die Welt.

Das kontinentale Klima mit seinen ausgeprägten Jahreszeiten, die nahegelegenen Berge, die Biergärten, das mediterrane Lebensgefühl, München. Es gibt Momente, in denen ich all das vermisse. Dieser hier gehört jedoch sicher nicht dazu.

SIEBEN

Klapperndes Geschirr und knallende Schranktüren reißen uns am nächsten Morgen aus dem Schlaf. Paw ist schon wieder auf den Beinen. Von wegen *bare rolig* ... Mit Kopfschmerzen und belegter Zunge schlurfe ich ins Bad, die Tatsache verfluchend, dass gestern aus einer Flasche Rotwein noch drei geworden sind. Kopfschüttelnd blicke ich auf Sara, die nüchtern geblieben ist und deshalb jetzt einen wunderbar erholsamen Schlaf zu haben scheint. Unter der Dusche bleibt mir beinahe das Herz stehen, als eiskaltes Wasser auf mich herabregnet. Ich mache einen Schritt zurück, mit dem Ergebnis, dass mir jetzt der Vorhang am Rücken klebt. Außer Reichweite des Duschstrahls warte ich darauf, bis das Wasser wärmer wird – ohne Erfolg.

»Paw!«, rufe ich durchs Haus. »Mit der Dusche stimmt irgendetwas nicht. Das Wasser ist eiskalt!« Keine Reaktion. »Paw!« Wieder nichts. Wie ein begossener Pudel drehe ich das Wasser ab und trete aus der Duschkabine, als mein Freund plötzlich im Badezimmer steht.

»Es gibt gerade kein warmes Wasser.«

»Danke. Habe ich auch schon gemerkt. Was ist los?«

»Einer von uns hätte gestern Nacht noch auf den Knopf des Warmwassertanks drücken sollen. Bis der aufgeheizt ist, dauert das jetzt ein paar Stunden.«

»Großartig. Aber hättest du, nebenbei bemerkt, nicht anklopfen können, bevor du ins Bad stürmst? Wie du siehst, bin ich nackt.« Zwar war ich mit Paw schon oft in der Sauna. Aber duschen ist immer noch intimer als ein gemeinsamer Besuch einer Schwitzhütte.

»Jetzt hab dich mal nicht so«, grinst Paw, als er sieht, wie ich hektisch nach einem Handtuch greife, um meine Scham zu bedecken.

»Was heißt hier ›nicht so haben‹? Immerhin stehst du fast bei mir in der Duschkabine«, stelle ich genervt fest. Paw schüttelt den Kopf.

»Immer diese prüden Deutschen. Wir Dänen sehen das eben nicht so eng«, entgegnet er.

»Jetzt komm mir bloß nicht mit so abgegriffenen Klischees. Los, raus hier!« Ich benutze mein Handtuch als Peitsche, um Paw zu verscheuchen. Als ich seinen Hintern treffe, trollt er sich. So früh am Morgen und verkatert bin ich für seine Späße einfach nicht zu haben.

Nach einem kernigen Frühstück, bestehend aus Rühreiern, Speck, eingelegtem Hering und zwei Gläschen Aquavit, geht es mir wieder besser. Paw erläutert den Plan für den Tag: frischen Fisch einkaufen und Holunderblüten für selbstgemachten Sirup pflücken. Ich liebe es, meine Zeit auf den Erwerb und die Fertigung kulinarischer Köstlichkeiten zu verwenden, weshalb ich Paws (eigentlich schon in Stein gemeißelten) Vorschlag mit heftigem Nicken quittiere. Meine Begeisterung ist jedoch im Nu verflogen, als ich erfahre, dass wir die zwölf Kilometer zum Fischhändler mit dem Fahrrad zurücklegen sollen. Für den drahteselerprobten Durchschnittsdänen mag das so selbstverständlich sein wie ein strenger Aquavitatem nach dem Frühstück. Ich aber komme aus dem Land der Autos! Mit dem Rad fahre ich durch die Innenstadt, aber doch nicht mal eben so 24 Kilometer!

»Habe bitte ein Einsehen!«, flehe ich Paw an. »Ein Spaziergang am Strand tut es als tägliche Portion Leibesertüchtigung doch auch.« Vergeblich. Paw bleibt hart.

»Jetzt stell dich nicht so an«, sagt er und knufft mich mit seinem Ellbogen in den Magen. »Außerdem ist der Strandspaziergang ohnehin fest eingeplant. Oder wie sollen wir deiner Meinung nach sonst an die Holunderblüten kommen?«

Hilfesuchend richtet sich mein Blick auf Sara, von der ich jedoch keine Unterstützung bekomme. »Ich finde, wir sollten das Auto stehenlassen«, sagt sie streng.

»Na gut«, murmle ich. »Ich hoffe bloß, dass es sich wenigstens um den besten Fischhändler der Welt handelt, den wir da besuchen werden.«

Bei den Fahrrädern handelt es sich jedenfalls schon einmal um die rostigsten der Welt. Sie wiegen eine Tonne, und die Ketten haben seit dem Ende der Wikingerzeit kein Öl mehr gesehen. Beim Aufsitzen merke ich sofort, dass zu wenig Luft in den Reifen ist, und nach einigen Metern weiß ich auch, dass die Gangschaltung der reinen Zierde dient. Die anderen scheint das alles nicht zu stören. Mir bleibt nichts anderes übrig, als mich still in mein Schicksal zu fügen. Ich ahne schon, dass ich meine Puste noch brauchen werde, um mit dem hohen Tempo der dänischen Radler mithalten zu können. Und tatsächlich: Mit Zigarette im Mundwinkel tritt Paw in die Pedale, als wollte er die zwölf Kilometer in zwölf Minuten fahren. Sara und Meliha folgen mit Leichtigkeit, während ich als Schlusslicht keuchend versuche, nicht abgehängt zu werden. Die unverwüstliche Kondition der Dänen gibt mir immer wieder Rätsel auf. Auch ein noch so ungesunder Lebenswandel, der sich in Millionen pappigen Hot Dogs, unzähligen Dosen Carlsberg (wahlweise auch Tuborg) und Unmengen an Aquavit manifestiert, scheint daran nichts zu ändern.

Während wir den Oddenvej in Richtung des kleinen Dorfs Havnebyen entlangfahren, strömt frische Meeresluft durch meine Lungen. Wir radeln durch eine typische dänische Urlaubsregion mit parzellartig angelegten Sommerhaussiedlungen. Die Dänen mögen ihren Urlaub einfach und naturnah. Wir kommen an Familien vorbei, die sich an einer der zahlreichen Buden eine *pølse* oder ein Eis kaufen. Durch Hecken kann ich Kinder erspähen, die sich im Garten in ihrem Planschbecken vergnügen, während Papa auf dem Liegestuhl in einer Zeitung blättert. Es sind die kleinen Freuden des Lebens, die für einen Dänen den Urlaub ausmachen. Luxus muss nicht sein, Hauptsache, man hat es *hyggelig*. Das Kreischen der Möwen und die liebliche Landschaft lassen mich meinen Ärger über meine konditionellen Unzulänglichkeiten schnell vergessen. Und als dann auf der rechten Seite auch noch das Meer mit seiner schäumenden Brandung auftaucht, denke ich, dass die dänische Liebe zum Fahrradfahren vielleicht weniger eine Frage der Kondition ist als schlicht eine Einstellungssache.

An der Uferpromenade in Havnebyen stelle ich zudem fest: Bei dem Fischhändler handelt es sich tatsächlich um den besten der Welt – oder zumindest um einen ziemlich guten. Krabben, Miesmuscheln, Granatbarsche, Aale, Heringe, Sardinen, Kabeljau, Karpfen, Lachs, Kaisergranat, Scholle, Wels und Seehecht stapeln sich auf der Holzauslage, die unter dem Gewicht der Köstlichkeiten einen ziemlich wackeligen Eindruck macht. Im Nebenzimmer hängen Makrelen im Rauch glimmenden Buchenholzes. Nachdem wir uns sattgesehen haben, entscheiden wir uns für eine riesige Forelle. So ohne weiteres kaufen können wir sie aber nicht – zumindest nicht, ohne vorher eine Nummer gezogen zu haben. Das Nummernziehen ist ein Phänomen, das man hierzulande in wirklich jedem Geschäft antrifft. Was man in Deutschland nur von Behördengängen kennt, ist in Dänemark überall gang und gäbe: bei der Post, in der Frischwarenabteilung im Supermarkt, sogar bei der Anzeigenannahme der Polizei. Das hat wie beim hiesigen Fischhändler durchaus seinen Sinn. Die Theke ist lang und die Produktauswahl stattlich. Jeder Kunde zieht sich also eine Nummer und läuft die Theke ab, ohne befürchten zu müssen, dass ihm jemand den Platz in der Schlange stiehlt. Wenn man hingegen alleine in einer Apotheke steht und die Nummer 88 in der Hand hält, während die Nummer 63 angezeigt wird, weil irgendwelche Scherzkekse 20 Nummern gezogen und weggeworfen haben, gerät das System schnell an seine Grenzen. Dann ist ein Verkäufer gefragt, der mitdenkt und nicht trotz gähnender Leere im Laden stur die Nummern nach oben zählt. An diesem Samstagvormittag in Havnebyen sind wir jedoch alle froh über das Faible der Dänen fürs Nummernziehen. Ja, so fortschrittlich ist das Ganze hier, dass einem sogar die noch verbleibende Wartezeit angezeigt wird. In unserem Fall 24 Minuten. Paw, ungeduldig wie immer, beschließt, in der Zwischenzeit schon einmal den Strand abzulaufen und nach Holunderbüschen Ausschau zu halten, die zum Ernten geeignet sind. Gemeinsam mit Meliha macht er sich auf den Weg, während es Sara und mich zum nächsten Café zieht.

Vor dem Laden fällt mir eine ganze Batterie von Kinderwagen auf. In ihnen schlummern friedlich kleine Babys, von den Eltern fehlt jedoch jede Spur. »Wenn die niemandem gehören, können wir uns ja eines mitnehmen«, scherze ich.

»Da werden die Mütter aber etwas dagegen haben. Die sitzen nämlich alle drinnen«, erwidert Sara.

Als wir das Café betreten, sehen wir die Mütter seelenruhig ihren Kaffee trinken. Fast alle haben ein Babyphon auf ihrem Tisch stehen, damit sie mitbekommen, wenn der Nachwuchs aufwacht und schreit, selbst wenn sie ihn nicht im Blick haben.

»Und was, wenn einfach jemand kommt und einen Kinderwagen samt Inhalt mitgehen lässt?« Die Gelassenheit, mit der die Eltern hier ihre Kinder draußen vor der Tür lassen, schockiert mich.

»Das ist, soweit ich weiß, noch nie passiert«, sagt Sara. »Doch, halt. Einmal habe ich in der Zeitung gelesen, dass sich jemand einen Spaß daraus gemacht hat, Kinderwagen um die nächste Ecke zu schieben und die Eltern dabei zu beobachten, wie sie sich schreckliche Sorgen machen. Aber schlimmer ist es meines Wissens noch nie gekommen.«

»Also ich finde das schon schlimm genug.« Ich bin immer noch fassungslos. Das eigene Baby auf der Straße stehenzulassen, während man drinnen ein Stück Kuchen isst, wäre für mich nur schwer vorstellbar. Doch Dänen sehen das offenbar anders. Kinder bis zu einem Alter von drei Jahren schlafen hier ganz selbstverständlich draußen. Der Kinderwagen steht dann im Garten, auf der Terrasse, dem Balkon oder im Hinterhof. Hauptsache an der frischen Luft, und das bei Wind und Wetter. So förderlich soll der Schlaf unter freiem Himmel sein, dass das dänische Gesundheitsamt sogar empfiehlt, die Zwerge erst dann mit ins Haus zu nehmen, wenn die Temperatur auf unter minus zehn Grad gesunken ist. In Deutschland würde sich das Jugendamt schon bei weit milderen Witterungsbedingungen ernsthaft überlegen, den Eltern das Sorgerecht zu entziehen.

Nachdem wir einen Kaffee bestellt und uns einen Tisch am Fenster gesucht haben, lasse ich meinen Blick über die Buggy-Flotte schweifen, die draußen angelegt hat. Verglichen mit den eher kleinen und wendigen Modellen, die Mütter und Väter in Deutschland oft vor sich herschieben, stehen dort ausschließlich klobige Luxuskarossen. So lang und breit, dass eigentlich drei Kinder darin Platz hätten, mit lufthydraulischer Federung und aus Materialien, die sonst nur in der Raumfahrt verbaut werden. Wenn dänische Babys schon Tag und Nacht in ihren Kinderwagen verbringen, dann bitteschön auch gut geschützt und komfortabel. Und das lassen sich ihre Eltern einiges kosten. 3000 Euro und mehr für einen Kinderwagen zu bezahlen, ist keine Seltenheit.

»Ich kann mir das beim besten Willen nicht vorstellen«, platzt es da aus mir heraus. Aber Sara ist gedanklich offenbar schon woanders.

»Was meinst du?«

»Ich könnte mein Kind nie draußen auf der Straße schlafen lassen.« Ich beobachte Saras Gesicht in der Hoffnung, vorbehaltlose Zustimmung zu finden. Leider vergeblich.

»Wieso? Kinder schlafen draußen nun einmal am besten. Unser Kind wird auch draußen schlafen«, erwidert sie bestimmt. Ihr Blick sagt mir, dass sie in diesem Punkt nicht mit sich diskutieren lässt.

»Wir sprechen darüber, wenn die Sache aktuell wird«, versuche ich, die Diskussion zu verschieben. Sara macht einen tiefen Seufzer, setzt mit beiden Händen die Kaffeetasse an den Mund und trinkt. Dann stellt sie die Tasse mit zitternden Händen wieder ab.

»Die Sache ist bereits ziemlich aktuell«, Tränen sammeln sich in ihren Augen. »Ich bin schwanger.« Bei diesen Worten sackt mein Herz auf Höhe der Kniekehlen.

»Was?!«, entfährt es mir so laut, dass sich das halbe Café nach uns umdreht. »Das ist ja großartig«, flüstere ich weiter und greife nach Saras Händen. »Seit wann ...?« Auch mir steigt jetzt das Wasser in die Augen.

»Ich weiß es schon seit drei Tagen. Du erfährst es erst jetzt, weil ich heute Morgen zur Sicherheit noch einen zweiten Test gemacht habe. Der war auch positiv. Wir werden Eltern!« Sara lacht, vielleicht auch aus Erleichterung über meine Reaktion.

»Stell dir nur vor. In neun Monaten halten wir einen Maximilian oder eine Beatrix in den Armen«, ich bin plötzlich ganz euphorisch. Sara schaut skeptisch.

»Ich dachte eigentlich eher an Rasmus oder Stine.« Namensgebung und die Frage ›Schläft unser Baby auch bei minus zehn Grad draußen oder nicht?‹: Sicher nicht die einzigen Diskussionen, die wir noch zu führen haben werden. Aber nicht jetzt.

Vor lauter Freude vergessen wir die Zeit und damit auch unseren Platz in der Warteschleife des Fischhändlers. Das merken wir, als Paw an die Fensterscheibe des Cafés klopft. Wir zahlen und gehen nach draußen. Meliha hält einen Müllsack prall gefüllt mit Holunderblüten in der Hand, Paw eine große Tüte mit der frischen Riesenforelle vom Fischhändler.

»Wo bleibt ihr?«, fragt Paw und wippt ungeduldig auf den Zehenspitzen. Als er unsere geröteten Augen sieht, wird er stutzig. »Was ist denn mit euch los? Was ist passiert?«

Als wir ihnen die frohe Botschaft überbringen, freuen sich die beiden so sehr, dass Paw die Riesenforelle fast aus der Tüte springt. Und ich bin so beschwingt, dass mir selbst der lange Rückweg mit dem Fahrrad vorkommt wie eine Luxuskreuzfahrt in der Karibik.

Wir verbringen die restlichen Tage auf Sjællands Odde in aller *Hygge* mit Krocket im Garten, *pølsern* auf dem Grill und jeder Menge selbstgemachtem Holunderblütensirup. Am letzten Abend sitzen wir auf der Terrasse und spielen Karten, als Sara und mich auch ein wenig Wehmut überkommt. Schließlich war dies unser letzter Urlaub ohne Kind.

ACHT

Sara und ich fanden uns auf Anhieb sympathisch. Nachdem wir uns an jenem Märzabend in der Harbo Bar zum ersten Mal begegnet waren, trafen wir uns einige Male und machten nachts Kopenhagen unsicher. Diese Frau war ganz anders als meine deutschen Exfreundinnen. Nicht so schwierig und rechthaberisch, sondern locker und unkompliziert. Außerdem hatte ich bei ihr immer das Gefühl, dass sie sagte, was sie dachte. Es gab keine versteckte Agenda, die zu erahnen mich in Deutschland in der Vergangenheit manchmal viel Kraft gekostet hatte. Für unser erstes offizielles Date verabredeten wir uns im Café Bang & Jensen in der Istedgade, der Hauptschlagader Vesterbros, dem wohl paradoxesten Viertel Kopenhagens. Während sich das Besitzbürgertum auf die Stadtteile Østerbro und Frederiksberg zurückgezogen hat und sich Nørrebro fest in der Hand ethnischer Minoritäten befindet – was die Dänen dort wiederum zur Minderheit werden lässt –, ist Vesterbro ein Gebräu aus Elend und Wohlstand. Einst waren hier alle arm, doch in den vergangenen Jahren hat das Geld Einzug gehalten. Fassaden wurden aufgehübscht und Verwinkeltes begradigt. Der alte Schlachthof am Halmtorvet ist kein Schlachthof mehr, sondern eine Ausgehmeile mit Restaurants und Kneipen, die BioMio heißen oder Karrierebar. Gäbe es in Dänemark Die Grünen oder eine andere Umweltpartei, hier würde man ihre Wähler antreffen.

Das Geld kam, doch die Armut ist geblieben. Sie lebt jetzt mit dem Wohlstand auf engstem Raum. Eine faszinierende, aber auch explosive Mischung. Schon bei unserem ersten Treffen in der Harbo Bar hatte Sara Vesterbro mit einer Szene aus Hans Christian Andersens Märchen *Der Wassertropfen* verglichen.

»Die Menschen dort sind wie Bakterien unter einem Mikroskop. Sie puffen und stoßen sich, beißen und reißen aneinander. Wer unten ist, will nach oben, und wer oben ist, kann schnell unten landen. Ich finde, H. C. Andersen hat das ganz gut getroffen«, hatte sie gesagt. Mich wunderte damals, dass sie ausgerechnet Andersen bemühte, denn das Verhältnis der Dänen zu ihrem berühmtesten Märchenerzähler ist in etwa mit dem der Deutschen zu den Brüdern Grimm vergleichbar. Jeder kennt ihn und seine Geschichten, doch im Alltag findet er eigentlich kaum Erwähnung.

Ich betrat das Bang & Jensen, das sich in einem leicht verwitterten Altbau befand. Innen bunt zusammengewürfelte Möbel aus den fünfziger Jahren, ausgesessene Sofas und Ledersessel mit Armlehnen. In einem Eck saß Sara vor einer orange tapezierten Wand. Sie hatte die Haare zu einem Pferdeschwanz zusammengebunden, ihr Gesicht war leicht mit Sommersprossen gesprenkelt, und sie strahlte mich mit ihren grün-grauen Augen an.

»*Hej. Jeg har allerede bestilt en øl. Håber, det er ok*«, brabbelte sie drauflos, nachdem ich mich zu ihr gesetzt hatte. Auch drei Monate nach meiner Ankunft in Kopenhagen verstand ich nur die Hälfte davon. Da nutzten mir auch meine sehr guten Schwedischkenntnisse nur wenig, die ich mir bei meinem Studienaufenthalt in Stockholm angeeignet hatte. Dank der großen Ähnlichkeit beider Sprachen im Schriftbild konnte ich Dänisch zwar ohne Probleme lesen, doch zwischen dem geschriebenen und dem gesprochenen Wort besteht im Dänischen ein Unterschied, der mir gerade in meiner Anfangszeit in Kopenhagen so groß erschien wie der zwischen Deutsch und Suaheli. Die Dänen verschlucken beim Sprechen so viele Silben, dass vom Geschriebenen am Ende in etwa so viel übrig bleibt wie in einem niedergebrannten Dorf nach dem Raubzug der Wikinger.

»Hej«, antwortete ich und ignorierte, was Sara sonst noch zu mir gesagt hatte. Wir einigten uns auf Englisch, und auch auf diesem Gebiet stach Sara mich aus, weil sie in ihrer Kindheit in Kenia eine internationale Schule besucht hatte. Nachdem ich meine Nervosität mit einigen Carlsberg fortgespült hatte, bat ich sie dann doch, einfach Dänisch zu reden.

»Ich bin Korrespondent. Ich muss euch Dänen verstehen können«, sagte ich. »Also ab jetzt bitte keine falsche Rücksichtnahme mehr.« Der Alkohol und mein gutes Schwedisch wiegten mich in Sicherheit. Hätte ich bloß den Mund gehalten. Sara fing an zu reden, und ich kam mit dem Verstehen kaum hinterher, nickte höflich und wunderte mich, warum sie die ganze Zeit von irgendeiner Moschee sprach.

»Wieso möchtest du unbedingt in einer Moschee arbeiten? Bist du Muslimin?«, wollte ich dann doch irgendwann wissen. Sara schaute mich verdutzt an.

»Wie bitte? Wer spricht denn hier von einer Moschee? Ich habe gerade gesagt, dass ich vielleicht meinen Job wechseln werde«, sagte sie.

»Na ja, weil du eben sehr oft von einer *måske* redest, und auf Schwedisch heißt *moské* eben *Moschee.*« Nun war ich doch etwas verunsichert. Sara musste lachen.

»Mag ja sein, dass Moschee auf Schwedisch *moské* heißt. Hier nennt man das aber *moske*. Ich habe aber *måske* gesagt. Das bedeutet schlicht vielleicht«, erklärte sie mir geduldig. Ich tappte an diesem Abend noch einige Male in die dänisch-schwedische Übersetzungsfalle. So dachte ich etwa, dass Sara von einem Gewehr (*bössa*) sprach, als sie einen Homosexuellen (*bøsse*) meinte. Und als sie sich mit den Worten entschuldigte, sich eben mal die Hände waschen (*vaske*) zu wollen, wunderte ich mich, wieso sie auf der Toilette die Hände in der Tasche (*väska*) behalten wollte.

Wir verstanden uns trotz aller Sprachbarrieren ganz ausgezeichnet, aber der Besuch eines Dänischkurses erschien mir nach diesem Abend dringlicher denn je. Erstens wollte ich Sara unbedingt zeigen, dass ich mich ernsthaft mit ihrer Sprache auseinandersetzte. Und dann war ich ja auch noch Journalist, der für deutsche Medien über Dänemark berichtete. Wollte ich verhindern, dass mir dabei haarsträubende Fehler passierten, musste ich Dänisch lernen – und zwar schnell.

Zwei Tage später wurde ich am Kopenhagener Sprachzentrum in der Valdemarsgade in Vesterbro vorstellig, wo Ausländern Dänisch beigebracht wird. Die Sprachschule hatte mit dem Slogan *Blive en haj til Dansk* geworben. Ich fragte mich, warum die mich unbedingt zu einem Hai machen wollten, und bat Sara um Aufklärung. Ihr zufolge ist man im Dänischen ein Hai, wenn man etwas besonders gut beherrscht, sozusagen Experte ist auf einem Gebiet. Ich musste schmunzeln, denn dass für die Dänen ausgerechnet ein Tier mit einem Gehirn in Walnussgröße Kompetenz symbolisierte, fand ich schon irgendwie lustig. Also gut. Dann würde ich eben ein Hai.

Jedenfalls sind Sprachkurse, wie ich einen besuchte, in Dänemark kostenlos. Zumindest für alle jene, die älter als 18 sind, eine Aufenthaltsgenehmigung und eine zentrale Personennummer, kurz CPR-Nummer, haben. Letzteres ist so etwas wie die digitale Kennung aller (legal) in Dänemark lebenden Menschen. Ohne sie ist man offiziell nicht existent, allenfalls eine Legende, so wie Odin, Thor und all die anderen Götter der nordischen Mythologie. Man bekommt keinen Arzttermin, darf kein Bankkonto eröffnen, kein Geld verdienen, noch nicht einmal einen Bibliotheksausweis erhält man. In Dänemark wird deshalb jedem Neugeborenen spätestens zwei Stunden nach der Geburt vom Innenministerium eine solche CPR-Nummer zugewiesen. Auch für Bürger aus den skandinavischen Nachbarländern und der EU ist das Procedere beim Einwandern nach Dänemark nur Formsache. Zwar will der dänische Staat auch von ihnen gerne wissen, wie sie die Zukunft in ihrer neuen Heimat zu finanzieren gedenken. Ganz einfach um sicherzugehen, dass er sich da niemanden ins Land holt, der ihm von Anfang an auf der Tasche liegt. Doch wer bei der Registrierung noch kein Anstellungsverhältnis vorweisen kann oder wie ich Freiberufler ist, kreuzt in dem Fragebogen einfach »Selbstversorger« an.

Nach einem kurzen Einführungsgespräch saß ich gemeinsam mit sieben anderen Kursteilnehmern in einem nackten Raum mit Leuchtstoffröhren an der Decke im Untergeschoss des Sprachenzentrums. Unsere Lehrerin war eine vollschlanke Frau mittleren Alters mit roten Pausbäckchen und einer kompliziert aussehenden Hochsteckfrisur.

»Hej, ich heiße Rose. Aber keine Angst, ich habe keine Dornen«, witzelte sie, um die anfangs doch recht trostlose Stimmung unter den Kursteilnehmern aufzulockern. Während ich Rose trotz ihrer flachen Pointe ein aufmunterndes Lächeln schenkte, erhellten sich die Gesichter der anderen kein bisschen.

»Rose. Schreibt man das mit einem o oder zwei?«, fragte ein hagerer Mann in einer viel zu großen, schwarzen Lederjacke. Er klickte mit seinem Kugelschreiber, schlug den neben ihm liegenden Block auf und setzte an zum Schreiben.

»Äh, mit einem o«, antwortete Rose, »aber ich glaube nicht, dass das so wichtig …«

»R-O-S-E«, buchstabierte ihr Schüler unbeirrt in seinen Block. Als die anderen sahen, wie eifrig er war, wollten sie ihm in nichts nachstehen, weshalb auch sie sich nun den Namen Rose notierten. Eines war sicher: An Motivation mangelte es ihnen allen nicht.

In der Pause sprach ich mit dem Mann in der zu großen Lederjacke. Evghenii kam aus Tadschikistan, wo er sich als LKW-Fahrer verdingte. Mit seinem spärlichen Einkommen konnte er seine Familie dort bald nicht mehr ernähren, deshalb hatte er sich entschlossen, in Europa sein Glück zu versuchen. Nach Stationen in Budapest, Wien und Berlin war er schließlich in Kopenhagen gelandet. Seine Frau und seine Tochter hatte er in der tadschikischen Hauptstadt Dushanbe zurückgelassen – vorerst.

»Dänemark ist ein schönes Land mit vielen netten Menschen«, sagte Evghenii, ohne dabei sonderlich glücklich zu wirken. Seine pechschwarzen Knopfaugen glänzten traurig. Er wusste wohl genau, wie schwierig es für einen wie ihn werden würde, in einem Land wie Dänemark wirklich Fuß zu fassen.

Einen sogenannten Wirtschaftsflüchtling wie Evghenii sieht die dänische Regierung nämlich nicht gerne, weshalb sie in den vergangenen zehn Jahren die Hürden immer höher schraubte. Ausländerpolitik ist hier ein heikles Thema. Schon oft wurde das Land auf internationaler Ebene für seine restriktiven Regelungen scharf kritisiert. Das Problem lag bis vor kurzem an der liberal-konservativen Minderheitsregierung, die sich von 2001 bis 2011 im Parlament von der rechtspopulistischen Dänischen Volkspartei dulden ließ. Um die Zustimmung der Rechten zur alljährlichen Haushaltsverteilung zu bekommen, sahen sich die Regierungschefs Anders Fogh Rasmussen und dessen Nachfolger Lars Løkke Rasmussen gezwungen, im Gegenzug den Forderungen nach einer immer schärferen Ausländergesetzgebung zu entsprechen. Was nach zehn Jahren dabei herauskam, ist die strengste Ausländerpolitik Europas. So gibt es beispielsweise ein Verbot, das Familienzusammenführungen von Eheleuten unter 24 Jahren untersagt. Auch Evghenii leidet darunter. Seine Frau ist 22 und würde gerne nachkommen. Doch sie muss noch zwei Jahre warten. Und selbst dann wird sie sich erst einmal vom dänischen Staat nach einem Punktesystem beurteilen lassen müssen. Welche beruflichen Qualifikationen besitzt sie? Wie gut sind ihre Sprachkenntnisse? Und sogar wenn sie die volle Punktzahl erreicht, sind nicht alle Auflagen erfüllt. Evghenii muss dann noch nachweisen, dass er Arbeit und eine Wohnung hat und dass auf seinem Konto mindestens 100 000 Dänische Kronen, etwa 13 000 Euro, deponiert sind.

»Ich weiß gar nicht, woher ich so viel Geld nehmen soll«, sagte mir Evghenii an jenem Nachmittag im Kopenhagener Sprachenzentrum.

Erstaunlich ist an der ganzen Diskussion in Dänemark, dass die Politiker erst gar nicht versuchen, die harten Bedingungen für Zuwanderer in ihrem Land in weiche Rhetorik zu kleiden. So verlangte der ehemalige Integrationsminister Søren Pind bei seinem Amtsantritt 2011 von den Einwanderern Assimilation statt Integration. Er werde sich dafür einsetzen, dass Dänemark sich von all jenen abschotte, die dazu nicht bereit seien. Anders als in Deutschland, wo solche Aussagen einen Sturm der Entrüstung hervorgerufen und Søren Pind als ausländerfeindlichen Politiker für seine Fraktion untragbar gemacht hätten, sorgt so eine Äußerung bei unseren angeblich so toleranten Nachbarn schon lange nicht mehr für Aufregung. Pinds Beamte waren auch so fleißig, auszurechnen, was ein Ausländer den dänischen Staat jedes Jahr kostet. Dabei unterschieden sie zwischen nichtwestlichen Zuwanderern, die eine Kostenbelastung von 15,7 Milliarden Kronen ausmachten, und Zuwanderern aus westlichen Ländern, die der Staatskasse jährlich sogar 2,2 Milliarden Kronen Zuschüsse einbrächten.

»Tut mir leid, Evghenii. Aber so wie es aussieht, gehörst du wohl zu den ›Problemausländern‹«, scherzte ich und klopfte ihm mitfühlend auf die Schulter. Er machte einen arg geknickten Eindruck auf mich. »Aber das wird schon werden«, versuchte ich ihn aufzumuntern.

Sosehr ich Dänemark mag, so sehr ärgere ich mich in solchen Situationen über die chauvinistische Ausländerpolitik des Landes. Gerade einmal bei zehn Prozent liegt der Ausländeranteil in Dänemark, und trotzdem haben Politiker der Mitte-rechts-Regierung im Wahlkampf 2011 wieder besonders aktiv darauf hingewiesen, dass arabische und afrikanische Zuwanderer in ihren Augen eine Belastung für die Gesellschaft darstellten. Es gab sogar Pläne, den Beitritt in die staatliche Krankenkasse und Ansprüche auf Leistungen wie Wohn- oder Kindergeld an einen mehrjährigen Aufenthalt zu koppeln. Der Wahlsieg der Sozialdemokraten im September 2011 verhinderte dies nicht nur. Er zeigte unter anderem auch, dass längst nicht alle Dänen mit der Ausländerpolitik ihres Landes in den vergangenen Jahren einverstanden waren. Denn die Regierungsbeteiligung der Rechtspopulisten und die damit einhergehende konservative Wertepolitik war vielen ein Dorn im Auge.

Im Laufe des Gesprächs mit Evghenii wurde mir klar, warum er zuvor so erpicht darauf gewesen war, den Namen unserer Lehrerin richtig zu buchstabieren. Jetzt schämte ich mich ein wenig dafür, dass ich seine Übereifrigkeit lachhaft gefunden hatte. Ich besuchte den Sprachkurs lediglich, um Sara besser verstehen zu können und um einen Schwulen nicht für ein Gewehr zu halten. Doch für Evghenii ging es hier um seine Zukunft, um den Verbleib seiner Familie, einfach um alles. Ich beschloss, für die restliche Dauer des Sprachkurses eine Lerngemeinschaft mit ihm zu gründen.

Zugegeben: Ich war am Anfang ein wenig erschrocken darüber, wie unschön das Dänische klang. Daran konnte auch Rose nichts ändern, die sich wirklich um eine deutliche Aussprache bemühte. Verglichen mit dem Schwedischen, das sich mit seiner wunderbaren Melodik und prägnanten Aussprache anhört wie ein perfekt aufeinander abgestimmtes 3-Gänge-Menü, erschien mir das Dänische mit seinen ausgeprägten Gutturallauten wie ein einziger Sprachbrei. Auch oder gerade als Deutscher neigte ich anfangs zur schieren Verzweiflung, da ich es gewohnt war, die Dinge so auszusprechen, wie sie geschrieben stehen. *Rødgrød med fløde*, also rote Grütze mit Sahne, las ich als »*Röd gröd med flöde*«. Der Däne hingegen sagt »*Röull gröull mell flöull*« und klingt dabei, als hätte er zwei Flaschen Aquavit intus und wäre kurz davor, sich zu übergeben. Da ich aber nicht rund um die Uhr sturzbetrunken sein konnte, war ich gezwungen, mir die dänische Aussprache auf natürlichem Wege anzueignen.

»Irgendwie ist das doch keine Sprache, sondern eine Halskrankheit«, kicherte Evghenii. Nach ein paar Stunden hatte selbst er die Ehrfurcht vor dem Sprachkurs verloren.

»*På dansk*, auf Dänisch bitte«, sagte Rose, die seinen leisen Kommentar gehört hatte.

»Was heißt denn Halskrankheit auf Dänisch?«, fragte Evghenii auf Englisch.

»*Halssygdom*, wieso?«, wunderte sich Rose.

»*Dansk er ikke et sprog, det er en halssygdom*«, stammelte Evghenii verschämt. Seine Direktheit war ihm nun offenbar doch peinlich. Aber Rose hielt sich erst gar nicht groß mit dem Inhalt seiner Aussage auf, sondern lobte ihren Schüler für sein gutes Dänisch.

»*Det er rigtig flot Dansk, du taler*«, sagte sie, und ihre roten Pausbäckchen leuchteten noch eine Nuance mehr als sonst. Auch ich freute mich für Evghenii. Allzu große Sorgen schien ich mir um ihn nicht machen zu müssen.

Im Gegenteil: Meine Sorgen hätten mir selbst gelten müssen. Denn auch als Deutscher hatte ich mit dem Dänischen anfangs schwer zu kämpfen. Besonders gefährlich wurde es immer dann, wenn ich mich durch die vermeintliche Ähnlichkeit der Sprachen voreilig in Sicherheit wog. *Bløde kinder* sind eben nicht blöde Kinder, sondern zarte Wangen. Die *pose* ist keine betonte Körperhaltung, sondern eine Tüte, und *alfons* im Dänischen nicht notwendigerweise ein Name, sondern ein Zuhälter. Als ich mit Sara einmal im deutschen Fernsehen »Die Küchenschlacht« schaute und ihr erklärte, der Koch sei Alfons Schuhbeck, glaubte sie, es würde sich hier um einen Zuhälter namens Schuhbeck handeln. Warum der in weißer Küchentracht vor der Kamera Soßen probierte und über Ingwer philosophierte, war ihr allerdings ein Rätsel.

Erschwerend kommt hinzu, dass sich die Dänen nach Kräften bemühen, ihren Wortschatz zu recyceln. *Hej* heißt »Hallo«, *hej hej* »tschüs«. Das Verb *at lide* kann »leiden« oder »mögen« bedeuten, mit *fyr* Feuer, eine Pinie oder ein junger Kerl gemeint sein. *Brud* heißt »Bruch«, »Braut« oder »Wiesel«. Man muss schon genau hinhören und aus dem Gesprächszusammenhang schließen, um Missverständnissen erfolgreich aus dem Weg zu gehen. Zur Ehrenrettung der dänischen Sprache sei aber auch gesagt, dass sie bisweilen durchaus mit Charme, Einfachheit und Logik zu bestechen vermag. Während die Deutschen umständlich von einer

Tiefkühlpizza sprechen, sagt der Däne schlicht *frostpizza* dazu. Und im Fußball heißt ein Spiel zwischen zwei Mannschaften ganz in Anlehnung an die Tugenden deutscher Nationalmannschaften vergangener Tage *kamp*, also »Kampf«.

Nach vier Wochen Intensivtraining mit Evghenii begann sich das Sprachendickicht langsam zu lichten. Zwar konnte ich noch immer nicht *Rød grød med fløde* »*Röull gröull mell flöull*« aussprechen. Dafür entwickelte ich aber langsam ein Gespür für die dänische Lautmalerei. Es beunruhigte mich deshalb auch nicht, als Sara mich nach Beendigung meines Sprachkurses spontan auf ein Wochenende nach Århus einlud, wo sie Architektur studiert hatte und wir zwei Tage mit ihren alten Freunden verbringen würden. Århus hat zwar nur 250 000 Einwohner, ist damit aber immer noch die zweitgrößte Stadt Dänemarks. Um 770 von den Wikingern als Handelsplatz gegründet, gehört sie zu den ältesten Siedlungen Nordeuropas. Die Århusbucht an der Ostküste Jütlands war idealer Rückzugsort und Anlegeplatz für die gefürchteten Langschiffe der Wikinger, die von ihren Raub- und Handelszügen entlang der französischen Küste, über die Meerenge von Gibraltar und bis nach Süditalien zurückkehrten.

Sara und ich nahmen den Zug nach Århus. Eine Reise, die quer durch Dänemark führt, von Kopenhagen am Øresund ganz im Osten des Landes gelegen, über die Storebælt-Brücke hinüber auf die Insel Fyn und schließlich weiter auf die Festlandzunge Jylland. Dort würde uns ihre Freundin Julie abholen.

»Ihr Freund Morten wird wohl auch dabei sein. Ich

muss dich warnen. Er ist ein bisschen komisch«, sagte Sara, als wir im Zug saßen.

»Was meinst du damit?«, fragte ich nervös. Für die Kommunikation mit komischen Menschen, die ich nicht kannte, fühlte ich mich nicht gewappnet.

»Warte einfach ab. Vielleicht wird es gar nicht so schlimm.«

»Falls mich das beruhigen soll, kann ich dir eins sagen – das tut es nicht! Rück schon raus mit der Sprache! Was ist mit Morten?« Jetzt wollte ich es unbedingt wissen. Ich hätte es nur fair gefunden, wenn Sara mich auf etwaige Eigenheiten ihrer Freunde vorbereitet hätte. Schließlich befand ich mich auf ihrem Terrain. Wir besuchten ihren Studienort, trafen ihre Freunde, sprachen ihre Sprache. Und außerdem kannte ich Sara erst seit knapp zwei Monaten. Ein Paar wurden wir erst vor kurzem.

»Nein, nein. Es war dumm von mir, das angesprochen zu haben. Ich finde, du solltest dir ein eigenes Bild von ihm machen«, wiegelte sie ab. Es blieb mir nichts anderes übrig, als mich überraschen zu lassen.

Schon bei unserer Ankunft fiel mir auf, wie viele junge Menschen in Århus leben. Der Haupteingang des neoklassizistischen Bahnhofs erinnerte mich mit seinen massiven Säulen und dem darauf ruhenden Architrav ein wenig an die New Yorker Wall Street. Der Bahnhofsvorplatz war bevölkert von Jugendlichen, die sich eine pølse, einen klassischen dänischen Hot Dog, genehmigten, rauchten oder einfach nur dasaßen und sich die Sonne ins Gesicht scheinen ließen. Århus ist eine Universitätsstadt, und mit der Journalisthøjskole beherbergt sie darüber hinaus Dänemarks einzige

Ausbildungsstätte für angehende Journalisten. Sara studierte hier fünf Jahre lang Architektur, bevor es sie nach Kopenhagen zog.

Ein dunkler Wagen mit getönten Scheiben fuhr mit quietschenden Reifen vor und legte direkt vor unseren Füßen eine Vollbremsung hin. Die Tür ging auf, und eine Frau mit langen dunkelblonden Haaren und übergroßer Sonnenbrille sowie ein Mann in weißer Daunenweste stiegen aus. Julie und Morten. Sara und Julie fielen einander in die Arme und fingen sofort an, wie wild draufloszuschnacken, so dass ich plötzlich alleine mit Morten dastand und nicht genau wusste, was ich sagen sollte. Also schaute ich mir die übergroßen Alufelgen an seinem Wagen an. Eigentlich untypisch für einen Dänen, das eigene Auto derart aufzumotzen.

»War nicht ganz billig«, sagte Morten nicht ohne Stolz, als er bemerkte, wie ich seinen Wagen musterte.

»Kann ich mir denken. Ich bin selbst gerade dabei, mir das Geld für die Ummeldung meines Autos aus Deutschland zusammenzusparen. Das kostet hier ja ein Vermögen.« Zwei Sekunden später ärgerte ich mich schon über meine vorschnelle Antwort. Eigentlich hatte ich mir vorgenommen, in Gesprächen mit Dänen nicht gleich mit Kritik an ihrem Land ins Haus zu fallen. Und sei sie auch noch so indirekt formuliert. Doch Morten stieß nur einen Seufzer aus und nickte verständnisvoll.

»Ich weiß, ich weiß. Wieso bist du überhaupt nach Dänemark gekommen? Julie sagte mir, du seist aus München. Also an deiner Stelle wäre ich da geblieben.«

»Wieso? Dänemark ist doch toll. Alles ist so entspannt hier. Mal abgesehen von den hohen Preisen. Aber dafür verdienen die Leute hier auch mehr.« Morten schüttelte nur den Kopf und schnalzte mit der Zunge.

»Ts, ts, ts. Vom Gehalt bleibt doch in Dänemark nach Abzug der Steuern kaum noch was übrig«, sagte er. »Und überhaupt: München ist einfach großartig. Alles ist so gepflegt, und wer Geld hat, muss sich nicht dafür schämen, sondern kann es zeigen. Nicht so wie in Dänemark. Hier herrscht doch Gleichmacherei. Unerträglich!« Wir kannten uns kaum zehn Minuten, da hatte sich Morten schon in Rage geredet. Es überraschte mich, einen Dänen so negativ über sein eigenes Land sprechen zu hören. Noch dazu kritisierte er etwas, von dem ich zu diesem Zeitpunkt noch glaubte, dass alle Dänen es vorbehaltlos gutheißen würden: Janteloven, das Jantegesetz.

Der Ausdruck stammt aus dem Roman *En Flyktning krysser sitt spor*, Ein Flüchtling kreuzt seine Spur, des dänisch-norwegischen Schriftstellers Aksel Sandemose aus dem Jahr 1933. Darin setzt er sich sehr kritisch mit einer Gesellschaft auseinander, die das »gesunde Mittelmaß« predigt und über Andersartigkeit die Nase rümpft. Der junge Protagonist des Romans bekommt dies in der fiktiven Kleinstadt Jante zu spüren, wo er mit seinem repressiven Umfeld zu kämpfen hat, in dem es verpönt ist, sich selbst zu erhöhen oder besser und klüger darzustellen als andere. Nun ist Aksel Sandemose beileibe nicht der Erfinder dieses gesellschaftlichen Phänomens. Er hat ihm lediglich einen Namen gegeben und es kritisiert. Die Mechanismen hinter dem Jantegesetz gibt es schon viel länger, und sie gelten bis heute als tief in der skandinavischen Kultur verwurzelt. Auch wenn sie sich weitaus weniger dramatisch manifestieren als in Sandemoses Roman, wo die Hauptfigur auf der Suche nach seiner eigenen Identität schier verzweifelt und dabei auch einen Menschen umbringt.

Im heutigen Dänemark – aber auch in Schweden und in Norwegen – zeigt sich das Jantegesetz weniger existentiell, jedoch nicht minder den Alltag durchdringend. Dabei geht es nicht nur um das Unterlassen von plumper Angeberei, die ja auch in Deutschland nicht gerne gesehen wird. Nein. Das Jantegesetz setzt schon viel früher an. So wird man in Dänemark keine Klingelschilder sehen, die den Titel »Dr.« tragen, selbst wenn einem Niels Bohr persönlich die Tür öffnen würde. Auch in sozialen Karrierenetzwerken im Internet sucht man den »Prof.« oder »Dr.« vor dem Namen von Skandinaviern vergeblich, ganz gleich, ob im Lebenslauf zu lesen ist, dass hier jemand seine Dissertation in Oxford verfasst hat und gerade als Gastprofessor in Yale tätig ist. Es ziemt sich nicht, seinen gesellschaftlichen Status wie eine riesige Reklametafel vor sich herzutragen, weil niemand in eine unangenehme Situation gesetzt werden soll, der keinen solchen Titel sein Eigen nennt. Überhaupt hat das Jantegesetz auch viel mit Rücksichtnahme zu tun. Seinem Gesprächspartner am Tisch ins Wort zu fallen, gilt als unhöflich. Stattdessen sollte man auf die nächste längere Pause warten und erst dann selbst das Wort ergreifen. Eigentlich sehr sympathisch. Ich konnte Mortens Kritik an seinen eigenen Landsleuten deshalb nicht ganz nachvollziehen – zumindest nicht in meiner Anfangszeit in Dänemark. Denn da wusste ich noch nicht, dass das Jantegesetz manchmal komische Blüten treibt.

»Und ich dachte immer, ihr fändet diese Gleichmacherei, wie du es nennst, alle gut«, sagte ich zu Morten und rieb mir dabei verwundert das Kinn.

»Weit gefehlt. Ich bin nicht der Einzige, dem das alles auf den Keks geht.« Morten schaute sich auf dem Bahnhofsplatz um, als wolle er gleich jemanden hinzuziehen, der ihn in seiner Meinung bestätigte. Doch das war gar nicht nötig. Denn als ich meinen Blick schweifen ließ, fiel mir ein junges Mädchen auf, 16 Jahre vielleicht, das ein langärmeliges rosa T-Shirt trug, auf dem groß geschrieben stand: »Fuck Janteloven«.

»O. k. Ich glaube, ich weiß, was du meinst.«

»Siehst du«, er grinste triumphierend. »Ich hab's doch gesagt!« Über der Diskussion mit Morten hatte ich völlig meine Aufregung darüber vergessen, Saras Freunde das erste Mal zu treffen. Sie und Julie hatten ihr Gespräch ebenfalls beendet, und da es schon Nachmittag war, entschieden wir uns, nach einer kurzen Sightseeing-Tour direkt essen zu gehen.

Die Innenstadt von Århus liegt rund um die Einkaufsmeile Strøget – wie in Dänemark alle Fußgängerzonen heißen. Sie führt vom Hauptbahnhof zum Platz Store Torv. Beim Bummeln staunte ich, wie großstädtisch und weltläufig sich das vergleichsweise kleine Århus präsentierte. Als Tourist bekommt man normalerweise außer Kopenhagen und vielleicht noch dem kleinen Grundstück, auf dem das angemietete Ferienhäuschen steht, wenig von Dänemark zu sehen. Die dänische Hauptstadt saugt wie ein Schwamm alles Interesse auf und macht den ganzen großen Rest des Landes zur vermeintlichen Randerscheinung. Politisch wie kulturell dominiert Kopenhagen das zentralistisch geprägte Dänemark, weshalb kleinere Juwele wie Århus eher unbemerkt funkeln.

Als wir am avantgardistisch anmutenden Rathaus vorbeikamen, das vom dänischen Designer Arne Jacobsen entworfen worden war, bestand ich auf einer kurzen Besichtigung.

»Vielleicht treffen wir ja Hosea Ché Dutschke!«, rief ich aufgeregt. Die anderen schauten mich an, als hätten sie es mit einem Irren auf Freigang zu tun.

»Hosea wer?«, fragte Sara.

»Hosea Ché Dutschke.« Immer noch leere Blicke.

»Der Sohn von Rudi Dutschke?« Doch keinem ging ein Licht auf. »Rudi Dutschke, der Wortführer der westdeutschen Studentenbewegung?«

»Kenne ich nicht«, meinte Sara.

»Ist ja auch egal. Ich kenne ihn, und sein Sohn soll hier in der Stadtverwaltung arbeiten.« Ohne mich weiter aufzuhalten, ließ ich die anderen kopfschüttelnd zurück und betrat das Rathaus. Innen ist – zumindest laut meinem Reiseführer – die Handschrift Arne Jacobsens offenkundig. Im Erdgeschoss ein Trinkwasserbecken, Aschenbecher und Klingelknöpfe im typischen Jacobsen-Stil des Funktionalismus. In jeder Etage eine Uhr, jede in einem anderen Design. Auch der Aufzug wurde von Jacobsen gestaltet und mit Mahagoni aus Kuba ausgekleidet. Ich fuhr bis ganz nach oben in den neunten Stock, von wo ich einen wunderbaren Blick über die Stadt hatte: der Hafen, Kräne und Container, Straßen und Dächer. Nur Hosea Ché Dutschke war nirgends zu sehen.

Die anderen hatten vor dem Rathaus auf mich gewartet. Gemeinsam setzten wir unsere Tour fort, und schließlich kamen wir ins Latinerkvarter, ein altes Viertel, das hinter dem Store Torv und der Domkirche liegt. Bunte Fachwerkhäuser säumen hier die kopfsteingepflasterten Straßen. In den Schaufenstern der zahlreichen Einrichtungsläden stehen Vasen in kräftigen Farben und Schalen lianengleich gewundenen Ständern. Alles sehr chic, schlicht und ein bisschen »anders«. Irgendwie typisch dänisch.

Sara, Morten und Julie führten mich zu einer hyggeligen Eckkneipe am Graven, wo sich bereits einige von Saras alten Studienfreunden eingefunden hatten. Das Interieur war bunt zusammengewürfelt, und auf der langen Bar in der Raummitte lag verschiedenes Gebäck aus. Nachdem wir uns am Tresen Speisekarten besorgt hatten, quetschten wir uns zu den anderen an den runden Holztisch. Ich stellte mich jedem kurz vor und entschied mich dann für einen schlichten Hamburger – übrigens in Dänemark das klassische Cafégericht schlechthin, aber das wusste ich zu diesem Zeitpunkt noch nicht – und wunderte mich, dass keine Bedienung kam, um unsere Bestellung entgegenzunehmen. Sara klärte mich darüber auf, dass man in Dänemark immer an der Bar bestellt. Es sei denn, man befindet sich in einem wirklich guten Restaurant.

»Gut. Dann übernehme ich das. Schließlich muss ich mein Dänisch trainieren«, sagte ich und ging an die Bar. Zum Glück erwies sich das Bestellen von vier Hamburgern mit Fritten, Ketchup und Mayonnaise auch auf Dänisch als recht einfach. Trotzdem war ich stolz, alles fehlerfrei herausgebracht zu haben. Der Frau hinter dem Tresen war das jedoch offenbar ziemlich egal. Wortlos nahm sie alles auf, ohne mich dabei anzuschauen, drehte sich um und ging in die Küche. Etwas bedröppelt setzte ich mich wieder zu den anderen.

»Sind die hier immer so unfreundlich?«, wollte ich wissen.

»Wieso? Was erwartest du denn?« Sara schien leicht verwirrt.

»Na ja. Ein freundliches Lächeln oder so wäre schon nett.« Selbst im grantigen München waren die Kellnerinnen nicht so wortkarg und miesepetrig. Als die Bedienung uns nach einer gefühlten Ewigkeit schließlich die Burger brachte, knallte sie die Teller regelrecht auf den Tisch.

»Könnte ich noch ein Bier haben?«, fragte ich.

Ein kaum vernehmliches Nicken, gefolgt von einem »Hmpf«.

»Also von gutem Service haben die hier noch nichts gehört«, dachte ich. Sara und Julie schien das jedoch nicht zu stören. Morten hingegen schon.

»Siehst du? Was habe ich dir gesagt?«, stichelte er. »Janteloven. Bloß nicht den Anschein erwecken, dass hier einer den anderen bedienen muss. Glaub ja nicht, dass der schlechte Service hier ein Einzelfall ist. Den findest du überall.« Mag sein, dass Mortens These vom Zusammenhang zwischen dem Jantegesetz und muffigen Bedienungen ein wenig steil war. Ich verstand ihn aber in diesem Moment gut. Die Burger waren zum Glück viel besser als die Laune unserer Kellnerin. Trotzdem wollte ich bei der Rechnung ein Exempel statuieren und war wild entschlossen, meiner Unzufriedenheit mit dem Service entsprechend Ausdruck zu verleihen.

»Also hier gebe ich definitiv kein Trinkgeld. Ich werde mir auf Heller und Pfennig rausgeben lassen«, sagte ich mit verschränkten Armen und kam mir dabei furchtbar rebellisch vor. Schließlich ist das Verweigern von Trinkgeld in Deutschland das äußerste Mittel, das nur dann angewendet wird, wenn einem buchstäblich ins Essen gespuckt wurde. Doch Sara nahm mir gleich wieder den Wind aus den Segeln.

»Kannst du ruhig machen. Nur wird das keiner merken, weil man in Dänemark grundsätzlich kein Trinkgeld gibt. Es sei denn, du warst in einem Sternelokal essen, wo alles ganz exquisit war.«

Morten klopfte mir mitfühlend auf die Schulter.

Während der Zugfahrt zurück nach Kopenhagen fragte mich Sara:

»Und? Wie fandest du Morten?«

»Ich weiß nicht, was du hast. Der ist doch gar nicht so schlimm«, meinte ich.

»›Gar nicht so schlimm‹ ist aber nicht gut genug für Julie«, seufzte Sara und schaute aus dem Fenster, wo das dänische Flachland an uns vorbeirauschte. »Aber ich glaube ohnehin nicht, dass das zwischen den beiden noch lange hält.«

NEUN

Der Juli ist zu Ende und damit für die meisten Dänen auch die Urlaubszeit. Wie eine alte Dampflokomotive setzt sich das Land nach den Industrieferien langsam und schnaufend wieder in Bewegung. Vier Wochen befand es sich im Sommerschlaf. Und jetzt, da das Land gerade erwacht ist, fühlt sich alles noch ein wenig eingerostet an. Es wird noch den ganzen August dauern, bis die Schlagzahl der Vorferienzeit wieder erreicht ist. Schüler und Studenten haben immer noch frei, viele Geschäfte bleiben geschlossen, und auch die Möbelfirma, die uns den von Sara herbeigesehnten Einbauschrank anfertigt, ist offenbar noch im Urlaubsmodus. Dafür spricht jedenfalls eine Mail, die uns kurz nach unserer Rückkehr aus dem Sommerhaus von Paws Eltern an einem Dienstagvormittag erreicht.

»Hallo Kunde, aufgrund von Personalengpässen verzögert sich die Auslieferung Deines bei uns bestellten Produkts leider noch bis Mitte August. Wir bitten, dies zu entschuldigen. Mit freundlichen Grüßen, Jacob Plejdrup A/S.« Dann noch der Zusatz, dass es sich hierbei um eine automatisch generierte Mail handle und antworten deshalb zwecklos sei.

Die restlichen Umzugskartons mit unserer Kleidung werden wohl noch einen weiteren Monat unausgepackt in unserem Schlafzimmer stehen. Vor Beginn der Sommerferien hätte diese Nachricht Sara die Laune noch gründlich verhagelt. Jetzt aber kommt bei ihr noch nicht einmal ein Hauch von Ärger auf. Ungerührt und fröhlich pfeifend sortiert sie die Schmutzwäsche aus unserem Urlaub. Wie vieles sich geändert hat. Und das in der Kürze der Zeit. Wir werden Eltern! Verspätet gelieferte Einbauschränke können Sara da nicht mehr treffen. Auch ich, der sich ja an zu lange herumstehenden Umzugskisten ohnehin nicht gestört hat, fühle mich wie der Wikingerkönig Knut der Große kurz vor der Eroberung Englands: voller Tatendrang und durch nichts zu erschüttern. Mit breiter Brust stelle ich mich ans offene Fenster, atme tief ein und strecke die Arme nach oben.

»Wenn du dich so stark fühlst, kannst du dich ja gleich mal um die Ummeldung des Autos kümmern.« Das ist das einzige Thema, das Sara trotz ihrer neugewonnenen Gelassenheit nicht so entspannt sieht.

»Zu Befehl, künftige Mutter unseres Kindes.« Sara hebt die Augenbrauen. So viel Überschwang ist sie von mir nicht gewohnt. Aber sie hat recht: Der Zeitpunkt für die Ummeldung meines Wagens ist so günstig wie nie. In mir schlummern jede Menge überschüssige Kraft, Ausdauer und Geduld für den anstehenden Behördenmarathon. Und mit Blick auf den kommenden Nachwuchs erscheint mir mein BMW 3er-Kombi als ideales Familienfahrzeug, das es nun mehr denn je in die Legalität zu führen gilt. Ich gehe die Checkliste durch, die ich bereits vor Wochen, kurz nach unserem Umzug, auf einen gelben Zettel geschrieben, an die

Kühlschranktür geklebt und seitdem keines Blickes mehr gewürdigt habe. Meine unleserliche Handschrift verfluchend, kneife ich die Augen zusammen, als ob ich sie so besser entziffern könnte.

Punkt 1: TÜV

Wer in Dänemark ein Kraftfahrzeug aus dem Ausland einführen will, muss es erst einmal durch eine Art Zoll-TÜV bringen. Denn verkehrsuntüchtige Autos haben keine Chance auf die kostbaren Nummernschilder. Ein kurzer Blick auf die Homepage des TÜV verrät mir, dass man mit seinem Wagen vorbeikommen kann, auch ohne einen Termin vereinbart zu haben. Vorübergehend ein Mann der Tat, beschließe ich, mich sofort auf den Weg zu machen. Ich falte den gelben Zettel mit der Checkliste zusammen und stecke ihn in die Hosentasche. Dann drücke ich Sara noch einen Kuss auf die Stirn und verlasse die Wohnung.

Beim TÜV im Firskovvej im Kopenhagener Vorort Lyngby empfängt mich ein Hüne mit kurzgeschorenem, wasserstoffblondem Haar, mit sonnenbrandgerötetem Gesicht und Armen, auf die Drachen und andere Fabelwesen tätowiert sind. Es ist heiß an diesem Augustnachmittag, und dem Mann laufen die Schweißperlen über das Gesicht. Mit zwei Fingern nestelt er aus der Brusttasche seines Blaumanns ein Benzinfeuerzeug hervor und steckt sich eine Zigarette an. Er presst die Lippen zusammen und stößt den Rauch durch den Mundwinkel, während er mit skeptischem Blick meinen Wagen begutachtet.

»Willst du ihn dir nicht auf der Hebebühne anschauen?«, frage ich nach einer Weile leicht verunsichert. Irgendwie scheint mir dieser junge Mechaniker doch arg lax an die Sache heranzugehen, auch wenn ich gegen ein TÜV-Gutachten ohne jede Beanstandung nichts einzuwenden hätte.

»*Bare rolig*, eins nach dem anderen.« Er zieht ein letztes Mal an seiner Zigarette und schnippt den Stummel in die Büsche. »Ich schaue mir alle Autos erst einmal von der Seite an. Und wenn ich die Bremsscheiben so sehe, dann kann ich dir jetzt schon sagen, dass die ausgetauscht gehören.«

»Was wird das kosten?« Auch auf meiner Stirn haben sich inzwischen Schweißperlen gebildet. Sie sind jedoch nackter Angst geschuldet, die bei dem Gedanken an eine Autoreparatur in Dänemark in mir aufsteigt. Wie alles andere in diesem Land kann die ja nur unerschwinglich sein.

»Wir begutachten nur, wir reparieren nicht. Ich weiß nur, dass der Check bei uns 900 Kronen kostet«, bekomme ich als Antwort zu hören. Grummelnd gebe ich dem Mann meinen Autoschlüssel. In zwei Stunden kann ich den Wagen wieder abholen.

Mitten in einem trostlosen Gewerbegebiet ziehen sich zwei Stunden wie zäher Kaugummi. Ich schaue mich um. Das Aufregendste hier ist ein Wertstoffhof, der direkt gegenüber der TÜV-Stelle liegt. Ansonsten reiht sich ein Autohändler an den anderen. Darunter auch einer, der BMW-Fahrzeuge vertreibt. Neugierig, was ein solcher Neuwagen in Dänemark kostet, schlendere ich über den Fuhrpark und werfe verstohlene Blicke auf die Preisschilder. Bei jedem Schild wird mir etwas mulmiger zumute. Unter einer halben Million

Kronen, das sind umgerechnet fast 70 000 Euro, ist kaum ein Wagen zu haben, und wer Wert auf Ausstattung und Motorisierung legt, kann auch schnell eine Million (Kronen) loswerden. Selbst ein zehn Jahre alter Gebrauchter, den ich ganz hinten im Eck entdecke, soll 20 000 Euro kosten. Wehmütig denke ich an Deutschland, wo es Gebrauchtwagen in gleichem Zustand für einen Bruchteil dieser Summe gibt. Wenn im Staate Dänemark etwas faul ist, dann sind es die horrenden Automobilpreise.

Die restliche Wartezeit verbringe ich im klimatisierten Inneren des Autohauses, wo ich durch eine Ausgabe des Boulevardblatts *Se og hør* blättere. Mit ihrem Titel befiehlt das Magazin einem quasi, Augen und Ohren zu öffnen – und zwar für Geschichten aus der Welt der Stars und Sternchen. »Sieh und höre«, ruft es einem von der knallbunten Titelseite entgegen. In dieser Ausgabe: Die Königsfamilie wird sich alsbald mit ihrer Yacht Dannebrog zu ihrer in Süddänemark gelegenen Sommerresidenz Schloss Gravenstein aufmachen! Die Vorbereitungen für die Reise laufen schon auf Hochtouren! Das Schiff muss poliert werden, die Blaskapelle noch die letzten Stücke für die feierliche Verabschiedung einüben und die Mannschaft ihre Uniformen ein letztes Mal bügeln. Und natürlich wird mit einem großen, Fähnchen schwenkenden Menschenauflauf gerechnet. Das ist in Dänemark immer so, wenn Könige unterwegs sind. Denn nicht nur die Deutschen lieben die europäischen Königshäuser, die Dänen tun dies ebenso – vor allem ihr eigenes. Die dänische Königin Margrethe II. ist bei ihrem Volk so beliebt wie keine andere Monarchin der Welt bei ihren Untertanen. Seit Jahrzehnten sprechen sich mehr als 90 Prozent der

Einwohner des Landes in Umfragen für ihre Königin aus. Und das völlig zu Recht, wie ich finde. Ich bin zwar kein glühender Generalroyalist, das dänische Königshaus aber hat es mir angetan.

Denn Margrethe ist weder pflichtversessen wie die Queen in England, noch besteht sie auf der Einhaltung verkrusteter Protokolle wie der spanische Hof. Ihr Gemahl, Prinz Henri Graf de Laborde de Monpezat, setzt auch nicht den Ruf der Familie aufs Spiel, indem er sich in zwielichtigen Etablissements herumtreibt, wie es Schwedens König Carl Gustaf tut. Stattdessen schreibt der Graf in seiner Freizeit am liebsten Gedichte, in denen er die Schönheit der Natur preist. Vom Volk wird er, wenn überhaupt, nur dafür kritisiert, viel zu lange blaue Gauloises geraucht zu haben, ehe er auf die dänische Marke Prince umstieg. Zwar musste sich die notorische Kettenraucherin Margrethe auch in Dänemark dem Zeitgeist beugen und hat auf Anraten ihrer PR-Berater das Rauchen in der Öffentlichkeit inzwischen eingestellt. Ansonsten nehmen die Dänen etwaige Verfehlungen und Laster der Königsfamilie aber gelassen und verzeihen auch Aussetzer, die sich für einen Monarchen erst recht nicht ziemen. So wurde mehr oder weniger großzügig darüber hinweggesehen, als Frederik VIII. sich im Jahre 1912 nach Hamburg absetzte und dort ein Edelbordell besuchte. Womöglich auch, weil der König kurz nach seinem Aufenthalt in dem Rotlichtetablissement einen Schlaganfall erlitt, den er nicht überlebte. Auch eine kleine Rebellion des jetzigen Prinzgemahls Henri sorgte kaum für Aufregung. 2002 flüchtete er auf sein Weingut Caix in Südfrankreich und schmollte, weil er sich nur als »nutzloses Anhängsel« seiner Frau fühlte. Nicht einmal dann dürfe er sie vertreten, wenn sie krank daniederläge, klagte er. Für solche nur allzu menschlichen Befindlichkeiten zeigen die Dänen großes Verständnis. Die Königsfamilie muss nicht perfekter sein als die dänische Durchschnittsfamilie. Da wird schon mal über Prinzessin Marys Faible für teure Designerklamotten hinweggesehen, und der zweitgeborene Prinz Joachim darf sich sogar scheiden lassen, ohne dass ihm das groß nachgetragen wird.

Ich lege die *Se og Hør* beiseite und denke: Wenn ich in ein Königshaus einheiraten wollte, dann wäre es sicherlich das dänische. In meinem sozialen Umfeld machen sie sich schon über den Deutschen lustig, der immer so für die dänische Monarchie schwärmt. Doch davon lasse ich mich nicht beirren.

Zumal ich die jährliche Apanage gut gebrauchen könnte. Denn als ich wieder bei der TÜV-Stelle eintreffe, wartet der Mechaniker schon mit einer Mängelliste auf mich. Die Bremsscheiben sind hinüber und müssen ausgetauscht werden. Die rechte Vorderlampe hat sich in die Fassung eingebrannt, und die Kupplung ist schon ein wenig ausgeleiert.

»Mit der eingebrannten Lampe und der Kupplung können wir leben. Aber du brauchst unbedingt neue Bremsscheiben«, murmelt er mit der Zigarette zwischen den Zähnen. »Der Mangel muss binnen 30 Tagen behoben werden, sonst gibt es kein Zertifikat und damit auch keine Nummernschilder. Macht 900 Kronen.«

Ungläubig starre ich auf den Zettel, den mir der Mechaniker entgegenstreckt. Ich hatte meinen Wagen in erstklassigem Zustand vermutet. Nachdem ich die 900 Kronen mit meiner Dankort bezahlt habe, krame ich einen Stift sowie den gelben Zettel mit der Checkliste hervor und notiere einen neuen Punkt darauf:

Punkt 2: Reparatur

Schneller, als mir lieb ist, stehe ich wieder in der Eingangshalle des BMW-Händlers auf der anderen Straßenseite. Es ist still, nur das Quietschen der Sohlen meiner Turnschuhe auf dem grauen Marmorboden ist zu hören, als ich zwischen all den Neuwagen hindurch zum Empfang gehe. Jeder von ihnen ist so teuer wie eine Eigentumswohnung. Mit einem freundlichen »Hej, ich hätte das alles gerne repariert« schiebe ich das TÜV-Gutachten über den Tresen und bitte noch um einen ungefähren Kostenvoranschlag.

»Kein Problem«, sagt der Mann, der Kleidung nach eher ein Banker als ein Mitarbeiter eines Autohauses. Scheinbar endlos tippt er auf der Tastatur seines Computers herum und druckt schließlich zwei Seiten aus. Der wirklich sehr adrett gekleidete Herr schiebt mir den Kostenvoranschlag zu und geht mit einem Kugelschreiber die einzelnen Punkte durch. Vier Bremsscheiben, ein Scheinwerfer, eine Kupplung, Einbau, Arbeitszeit, plus 25 Prozent Mehrwertsteuer (die im Dänischen übrigens trotz oder gerade wegen ihrer Höhe verniedlichend Moms heißt), macht 21 678,40 Kronen, umgerechnet knapp 3000 Euro. Ich schlucke, füge mich dann aber in mein Schicksal. Der Wagen sei in drei Tagen fertig, sagt der Mann noch zum Abschied. Mitten im trostlosen Gewerbegebiet von Lyngby stehe ich nun ohne Auto da. Doch ich sehe die Sache positiv. Immerhin laufe ich jetzt zumindest vorläufig nicht

Gefahr, mit deutschem Kennzeichen erwischt zu werden.

Das Handy klingelt. Es ist Sara, die mit dem Arbeiten offenbar schon fertig ist und nun gemeinsam mit Meliha und Paw in Islands Brygge sitzt, einen Kaffee trinkt und die warme Nachmittagssonne genießt. Es ist doch immer wieder erstaunlich, wie früh die Dänen Feierabend machen. Der Berufsverkehr schwillt an einem normalen Werktag schon um 15 Uhr bedrohlich an, und eine Stunde später verlässt ein Großteil aller Arbeitnehmer das Büro. Da kann der Chef machen, was er will, im Arbeitsvertrag steht schließlich nicht umsonst etwas von einer 37,5-Stunden-Woche. Selbst Ellen, die bei Citroën immerhin Pressechefin ist, sehe ich oft genug am Nachmittag im Garten werkeln. Eine gesunde Work-Life-Balance haben sie hier in Dänemark, an die ich mich mittlerweile auch schon gewöhnt habe. Nur noch schemenhaft tauchen manchmal Bilder in meiner Erinnerung auf, die zeigen, wie ich das Münchner Redaktionsgebäude nach neun Stunden Arbeit um 18 Uhr mit schlechtem Gewissen verlasse.

»Komm doch auch. Es ist so hyggelig hier!«, ruft Sara ins Telefon. Eine Einladung, die ich nach meiner kleinen Odyssee nur zu gerne annehme. Die Aussicht auf ein Bier mit Paw haucht mir wieder neues Leben ein. Ich beschließe, ein Taxi zu rufen. Im Großraum Kopenhagen wartet man nie länger als fünf Minuten. Erschöpft, weil geschröpft, lasse ich mich hinten in den weichen Ledersitz fallen. Obwohl schon seit fast drei Jahren in Dänemark, erstaunt mich der Komfort der Kopenhagener Taxen immer wieder aufs Neue. Nahezu geräuschlos gleiten wir über den Asphalt Richtung Innenstadt. Auch noch so tiefe Schlaglöcher, die sich hie und da auftun, schluckt die Federung, als handle es sich um Dellen in einem Sofakissen. Taxifahren in Kopenhagen ist purer Genuss, was daran liegt, dass ausschließlich gehobene Mittelklasselimousinen eingesetzt werden. In Dänemark eigentlich nur schwer vorstellbar, doch der Staat gibt Taxiunternehmern auf die Zulassung ihrer Fahrzeuge einen ordentlichen Preisnachlass von 60 Prozent, so dass die sonst nur für Vorstandsmitglieder und Staranwälte erschwinglichen Autos jedermann gegen ein – natürlich im Vergleich zu Deutschland recht hohes – Entgelt zur Verfügung stehen.

Wolkenfetzen rauschen an mir vorbei, und ich schlafe erschöpft ein.

Musik weckt mich. Als ich müde die Augen öffne, merke ich, dass wir stehen.

»Entschuldigung. Muss wohl eingenickt sein. Sind wir schon da?«, frage ich den Taxifahrer, einen älteren Dänen mit grauem Vollbart. Mit seiner Elblotsen-Mütze sieht er ein bisschen aus wie der junge Helmut Schmidt.

»Nein. Wir stecken fest«, antwortet er und zeigt vor sich auf die Straße. Dort, mitten auf der Store Kongensgade zwischen Schloss Amalienborg und Kongens Nytorv, marschiert ein Spielmannszug der königlichen Leibgarde. Ich lasse das Fenster herunter. Trommelwirbel, das Schallen großer Becken, die fröhlichen Klänge klappenloser Querflöten und das Bimmeln von Glockenspielen tönen zu den Dächern der herrschaftlichen Patrizierhäuser hinauf und lassen mich unweigerlich an die Musik auf den Schlachtfeldern der alten Kabinettskriege des 17. und 18. Jahrhunderts denken, die ich aus Filmklassikern wie *Waterloo* oder *Krieg und Frieden* kannte.

»Wohl die Generalprobe«, sagt der Taxifahrer. Er nimmt die Mütze ab und reibt sich mit dem Handrücken die Stirn.

»Was steht denn an?«, frage ich. Meines Wissens gerade keine Hochzeiten, Geburten oder Taufen im Kreis der Königsfamilie, obwohl man das bei der Größe des dänischen Adelshauses nie wissen kann.

»Ich glaube, die üben ein kleines Stück für Margrethe und Henrik ein. Morgen verlassen die beiden mit ihrer Yacht den Hafen und fahren zu ihrer Sommerresidenz nach Süddänemark. Ich werde ebenfalls vorbeischauen und ihnen zum Abschied winken. Die sind nämlich schwer in Ordnung, Margrethe und Henrik.«

So wie der Taxifahrer über das Regentenpaar spricht, könnte man fast meinen, er habe erst gestern noch mit ein paar Tuborg mit den beiden auf das gute Abschneiden des FC Kopenhagen in der Champions League angestoßen. Zwar interessiert sich der Prinzgemahl nicht sehr für Fußball, sondern mehr für Tennis, trotzdem könnte ich mir eine solch traute Runde gut vorstellen – einfach der Hygge halber. Dänen lieben das Informelle, da macht die Königsfamilie keine Ausnahme. Als Margrethe und Henrik 1993 Silberhochzeit feierten, zeigten sie sich am Morgen des Festtages unfrisiert und im Morgenmantel am Palastfenster. Alleine die Vorstellung, dass dies auch in England am Buckingham Palace geschehen könnte, ist für mich so aberwitzig wie der Gedanke an Paw auf Nikotinentwöhnungskur.

»Stört dich denn gar nichts an der Königsfamilie?«, frage ich den Taxifahrer. Irgendetwas muss es doch geben. Die Privilegien qua Geburt vielleicht, die dem

Jantegesetz doch eigentlich entgegenstehen? Oder die 45 Millionen Euro, welche die Monarchie den dänischen Staat jedes Jahr kostet?

»Nö«, brummt er knapp und schüttelt den Kopf. Und als er hört, dass ich aus Deutschland komme, wird er doch ausführlicher: »Die repräsentieren unser Land sehr gut. Gerade ihr seid doch ganz verrückt nach Geschichten aus Adelshäusern. Ich glaube, dass das Bild Dänemarks im Ausland entscheidend und sehr positiv von unserer Königsfamilie mitgeprägt wird. Das kann man sich schon etwas kosten lassen.«

Da hat er wohl recht. Dänemark mag regelmäßig für sein Sozial- und Bildungssystem gelobt werden – und ab und zu mag etwas über die Weltmarktführerschaft des Landes im Bau von Windanlagen in den Medien erscheinen. Am Ende dominieren aber doch die Bilder von Hochzeitsküssen, von in schneeweiße Taufkleider gehüllten Babys und Fahrten in offenen Kutschen aus Anlass irgendwelcher Jubiläen.

Der Spielmannszug schreitet derart langsam voran, dass mir allmählich die Geduld ausgeht. *Bare rolig*, meint der Taxifahrer und erzählt noch von einigen der zahlreichen Legenden, die sich um König Christian X. ranken, der Dänemark durch die schwere Zeit der deutschen Besatzung im Zweiten Weltkrieg führte und deshalb besonderen Heldenstatus genießt. Einige, wie sein täglicher Ausritt auf dem Pferd durch die Straßen Kopenhagens, unbewaffnet und ohne Leibwache, sind verbrieft. Dass er dabei einen gelben Stern getragen hat, um gegen die Verfolgung der dänischen Juden zu protestieren, ist hingegen Seemannsgarn.

Der Schatz des Taxifahrers an interessanten Erzählungen über aufmüpfige Könige ist so reich, dass ich seinen Anekdoten gerne bis zurück ins Mittelalter gefolgt wäre, als die beiden sagenumwobenen Wikinger Gorm und sein Sohn Harald Blauzahn die dänischen Stämme einigten und den Grundstein der heute ältesten Monarchie der Welt legten. Schließlich biegt der Spielmannszug doch noch nach links in die Gothersgade Richtung Nyhavn ein und macht den Weg für den motorisierten Verkehr wieder frei. Als wir endlich in Islands Brygge ankommen, zahle ich und frage mich, ob es angesichts umherlaufender Spielmannszüge und als Taxifahrer getarnter Lexika der Adelsgeschichte in Dänemark überhaupt so etwas wie Gegner der Monarchie gibt.

An der Hafenpromenade von Islands Brygge gehen die Kopenhagener mal wieder ihrer Lieblingsbeschäftigung nach: den Sommer genießen. Sie picknicken auf den wenigen Grünflächen, schlendern am Wasser entlang, das dunkelblau im Hafenbecken ruht und nur ab und zu von einem vorbeifahrenden Schiff in Wallung gebracht wird. Islands Brygge ist ein kleines Viertel. Kaum breiter als ein paar Häuserblocks, schmiegt es sich an die Südostseite des Hafenbeckens. Im Norden prägen Mietshäuser aus dem Anfang des 20. Jahrhunderts das Straßenbild, der Süden präsentiert sich mit moderner Architektur, die sich teilweise alte Industrieanlagen zunutze macht, beispielsweise die Gemini Residence. Früher waren die beiden zylinderförmigen Bauten Getreidesilos der Dansk Sojakagefabrik. Heute beherbergen sie 84 Wohnungen, die mit ihrem minimalistischen Design und den halbkreisförmigen Balkonen zur höchsten Preiskategorie der Stadt gehören. Ich lasse meinen Blick über Sonnenanbeter, Flaneure,

Jogger, Gassigeher schweifen und entdecke schließlich Sara, Paw und Meliha an einem Tisch vor dem Café Haraldsborg.

»Wo warst du denn so lange? Wir dachten schon, du wärst gelaufen«, sagt Sara. Ganz unrecht hat sie damit nicht.

»Ich wurde aufgehalten. Es ging zeitweise nur im Schritttempo voran«, antworte ich.

»Stau?«

»Nicht direkt. Auf der Store Kongensgade sind wir in einen Spielmannszug geraten, der ein Stück zu Ehren von Margrethe und Henrik geübt hat. Die fahren nämlich morgen mit ihrer Yacht zu ihrer Sommerresidenz«, erzähle ich aufgeregt und merke, wie ich mit meinem Monarchiefieber schon wieder für allgemeines Schmunzeln sorge.

»Ts, ts, ts.« Paw schnalzt mit der Zunge und schüttelt den Kopf. »Alles Verschwendung, wenn du mich fragst. Das ganze Gedöns um die Königsfamilie kann man sich doch sparen. Hat die Monarchie nicht längst ausgedient?«, fragt er und macht eine abwertende Handbewegung, um zu signalisieren, dass es sich dabei um eine rein rhetorische Frage handelt. Also doch. Ein echter Republikaner. Ich stelle mir vor, wie sich unzählige Menschen mit Paws Einstellung zusammenschließen, vor dem Balkon von Schloss Amalienborg aufmarschieren und die Abschaffung der Monarchie fordern. Eine echte Revolution! Doch Paw hat seinen sonst so scheinbar grenzenlosen Elan für heute wohl schon aufgebraucht. Die Beine übereinandergelegt, lümmelt er in seinem weißen Plastikstuhl, in der einen Hand ein Bier, in der anderen eine Zigarette. *Bare rolig*, scheint auch er zu denken. Sara und Meliha, ebenfalls nicht gerade überzeugte Royalisten, wirken auch nicht gerade, als ob ihnen ernsthaft etwas an der Veränderung der Verhältnisse liegen würde. Wenn alle Monarchie-Gegner in Dänemark sind wie meine Freunde, dann wird es die Königsfamilie noch lange geben.

ZEHN

Drei Tage später, an einem Freitag, ist der Wagen wie vereinbart repariert. Er könne jederzeit abgeholt werden, sagt mir eine freundliche Männerstimme am Telefon. Ich sitze an meinem neuen Schreibtisch im Arbeitszimmer, das ja nun tatsächlich bald zum Kinderzimmer werden wird, und schaue auf die Uhr: halb zwei. Wenn ich mich gleich auf den Weg mache, kann ich vielleicht auch den zweiten TÜV-Besuch in einem Aufwasch erledigen. Und Nachrichten, die sofort in die Zeitung gehören, hat der Tag bisher auch keine gebracht. Für Nordeuropa ist das nichts Ungewöhnliches. Es gibt kaum Muss-, aber viele Kann-Themen. Die Geschichte mit den streikenden Mitarbeitern der Brauerei Carlsberg etwa, die sich das Recht auf unbegrenzten Bierkonsum während der Arbeitszeit nicht nehmen lassen wollten. Oder die Sache mit den zwei Hobbybastlern, die eine 1,6 Tonnen schwere Rakete von einer schwimmenden Plattform vor der Insel Bornholm 16 Kilometer hoch ins All schießen wollten. Der Start misslang, weil der Föhn nicht funktionierte, den sie für die Enteisung des Sauerstoffventils eingebaut hatten.

Dennoch beschließe ich, ein letztes Mal den dänischen Nachrichtenkanal *TV2 News* einzuschalten, ehe ich mein Auto abhole. Es wird zwar nichts passiert sein, doch die journalistische Sorgfaltspflicht gebietet einfach einen letzten Blick. Als das Fernsehbild erscheint, trifft mich der Schlag. Eine schwarze Rauchsäule steigt auf, und das mitten in Kopenhagen! Im Hintergrund ist der ziegelrote Turm des Rathauses zu sehen, daneben ein Teil der Achterbahn des Tivoli. Unten im Bild läuft der Nachrichtenticker. Im Hotel Jørgensen in der Rømersgade ist eine Bombe explodiert. Der mutmaßliche Täter ist geflüchtet. Mir gefriert das Blut in den Adern. Sofort schießt mir die Mohammed-Krise von vor fünf Jahren durch den Kopf.

Damals, am 30. September 2005, veröffentlichte die liberal-konservative Tageszeitung *Jyllands-Posten* – mit einer Auflage von etwa 100 000 Stück übrigens die größte Dänemarks – zwölf Karikaturen des Propheten Mohammed. Die meisten von ihnen waren eigentlich harmlos. Sie zeigten Mohammed als Schüler der 7. Klasse eines dänischen Gymnasiums, als einsamen Wüstenwanderer mit Esel im Schlepptau, als alten Mann mit Rauschebart und einem Halbmond als Heiligenschein. Nichts, über das man sich selbst als gottesfürchtiger Mensch groß aufregen müsste. Wäre da nicht auch die Zeichnung des Karikaturisten Kurt Westergaard gewesen. Sie zeigt einen grimmig blickenden Mohammed. Auf dem Kopf trägt er anstatt eines Turbans eine Bombe. Die Lunte brennt. Der Religionsstifter des Islam und heiligste aller Propheten – ein Terrorist. Mit dieser einen Zeichnung zog das kleine Dänemark den Zorn der islamischen Welt auf sich. Von Casablanca bis Islamabad riefen Geistliche zum Boykott dänischer

Geschäfte und Güter auf. Der *Dannebrog*, die dänische Nationalflagge, wurde die am häufigsten verbrannte Fahne der Welt und Kurt Westergaard in den Augen radikaler Muslime ein Todgeweihter. Es gab Anschlagsversuche auf seine Person, aber auch auf das Redaktionsgebäude der *Jyllands-Posten* in Århus. Glücklicherweise war keiner erfolgreich. Trotzdem herrscht in Dänemark selbst fünf Jahre nach Veröffentlichung der Karikaturen große Verunsicherung. Niemand weiß, ob das Land noch im Visier religiöser Eiferer und international agierender Terrororganisationen ist.

In letzter Zeit war es ruhig. Es gab keine vereitelten Anschläge auf das Redaktionsbüro der Zeitung *Jyllands-Posten*, noch nicht einmal hohle Drohungen von Trittbrettfahrern. Doch nun: eine Bombenexplosion in Kopenhagen. Gedanken schießen mir durch den Kopf. Ob es Verletzte oder gar Tote gibt? Und hoffentlich ist mit Sara alles in Ordnung.

Mein Handy klingelt ohne Pause. Die Meldung ist in Deutschland bei den Zeitungsredaktionen schon über die Nachrichtenagenturen gelaufen.

»Ein neuer Anschlag im Zuge der Mohammed-Krise?«, fragen die Redakteure.

»Man weiß es noch nicht.«

»Verletzte? Tote?«

»Bisher nicht bekannt.«

»Was ist mit dem Täter?«

»Noch auf freiem Fuß.« Ein unbefriedigendes Telefonat, weil ich zu diesem Zeitpunkt auch nur das wiedergeben kann, was ich aus dem Ticker weiß.

»Schauen Sie sich das bitte vor Ort genauer an und sammeln Sie so viele Informationen wie möglich. Wir bräuchten Ihren Text so etwa in dreieinhalb Stunden.«

Eigentlich liebe ich solche Situationen. Nicht die Anlässe, aus denen sie sich meistens ergeben. Aber unter Zeitdruck zu recherchieren und dann noch etwas einigermaßen Anständiges aufs Papier bringen zu müssen, ist eine Herausforderung, die meinen Adrenalinpegel jedes Mal bis unter die Decke anschwellen lässt. Bevor ich mich auf den Weg mache, schicke ich noch eine SMS an Sara. Ihr Arbeitsplatz liegt zwar am anderen Ende der Stadt, also weit entfernt vom Tatort. Trotzdem will ich mich kurz vergewissern, dass es ihr gutgeht. Die Antwort kommt prompt: »Bei mir alles in Ordnung. Pass auf dich auf!«

Hastig werfe ich Stift und Block in meinen Rucksack und verlasse die Wohnung. Draußen treffe ich auf Ellen, die heute offenbar früher Feierabend gemacht hat. Im grauen Hosenanzug steht sie an der Fahrertür ihres Wagens und kramt in ihrer Tasche.

»Hast du schon gehört? In der Innenstadt ist eine Bombe hochgegangen«, rufe ich ihr zu. Ellen, die offenbar so ganz auf die Schlüsselsuche in ihrer Handtasche konzentriert ist, schreckt hoch und fährt herum.

»Ach, du bist's! Und ich dachte schon, der Attentäter stünde hinter mir«, lacht sie. »Ja. Habe ich gerade im Radio mitbekommen. Wird wohl etwas mit den Mohammed-Karikaturen zu tun haben.« Dafür, dass in gut zwei Kilometer Luftlinie von hier gerade ein Hotelzimmer in die Luft gesprengt wurde, wirkt Ellen erstaunlich gelassen.

»Ich nehme es schwer an. Zum Glück scheint niemand verletzt zu sein. Ich muss jetzt auch gleich los. Die Arbeit ruft«, sage ich, schwinge mich auf mein Rad und brause los.

»Viel Erfolg. Und wenn du heute Abend wieder zurück bist, trinken wir auf die ganze Aufregung erst einmal einen Gammeldansk!«, höre ich meine Nachbarin noch, ehe sich ihre Stimme im Fahrtwind verliert. Brr, bei dem Gedanken an Gammeldansk schüttelt es mich. Heute Abend aber sollte mir ein Gläschen guttun.

Wie ein Irrer rase ich den Lyngbyvej entlang, dann die Nørreallé, vorbei an Fælledpark und Rigshospital. Der glatte Asphalt des autobahnbreiten Fahrradweges schnurrt unter den Reifen hinweg. So schnell bin ich noch nie mit dem Rad durch Kopenhagen gefahren, denke ich nicht ohne Stolz. Trotzdem muss ich feststellen, dass das für meine Verhältnisse höllische Tempo gerade einmal dazu ausreicht, um mit dem Durchschnittskopenhagener mithalten zu können.

Nach knapp zehn Minuten bin ich auf der Nørrebrogade, wo schon die ersten Sirenen zu hören sind. Auch Reste der Rauchsäule kann ich jetzt erkennen. Ich trete noch fester in die Pedale. Doch an der Dronning Louises Bro, der Brücke, die Nørrebro mit der Innenstadt verbindet, ist plötzlich Schluss. Polizeisperre. Offenbar wurde das Gelände um das Hotel weiträumig abgeriegelt. Menschen drängen sich an den rot-weißen Absperrbändern. Sie halten Kameras in die Luft, stellen sich auf Zehenspitzen und rätseln, was wohl auf der anderen Seite des Wassers vor sich geht. Genau wie Ellen scheinen auch sie ausgesprochen gelassen mit der doch nicht ganz alltäglichen Situation umzugehen. Besorgnis ja. Angst oder gar Panik nein.

Plötzlich sind Schüsse zu hören. Jetzt kommt doch ein wenig Unruhe in die Menschentraube. Aber die beiden Beamten vor Ort beschwichtigen sofort. *Bare rolig*, kein Grund zur Panik.

»Lasst mich durch. Ich bin Journalist«, versuche ich mich in dänischer Direktheit. Ich zeige den beiden Polizisten meinen Presseausweis.

»Auf keinen Fall. Zu gefährlich«, antwortet einer von ihnen unbeeindruckt.

»Was ist passiert? Wer steckt dahinter? Ist irgendetwas über das Motiv bekannt?«, sprudelt es aus mir heraus, obwohl ich genau weiß, dass ich von diesen beiden einfachen Polizisten keine Informationen erhalten werde. Und so ist es dann auch. Die Beamten haben den Auftrag, die Absperrung dicht zu halten. Da mag der unbekannte Journalist aus dem Ausland noch so unter Zeitdruck stehen.

»Tut uns leid. Aber solche Auskünfte gibt nur der Pressesprecher. Du findest ihn am Nordeingang des botanischen Gartens.«

Fünf Minuten später bin ich da. Eine Journalistentraube verrät mir sofort die genaue Position des Sprechers. Ich quetsche mich durch den Pulk aus Reportern und Tonassistenten, bis ich den Pressesprecher der Kopenhagener Polizei vor mir habe, einen untersetzten Mann mit Schnurrbart. Von all den Journalisten bedrängt, ist der Gute in der Nachmittagssonne in seiner Uniform derart ins Schwitzen geraten, dass ihm seine etwas längeren Nackenhaare jetzt wie nasse Federkiele über den Hemdkragen stehen. Aber davon abgesehen macht auch er einen ausgesprochen ruhigen Eindruck.

Ähnlich wie in Deutschland schwingen sich in Dänemark in Situationen wie dieser naturgemäß die Reporter der beiden größten Funk- und Fernsehstationen des Landes zu Hauptinterviewern auf. Während mich dieses Platzhirsch-Verhalten in Deutschland immer ein wenig gestört hat, lasse ich mich in Dänemark gern von den Kollegen von *Danmarks Radio* und *TV2* ins Schlepptau nehmen. So gehe ich wenigstens sicher, dass mir keine Information vorenthalten wird. Denn einem Auslandskorrespondenten erzählen heimische Behörden, Politiker und Pressesprecher nur selten so viel oder gar mehr als den Vertretern der größten Fernsehstationen des eigenen Landes. Ich überlasse deshalb das Fragen lieber den anderen, lausche und notiere.

Bei dem Täter soll es sich dem Pressesprecher zufolge um einen Mann mit südländischem Aussehen handeln. Er sei soeben festgenommen worden. Einsatzkräfte der Polizei hätten ihn mit Schürf- und Schnittwunden im Gesicht in einem Park in der Nähe des Hotels aufgegriffen. Verletzte oder gar Tote habe es nicht gegeben. Ich bin erleichtert. Es werde zwar in alle Richtungen ermittelt, fährt der Sprecher fort, die Polizei gehe jedoch von einem missglückten Anschlagsversuch eines militanten Islamisten auf die Redaktion der Zeitung *Jyllands-Posten* im Zuge der sogenannten Mohammed-Krise aus.

»Und die Schüsse?«, platzt es dann doch aus mir heraus. Sämtliche Köpfe des Journalistenpulks drehen sich in meine Richtung.

»Welche Schüsse?«, fragt der Pressesprecher.

»Ich habe an der Dronning Louises Bro Schüsse gehört. Was hat es mit denen auf sich?«

Die Köpfe drehen sich wieder Richtung Sprecher, der gerade einen neuen Schweißausbruch erleidet.

»Dazu kann und möchte ich momentan nichts sagen«, wiegelt er ab. »Die kleine Fragestunde ist hiermit beendet.« Murrend löst sich der Pressepulk auf. Trotz noch offener Fragen beschließe ich, erst einmal ins Internationale Pressezentrum in die Vestergade zu fahren, wo ich mein kleines Büro habe. Leider liegt das abgesperrte Gebiet rund um den Tatort genau zwischen mir und dem Pressezentrum, weshalb ich einmal die halbe Innenstadt umrunden muss, um über den Rathausplatz zu meinem Arbeitsplatz zu gelangen.

Der Weg führt mich über den Kongens Nytorv, wo der in Stein gemeißelte König Christian V. den Berufsverkehr an sich vorbeiziehen lässt. Um das Reiterstandbild herum sitzen Menschen entspannt auf Bänken. Die sandsteinfarbenen Mauern von Schloss Christiansborg schimmern matt in der Sonne, und die Säulen der Königlich Dänischen Kunstakademie werfen stoisch ihre Schatten auf Touristen und Geschäftsleute, die dem Feierabend entgegeneilen. Alles geht seinen gewohnten Gang. Vielleicht ist das gar nicht so verwunderlich … Im Laufe seiner bewegten Geschichte hat Kopenhagen schließlich schon viel erlebt. Belagerungen lösten Hungersnöte in der Bevölkerung aus, Seuchen rafften ein Drittel der Bewohner dahin, Feuersbrünste brannten die Häuser bis auf ihre Grundfesten nieder. Da muss vermutlich mehr passieren als ein zu früh gezündetes Bömbchen, an dem sich ein militanter Islamist seine Finger verbrennt, bevor hier alles in Aufruhr gerät. Das jedenfalls scheinen mir die Stadt und ihre Bewohner in diesem Moment sagen zu wollen. *Bare rolig*, so schlimm wird schon alles nicht werden.

Als ich im Pressezentrum ankomme, dann das Kontrastprogramm. Journalisten rennen hektisch die Gänge auf und ab, sprechen in Handys oder verfolgen vor dem Fernseher im Konferenzraum den Newsticker. Das Internationale Pressezentrum beherbergt etwa

15 Auslandskorrespondenten aus Deutschland, Spanien, den Niederlanden, Schweden, Norwegen, Belgien und den USA. Vom dänischen Außenministerium finanziell unterstützt, bemüht sich die Einrichtung, den ständigen Berichterstattern aus dem Ausland das Arbeiten so angenehm wie möglich zu machen, was ihr auch unbestreitbar gelingt. Ich kann mich noch gut erinnern, wie es mir die Sprache verschlug, als ich das erste Mal die 650 Quadratmeter Altbau durchschritt und erfuhr, dass ich hier jeden Tag auf etwa 20 verschiedene Zeitungen aus allen Ländern Nordeuropas zurückgreifen konnte. Außerdem gab es zwei Radiostudios und eine Dachterrasse, die im Sommer gerne für hyggelige Grillabende genutzt wird. Es war wie im Paradies.

Ich werfe meinen Rucksack auf meinen Schreibtisch, der sich in einem Großraumbüro befindet, schalte den Computer ein und beginne zu schreiben.

»Die Mohammed-Krise flammt wieder auf. Das ist ganz klar«, höre ich plötzlich eine Stimme hinter mir. Sie gehört Jürgen Hammerstein, einem Korrespondenten-Urgestein aus Wien. Mit seinen mittellangen grauen Haaren, dem Vollbart und der Nickelbrille steht ihm die Weisheit regelrecht ins Gesicht geschrieben. Seit mehr als 30 Jahren lebt Jürgen gemeinsam mit seiner dänischen Ehefrau in Kopenhagen. Eine lange Zeit, während der er sich nicht nur die dänische Gelassenheit aneignete, mit seinem jütländischen Dialekt klingt er auch wie ein Einheimischer. Das Æ kommt ihm so langgedehnt über die Lippen wie Dänen von der Festlandzunge. Wenn er von einem *jordskælv*, einem Erdbeben, erzählt, von dem er in den Nachrichten gehört hat, dann zieht sich das Æ wie zäher Kaugummi.

Mich erinnert das dann immer an einen Schwaben, der von einem *Erdbääben* sprechen würde. Jürgen ist auch noch in anderer Hinsicht »ein echter Däne«. So verzichtet er, wo er nur kann, auf seinen Doktortitel und kommt auch bei noch so schwerem Unwetter mit dem Fahrrad zur Arbeit. Darüber hinaus ist mein Kollege ein wandelndes Archiv. Wie heißt der jüngere Bruder des Kandidaten auf Listenplatz elf, der bei der Kommunalwahl 1982 gerade noch so in den Stadtrat von Ringkøbing gerutscht ist? Welche Blumensorte zierte die Tische beim Festbankett zur Einweihung der Storebæltbrücke zwischen Fyn und Sjælland? Jürgen Hammerstein weiß ALLES. Und natürlich weiß er auch, was es mit den Schüssen auf sich hat, die ich vor einer halben Stunde an der Dronning Louises Bro gehört habe.

»Der Täter hat eine Beinprothese, und als er regungslos im Park lag, schoss ihm die Polizei in den Unterschenkel, um zu testen, ob der Mann noch am Leben war. Der rührte sich nicht, weil er ja wegen der Prothese nichts spürte, woraufhin der Zugriff eingeleitet wurde. Das hätte auch in die Hose gehen können. Peinlich, peinlich«, erzählt Jürgen und streicht sich mit der Hand über seinen Bart. Dann verschwindet er auch schon wieder in seinem Büro.

Das Handy klingelt. Es ist Sara, die unter einem Migräneanfall leidet.

»Kannst du mich von der Arbeit abholen? Mir ist ganz schwindelig, und es flimmert richtig vor meinen Augen«, klagt sie.

Der Gedanke an meine schwangere Freundin, die jetzt in ihrem Büro am Stadtrand sitzt und keinen Schritt tun kann, weil ihr die Migräne den Blick vernebelt, versetzt mir einen Stich. Am liebsten würde ich sofort alles stehen und liegen lassen, das Auto aus der Werkstatt holen und zu ihr fahren. Deutsche Nummernschilder hin oder her. Doch leider fesselt mich die aktuelle Terrorgefahr an meinen Schreibtisch.

»Tut mir leid, aber ich kann nicht. In der Redaktion meiner Zeitung herrscht wegen der Bombenexplosion Alarmstufe Rot, und in ...« Mit einem Schütteln meines Handgelenks lege ich den Blick frei auf meine Armbanduhr. »... anderthalb Stunden muss der Artikel fertig sein.«

»Wenn man die Bombe mitzählt, die in meinem Kopf hochgegangen ist, dann sind es gleich zwei Explosionen«, witzelt Sara. Ich bin froh, dass sie trotz ihres Migräneanfalls noch nicht ihren Sinn für Humor verloren zu haben scheint.

»Nimm dir ein Taxi und fahr nach Hause. Ich komme so schnell ich kann.«

Nachdem ich meinen Artikel abgeschickt habe, lehne ich mich im Stuhl zurück und denke an all das Ungemach, das Dänemark wegen dieser einen Zeichnung in den vergangenen Jahren ertragen musste. Morddrohungen gingen bei den Mitarbeitern der Zeitung *Jyllands-Posten ein*. Ein Mann verschaffte sich Zutritt in das Haus des Zeichners Kurt Westergaard und trachtete ihm mit einer Axt nach dem Leben. Und nun war jemandem mit Beinprothese, offenbar ein Dilettant, die Bombe im eigenen Hotelzimmer hochgegangen anstatt vor der Redaktion von *Jyllands-Posten*, wie er es wahrscheinlich geplant hatte.

Nur zu gerne würde ich den Karikaturisten Westergaard bei sich zu Hause besuchen. Doch wie? Es ist leichter, eine Audienz bei der Königin zu bekommen. Seufzend packe ich meine Sachen und fahre mit dem

Rad nach Hause. Dieses Mal kann ich den direkten Weg durch die Altstadt nehmen, da die Polizeisperre inzwischen aufgehoben worden ist. Nur in unmittelbarer Nähe des Hotels, in dem die Bombe explodiert ist, stehen jetzt noch Beamte und schicken Schaulustige weiter.

Als ich endlich ankomme, ist es halb sieben, und Sara hat die schlimmste Phase ihrer Migräne bereits überstanden. Einen wirklich frischen Eindruck macht sie auf mich aber nicht, als ich mich zu ihr auf die Couch setze. Ihr Gesicht ist fahl, und unter ihren Augen liegen dunkle Ränder.

Einen Moment später klingelt es an der Tür. Im Treppenaufgang steht Ellen mit drei Gläsern und einer Flasche Gammeldansk. Offenbar hat sie gesehen, dass ich inzwischen zu Hause bin, und sich an unsere Vereinbarung von heute Nachmittag erinnert. Obwohl … eigentlich war es lediglich eine Ankündigung ihrerseits. Widerspruch zwecklos.

»Ich habe euch nicht vergessen«, strahlt sie und schiebt eine weiße Haarsträhne aus ihrem Gesicht. »Nach so einem Tag kann ein kleiner Schluck nicht schaden.« Da ich inzwischen weiß, was ein »kleiner Schluck« bei Ellen bedeutet, zögere ich, sie hereinzulassen. Auch weil Sara immer noch angeschlagen ist und sowieso keinen Alkohol mehr trinkt.

»Ich glaube, wir lassen das heute besser. Sara hatte einen Migräneanfall, und außerdem ist sie schwanger …«, verplappere ich mich. Denn eigentlich wollten wir vor Ablauf der ersten drei Monate nur unseren Verwandten und engsten Freunden davon erzählen. Zu spät. Als Ellen von unserem kommenden Nachwuchs hört, fällt sie mir um den Hals.

»Das ist ja großartig!«, ruft sie mit ihrer klaren Stimme. »Also nicht das mit der Migräne. Aber die Schwangerschaft! *Tillykke med graviditeten*! Ein Grund mehr, mit einem Gläschen Gammeldansk anzustoßen.«

Da wir durch die Wucht von Ellens Umarmung schon mitten in unsere Wohnung katapultiert wurden und gratulationswillige Dänen ohnehin nicht aufzuhalten sind, gebe ich nach. Und schließlich kann ich nach der ganzen Aufregung heute wirklich einen Schluck vertragen.

Zu dritt verbringen wir einen hyggeligen Abend, in dessen Verlauf wir auch auf die Mohammed-Krise und Kurt Westergaard zu sprechen kommen. Irgendwann klage ich meinen Zuhörerinnen mein Leid.

»Ich würde ihn ja zu gerne besuchen, aber ich weiß nicht, wie ich an ihn herankomme!«

»Vielleicht kann ich dir helfen. Ich kenne den Journalisten, der die Biographie von Westergaard geschrieben hat. John Lykkegaard heißt er. Wir haben zusammen in Århus Journalistik studiert. Der soll mit Westergaard ziemlich gut befreundet sein. Ruf ihn doch mal an und grüß ihn von mir. Eventuell kann er was für dich tun«, sagt Ellen und diktiert mir seine Nummer ins Handy.

Elektrisiert wähle ich sie noch am gleichen Abend, nachdem Ellen uns verlassen hat und Sara ins Bett gegangen ist. Nach endlosem Klingeln meldet sich eine rauchige Stimme am Telefon.

»Hier ist John.«

»Hej, mein Name ist Elmar Jung. Spreche ich mit John Lykkegaard?«

»Ja.« Plötzlich ist mir der überfallartige Anruf zu so später Stunde peinlich, aber mir bleibt keine Wahl:

Jetzt gibt es kein Zurück mehr. Um die Geduld des Mannes am anderen Ende der Leitung nicht mehr als nötig zu strapazieren, komme ich gleich zur Sache.

»Ellen war so freundlich, mir deine Nummer zu geben. Sie meinte, du könntest einen Hausbesuch bei Kurt Westergaard arrangieren.«

»Welche Ellen?«, brummt die Stimme.

»Ellen Nørregaard«, sage ich verunsichert. Ich bin fest davon überzeugt, dass es meinem Gesprächspartner gleich zu bunt wird und er auflegt. Doch das Gegenteil ist der Fall.

»Ach *die* Ellen!« Seine Stimme klingt plötzlich freundlich. »Ein heißer Feger, damals an der Uni. Warum hast du das nicht gleich gesagt?«

»Habe ich doch.«

»Ist auch egal. Was kann ich für dich tun?«

»Wie gesagt: Es geht um ein Treffen mit Kurt Westergaard bei ihm zu Hause. Kannst du das arrangieren?« Lange Pause.

»Eigentlich empfängt er keine Journalisten mehr«, sagt John schließlich. »Aber ich werde sehen, was ich tun kann. Gib mir deine Nummer und ich rufe dich morgen zurück.« Ellen muss bei diesem Mann wirklich einen Stein im Brett haben, wenn er gleich bereit ist, einem Wildfremden zu helfen. Ich bedanke mich überschwenglich und lege auf.

Als ich gegen halb elf ins Schlafzimmer komme, schlummert Sara schon tief und fest. Ich finde nach diesem Tag keine Ruhe und wälze mich noch bis spät in die Nacht von einer Seite zur anderen.

ELF

Nach einer Nacht mit viel zu wenig Schlaf schlurfe ich am nächsten Morgen ins Badezimmer. Ein Blick in den Spiegel offenbart schwarze Ränder unter meinen Augen. Diese Gammeldansk-Abende mit Ellen müssen ein Ende nehmen! Andererseits: Ich bin mir nicht sicher, ob ich diesen Schwur nicht schon bald wieder brechen muss. Sara schläft noch, weshalb ich mich aus der Wohnung schleiche, mich aufs Rad schwinge und Brötchen holen fahre. Wir haben Glück, eine der wenigen »echten« Bäckereien in der Nähe zu haben, die sich noch die Mühe machen, den Teig am frühen Morgen selbst vorzubereiten. Bei der *Bageri Bosse* handelt es sich um einen richtigen Familienbetrieb, der einem Teig auch mal mehr als 24 Stunden Zeit zum Gehen gibt, ehe er weiterverarbeitet wird.

Als ich den Laden betrete, werde ich vom Chef umgehend mit dem üblichen »Sieh an, der Mann aus dem Mutterland des Vollkornbrots!« begrüßt. Er sagt das immer extra laut, um mich inmitten der anderen Kundschaft ein wenig verlegen zu machen.

Seit meinem kleinen Zwiegespräch mit Paw damals in der Harbo Bar über die Herkunft des Vollkornbrots bin ich auf der Suche nach Verbündeten in dieser delikaten Frage – und dabei bislang nur angeeckt. Ich probierte es in einem Bistro in Nørrebro mit dem Namen »Gefährlich«, in dem Paw und ich ab und zu essen gingen. In einem Laden, der so deutsch klingt, muss man mir in der Vollkornbrot-Frage doch recht geben, dachte ich. Also verkündete ich Paw siegessicher:

»Pass auf, es wird Zeit, dass du die Wahrheit endlich einmal aus dem Munde eines Dänen hörst.«

»Na, da bin ich aber gespannt«, lehnte der sich nur in seinem Stuhl zurück und verschränkte die Arme hinter seinem Kopf. Ich stellte mich zum Zahlen an den mit weißen Kacheln gefliesten Tresen und versuchte, die hübsche Kellnerin für meine Causa zu gewinnen, während Paw mich von unserem Tisch aus mit einem Grinsen im Gesicht beobachtete.

»Es hat sehr gut geschmeckt«, meinte ich und reichte der blonden Bedienung meine Dankort. Sie lächelte. Gut, das Eis war schon einmal gebrochen. »Der Brotkorb war auch so reichhaltig«, setzte ich nach. »Vor allem die vielen verschiedenen Sorten Vollkornbrot haben mich beeindruckt.«

»Danke«, antwortete die junge Frau. »Ich werde das Kompliment an unseren Koch weiterreichen. Der hat die Brote nämlich selbst gebacken.«

»Ähnlich wie der Name dieses Bistros wird er da bei den Rezepten sicher von Deutschland beeinflusst worden sein. Vollkornbrot ist nämlich eine deutsche Erfindung«, setzte ich jetzt alles auf eine Karte und fügte noch hinzu: »Mein Freund da hinten am Tisch behauptet, *rugbrød* komme aus Dänemark. Lächerlich, ich weiß.« Die Reaktion der Bedienung kam prompt und war leider nicht die von mir erhoffte.

»Wieso? Dein Freund hat völlig recht. *Rugbrød* stammt aus Dänemark«, widersprach sie mir. »Das weiß doch wirklich jedes Kind! Die Rezepte hat unser Koch übrigens von seiner Mutter. Und die ist ganz bestimmt keine Deutsche. Das wüsste ich.« Ich hingegen wusste in diesem Moment nicht, was ich schlimmer fand: einen Rückschlag bei meiner Suche nach einem Vollkornbrot-Verbündeten erlitten zu haben oder diesen Rückschlag gegenüber Paw eingestehen zu müssen. Der lachte sich kaputt, als er sah, wie bedröppelt ich zum Tisch zurückkehrte.

Eine weitere Niederlage musste ich bei der Kopenhagener Touristeninformation gleich neben dem Tivoli einstecken. Meine Eltern waren zu Besuch und wollten sich für den Fall, dass sie einmal alleine unterwegs sein würden, einen Stadtplan besorgen. Während sie in der Warteschlange standen, blätterte ich durch die zahlreichen Broschüren, die in den Regalen auslagen, und musste in einem Kapitel über dänische Kulinarik lesen, wie das Vollkornbrot als eine urdänische Spezialität gepriesen wurde. Nur die langen Schlangen vor den Schaltern der Touristeninformation hinderten mich daran, mich noch an Ort und Stelle zu beschweren. Ich beschloss, stattdessen eine Mail an Visitcopenhagen.de zu schreiben, in der ich auf den Fehler aufmerksam machte und auf eine Richtigstellung pochte. Die Antwort lässt bis heute auf sich warten. Von der Touristeninformation kann ich mir also ebenfalls keine Unterstützung erwarten.

Und auch Bäckermeister Jimmy von der *Bageri Bosse* wollte mir nicht helfen, als ich das erste Mal in seinen

Laden marschiert war und nach der Bestellung von sechs Brötchen und einem Laib Dinkel-Grünkern mit einem jovialen Augenzwinkern meinte:

»Du als Experte kannst mir doch sicher bestätigen, dass wir Deutschen das Vollkornbrot erfunden haben. Ich habe da einen Freund, der will mir das einfach nicht glauben.« Doch anstelle von Zustimmung erntete ich nur schallendes Lachen. War auch schön blöd von mir, zu denken, ausgerechnet in einem dänischen Bäcker einen Mitstreiter finden zu können. *Rugbrød*, sagte mir Jimmy, sei so dänisch wie *hygge*. Dänischer ginge es gar nicht. Widerspruch zwecklos. Seitdem beschränke ich mich darauf, sein wirklich köstliches Vollkornbrot kommentarlos zu kaufen.

Wieder zu Hause, klagt Sara über einen neuen Migräneanfall. Regungslos liegt sie mit geschlossenen Augen im Bett. Ich mache mir ernsthaft Sorgen um sie.

»Jetzt reicht es. Du musst unbedingt zum Arzt«, sage ich bestimmt.

»Wie? Jetzt? Es ist Samstag. Schon vergessen?«, flüstert Sara. Doch mit meiner Fürsorge ist nicht zu spaßen. Also beschließe ich, den ärztlichen Bereitschaftsdienst anzurufen. Im Rundum-Versorgungsland Dänemark steht da sicher eine ganze Mannschaft bereit, die sich geduldig und freundlich für jeden Anrufer Zeit nimmt. Zunächst lande ich jedoch in einer Warteschleife. Erst nach einer gefühlten Ewigkeit meldet sich eine lustlos klingende Stimme.

»Ja bitte?«

»Meine Freundin leidet schon seit zwei Tagen an Migräne.«

»Und was soll ich da jetzt bitte schön machen?« Ich

kann es nicht fassen. Das meint der Typ doch nicht etwa ernst?

»Ich hatte gehofft, das könntest du mir sagen. Sie ist schwanger und weiß nicht, welche Tabletten sie nehmen darf und welche nicht«, antworte ich bemüht ruhig.

»Sie soll einfach zwei Paracetamol nehmen und am Montag zu ihrem Arzt gehen. Ihr könnt natürlich auch zur Notaufnahme hierher ins Krankenhaus kommen. Doch die ist hoffnungslos überfüllt. Sonst noch was?« Ich komme mir vor wie bei einer Massenabfertigung in einem Schnellimbiss. Völlig perplex bringe ich nicht mehr heraus als ein leises »Nein«. Dann ist das Gespräch auch schon beendet.

»Lass mich raten«, flüstert Sara, die das Telefonat mitangehört hat. »Ich soll zwei Paracetamol nehmen und im Bett bleiben.« Erstaunt drehe ich mich zu ihr um.

»Stimmt genau. Woher weißt du das?« Meine Freundin macht eine abwertende Handbewegung.

»Weil das die Standardantwort der Mediziner hier ist. Ich weiß schon, warum ich nie in eine Praxis gehe.« Desillusioniert setze ich mich an meinen Computer und beginne, im Internet nach einem Privatarzt zu recherchieren, der auch an Wochenenden behandelt. Ich hatte mir das öffentliche Gesundheitssystem in Dänemark bisher immer als gutgeölte und leistungsstarke Maschine vorgestellt, die für die Patienten nicht nur kostenfrei, sondern auch effektiv arbeitet. Mit einem mürrischen Leierkasten, dem als Standardtherapie zwei Paracetamol einprogrammiert worden sind, hatte ich nicht gerechnet.

Der Arzt ist schnell gefunden und steht nach nur

30 Minuten bei uns vor der Tür. Ein netter älterer Herr mit Medizinköfferchen in der Hand und einem Stethoskop um den Hals fragt sogleich nach Saras Wohlbefinden. Nach einer näheren Untersuchung stellt sich heraus, dass sie eine ansonsten symptomlose Blasenentzündung hat, die jedoch durchaus für die Migräne verantwortlich sein könnte. Wusste ich doch, dass mehr dahintersteckt. Er stellt ein Rezept für ein schwangerschaftsverträgliches Antibiotikum aus und bestätigt zum Abschied noch, dass es gut gewesen sei, schnell gehandelt zu haben. Denn eine Blasenentzündung könne für das Ungeborene schnell gefährlich werden.

Nachdem der Arzt wieder von dannen gezogen ist, schaue ich Sara mit hochgezogenen Augenbrauen an.

»Siehst du? Es geht auch anders. Nur schade, dass das öffentliche Gesundheitssystem dazu nicht in der Lage ist.«

»Ja. Wirklich schade«, seufzt Sara. Im Gegensatz zu mir ist sie eine glühende Anhängerin des öffentlichen Gesundheitswesens. Es schmerzt sie immer ein bisschen, wenn ihr wieder einmal die Unzulänglichkeiten des dänischen Gesundheitssystems vor Augen geführt werden. Viele andere Dänen haben sich jedoch inzwischen damit arrangiert. Jeder dritte ist mittlerweile privat krankenversichert, obwohl weder die Beiträge noch die Leistungen an die deutscher Versicherungen heranreichen. Wer also wie unsere Nachbarin Ellen gerne Zahnkronen aus Keramik möchte, muss die Rechnung aus eigener Tasche zahlen, weil nicht einmal die privaten Versicherungen in Dänemark Tarife haben, die solche Behandlungskosten auch nur zu einem Bruchteil abdecken.

Ich lege die Arztrechnung auf den Stapel zu den anderen. Demnächst werde ich mal wieder einen Schwung an meine private Krankenversicherung in Deutschland schicken. Ein Blick auf die Uhr verrät, dass die Apotheken schon geschlossen haben. Da es draußen gerade schüttet, lasse ich das Fahrrad stehen und mache mich mit dem Bus auf den Weg zu einer Notapotheke.

Dicke Regentropfen prasseln an der Bushaltestelle auf den Asphalt. Dazu weht von der Küste her ein scharfer Wind durch die Straßen. Ich schmiege mich auf der Leeseite an die Anzeigentafel der Haltestelle. Ein echtes Sauwetter. Hätte ich nur einen Regenschirm mitgenommen. Doch irgendwie vergesse ich den immer. Vielleicht auch, um den Kopenhagenern zu zeigen, dass ich kein totales Weichei bin. Denn vor mir rauscht eine Gruppe hartgesottener Dänen trotz des Wolkenbruchs in T-Shirt und kurzen Hosen auf ihren Fahrrädern wie ein D-Zug vorbei. Vereinzelte Sonnenstrahlen, die den Weg durch das Wolkendickicht gefunden haben, brechen sich an der Gischt, die an den Hinterrädern hochspritzt, in allen Farben des Regenbogens. Als der Bus endlich kommt, betrete ich ihn als begossener Pudel. Hoffentlich werde ich nicht krank.

Schon einmal nämlich geriet ich in die langsam mahlende Mühle des dänischen Gesundheitssystems. Ich war seit zwei Monaten in Kopenhagen und hatte einen merkwürdigen roten Hautausschlag auf dem Bauch, der sich mit der Zeit immer weiter ausbreitete. Leider kann man in Dänemark nicht einfach so mir nichts, dir nichts einen Spezialisten aufsuchen, in meinem Fall also einen Hautarzt. Nein. Nur der Hausarzt kann einen an den Fachmann überweisen. Einzige Ausnahme ist der Hals-Nasen-Ohren-Arzt, den man auch ohne eine solche Überweisung besuchen darf.

Also versuchte ich erst einmal, einen Termin bei meinem Hausarzt zu bekommen, leider vergeblich. Offenbar war mein Fall nicht ernst genug, weshalb ich mit dem üblichen Verweis auf zwei Paracetamol und Bettruhe auf einen Termin in zwei Wochen vertröstet wurde. Als ich dann endlich vor meinem Arzt stand, meinte dieser nur:

»Du hast da einen Ausschlag. Ich werde dich an einen Spezialisten überweisen.« Darauf bin ich auch schon gekommen, dachte ich, sparte mir aber den Kommentar. Stattdessen ging ich nach Hause und bemühte mich mit dem Überweisungsschein in der Hand telefonisch um einen Termin beim Hautarzt. Dessen Kalender war leider dermaßen voll, dass für mich wiederum erst in zwei Wochen Zeit war. 14 Tage später war der Tag dann endlich gekommen, an dem sich ein Facharzt meinen Hautausschlag anschauen sollte. Dumm nur, dass die Rötung inzwischen nahezu verschwunden war. Ich beschloss, den Termin trotzdem wahrzunehmen. Wer weiß, wann ich wieder einmal die Chance haben würde, einen Dermatologen zu Gesicht zu bekommen. Vielleicht erst wieder in vielen Jahren. Die Ärztin schaute dann mit Kennerblick auf meinen Bauch, wo die roten Flecken nur noch schemenhaft zu sehen waren.

»Du hattest da einen Ausschlag«, sagte sie. »Aber der ist schon wieder am Abklingen.«

»Da habe ich ja wirklich Glück gehabt. Leider sind nicht alle Krankheiten so freundlich und verabschieden sich nach einer gewissen Zeit von alleine wieder«, ärgerte ich mich. Doch die Ärztin blieb unbeeindruckt. Für solche Härtefälle, sagte sie, gäbe es immer einen Platz im Terminkalender.

Damals schwor ich mir, es Sara gleichzutun und Arztbesuche in Dänemark wann immer möglich zu vermeiden …

Mit dem Antibiotikum im Gepäck komme ich am späten Nachmittag wieder nach Hause. Die unwetterartigen Regenfälle haben sich genauso schnell wieder verzogen, wie sie gekommen waren. Was bleibt, ist dieser wunderbare Sommerregengeruch. Der Asphalt dampft, und die Pfützen schimmern gelblich von all den Blüten und Pollen, die der Regen aus der Luft gewaschen hat. Überall herrscht rege Betriebsamkeit. Unser kleines Viertel bereitet sich auf ein Sommerfest vor, das heute Abend steigen soll. Bierbänke werden aufgestellt, und mitten auf der Kreuzung wird ein weißes Zelt errichtet. Ein Kompressor dröhnt, während er eine Hüpfburg für Kinder mit Luft füllt. Daneben steht ein überdimensionierter Grill, der gerade von den beiden Jungs mit Holzkohle befüllt wird, die mir an jenem Samstag, als Sara und ich ins Viertel zogen, mit ihren Bierdosen aufgefallen sind. Überhaupt scheinen sich alle Bewohner aus der Nachbarschaft zu diesem Straßenfest eingefunden zu haben. Da sind Niels und Sidsel mit ihrem Sohn Fabian, eine Bilderbuchfamilie. Niels arbeitet als IT-Berater in einem internationalen Softwareunternehmen und trägt zu seinem blonden Kurzhaarschnitt stets blütenweiße Hemden. Seine Frau Sidsel verzaubert mit ihren Designerkleidern wahlweise von Bruuns Bazaar oder Edith og Ella und ihrem Charme nicht nur die gesamte Nachbarschaft, sie leistet sich auch ein Dasein, das in Dänemark echten Seltenheitswert hat. Sidsel ist Hausfrau. Sie geht einkaufen, kümmert sich um den kleinen

Fabian, der mit seinen blonden Locken aussieht wie ein Rauschgoldengel, oder verpasst dem Vorgarten ein tadelloses Aussehen. Sara rümpft immer ein wenig die Nase, wenn wir auf das Hausfrauendasein unserer Nachbarin zu sprechen kommen. »Das muss doch furchtbar langweilig sein« oder »Für mich wäre das nichts«, erklärt sie dann – und seit Neuestem wird sie auch nicht müde zu betonen, dass für unser Kind spätestens neun Monate nach der Geburt ein Krippenplatz hermüsse. Das ist in Dänemark zwar kein Problem, da er vom Staat garantiert wird. Aber die Krippe kann dann schon einmal am anderen Ende der Stadt liegen. Viele Eltern warten deshalb lieber einige Monate länger, bis sie ihr Kind in einer Einrichtung in der Nähe unterbekommen.

Aus den Augenwinkeln erkenne ich Ellen, die mit einer Riesenschüssel Kartoffelsalat aus dem *Fælleshus Ullrik*, dem Gemeinschaftshaus unseres Viertels, kommt.

»Hej Elmar. Hier, probier mal. Hab ich selbst gemacht«, ruft sie und streckt mir den Kartoffelsalat entgegen. Erst jetzt fällt mir auf, dass ich heute vor lauter Sorgen um meine kranke Freundin kaum etwas gegessen habe. Mein Magen grummelt und knurrt wie ein übellauniger Wikinger. Da kommt mir Ellens Kartoffelsalat sehr gelegen, zumal es ja nicht oft passiert, dass sie mir etwas anderes anbietet als ein Gläschen Gammeldansk. Ich schnappe mir eine Plastikgabel aus einem Glas, das auf einem der Biertische steht, und steche in den Salat. Doch der ist leider derart mayolastig, dass es mir auch nach mehreren Versuchen nicht gelingt, nur ein einziges Stück Kartoffel aus der Schüssel zu fischen. Stattdessen irrt meine Gabel orientierungslos durch die dicke Mayonnaise wie ein Seefahrer auf seiner verzweifelten Suche nach Land.

»Sind da überhaupt Kartoffeln drin? Oder ist das ein reiner Mayosalat?«, frage ich Ellen. Die wundert sich über meinen Kommentar.

»Was hast du denn? Ihr esst den Kartoffelsalat in Deutschland doch auch mit Mayonnaise.« Eine schamlose Verallgemeinerung – vor allem gegenüber einem Bayern wie mir –, die ich Ellen aber nicht übelnehme. Wie bei ihr hört bei vielen Dänen nämlich die detaillierte Kenntnis meiner Heimat in etwa am südlichen Stadtrand von Hamburg auf. Die geographischen Ausmaße Deutschlands sind für viele Dänen unüberschaubar. Das zeigte sich etwa, als Paw mir einmal seinen Plan unterbreitete, gemeinsam kurz übers Wochenende mit dem Auto nach München zu fahren. München liegt doch in Deutschland und Deutschland gleich um die Ecke. Ich musste ihm erklären, dass man von Kopenhagen aus in der Hälfte der Zeit in Stockholm ist und dass ein Römer auch nicht viel länger nach München brauchen würde als wir.

Wenn es schon an so grundsätzlichem Wissen hapert, kann ich Ellen die Unkenntnis vom Mayo-Äquator des Kartoffelsalats natürlich nicht krummnehmen. Der schlängelt sich irgendwo durchs Rheinland und deckt sich verblüffend stark mit der Konfessionsgrenze protestantisch/römisch-katholisch. Warum das so ist, weiß ich nicht. Vielleicht braucht die schlankere Religion als Ausgleich einen fettigen Kartoffelsalat, während der eher barocke Katholizismus die leichtere Variante mit Fleischbrühe bevorzugt.

»Bei uns in Bayern machen wir Kartoffelsalat nur mit Essig, Öl und viel Fleischbrühe an«, kläre ich Ellen auf.

»Hört sich für mich eher nach Kartoffelsuppe an«, kontert sie und verzieht dabei den Mund. Ich merke schon. Ähnlich wie beim Vollkornbrot komme ich mit meinen kulinarischen Missionierungsversuchen auch beim Kartoffelsalat nicht weit.

Ich rühre noch eine Weile in der Schüssel und begnüge mich schließlich mit einer Gabel Mayonnaise.

»Und? Schmeckt's?«, will Ellen wissen. Auf diese Fangfrage falle ich nicht mehr herein. Falsche Höflichkeit ist hier unangebracht. Das habe ich bei Bengt und Stine in Christiania gelernt.

»Die Mayo ist lecker. Wenn jetzt auch noch Kartoffeln drin wären ...«, antworte ich.

»Du musst einfach nur oft genug mit der Gabel eintauchen«, grinst Ellen. Dann stellt sie die Schüssel ab und verschwindet auch schon wieder im Fælleshus, um bei den weiteren Vorbereitungen mitzuhelfen. Ellen ist so etwas wie die gute Seele unseres Quartiers, sie organisiert regelmäßig Feierlichkeiten und Flohmärkte und kennt darüber hinaus pikante Details aus dem Leben ihrer Nachbarn.

Das rege Treiben, der Duft von gegrillten *pølsern* und die warme Spätsommerluft machen richtig Lust auf das Straßenfest. Doch vorher will ich Sara noch ihr Antibiotikum bringen. Als ich die Wohnung betrete, finde ich sie auf dem Sofa. Sie scheint sich von der Migräneattacke erholt zu haben, denn der Fernseher läuft. Regierungschef Rasmussen ist mal wieder Gast in einer seichten Talkrunde. Gerade erzählt er davon, wie schön der Kopfsalat in seinem Garten sprießen würde, wenn da nicht diese schreckliche Schneckenplage wäre. Dafür habe er endlich seinen Teich dicht bekommen. Irgendwo sei da ein Loch gewesen, durch das Wasser sickern konnte. Wochenlang habe die ganze Familie getüftelt. Denn den Teich immer wieder nachzufüllen, habe den Wasserverbrauch in exorbitante Höhen schnellen lassen.

Wer will das wissen? Kopfschüttelnd gehe ich zum Kühlschrank und nehme mir ein Tuborg. Sara gefällt es offenbar. Die unbedarfte Plauderei des dänischen Premiers scheint genau die leichte Kost zu sein, die das Hirn nach einem Migräneanfall gut verdauen kann.

»Das mit dem Grillfest wird für mich heute nichts mehr. Ich bin hundemüde«, gähnt sie. »Aber du kannst ja hingehen«, fügt sie hinzu und macht dabei ein schuldbewusstes Gesicht. Sara hat oft die fixe Idee, ich könnte sie langweilig finden, wenn sie lieber zu Hause bleibt und früh ins Bett geht. Dabei ist das Blödsinn. Ich bin selbst oft genug bequem und liege lieber auf dem Sofa, als auf irgendwelchen Festen rumzustehen. Dafür muss ich noch nicht einmal krank sein.

»Mach dir um mich keine Sorgen. Ich werde mich schon amüsieren. Und du schaust zu, dass du dich erholst«, sage ich zu meiner Freundin und streichle ihr über den Kopf. Beruhigt wendet sie sich wieder der Talkrunde zu. Regierungschef Rasmussen schwadroniert inzwischen über die Vorliebe seines Sohnes für Heavy-Metal-Musik.

Draußen hat das Grillfest mittlerweile Fahrt aufgenommen. Auf den Bierbänken ist kein Platz mehr und die Hüpfburg so gut besucht, dass die einzelnen Kinder in dem Knäuel kaum mehr auszumachen sind. Niels und Sidsel stehen mit *øl* und *pølsern* neben der Hüpfburg und haben große Schwierigkeiten, ihren Sohn Fabian aus dem Verhau zu fischen. Als sie es endlich geschafft haben, setzen sie sich mit ihm auf die Bordsteinkante und verzehren Würstchen und Bier.

»In der Ehe kriselt es«, höre ich plötzlich eine Stimme von hinten. Es ist Ellen, die neben ihrem pikanten Hintergrundwissen auch gleich noch ein Bier und ein gegrilltes Würstchen für mich dabei hat. Gierig nehme ich einen großen Bissen.

»Tatsächlich? Kaum zu glauben«, schmatze ich, während ich mir die drei auf der Bordsteinkante anschaue. »Die sehen immer so glücklich aus. Wie ein Herz und eine Seele.«

»Das täuscht. Die Fassade glänzt, aber innen drin sieht es nicht so gut aus. Ich glaube, die beiden sind nur noch wegen des Kindes zusammen.« Nachdenklich nehme ich einen Schluck Bier und schaue nach Westen, wo die untergehende Sonne den Himmel in rotes Licht taucht. Ob Sara und ich eines Tages auch so enden?

Als ich einige Stunden später nach Hause komme, sind die Kerzen auf dem Couchtisch ganz heruntergebrannt. Es ist dunkel, und von draußen ist Gelächter zu hören. Sara liegt im Bett und schnarcht. Ich will gerade ins Bad zum Zähneputzen, da klingelt mein Handy.

»Hallo. Hier ist John«, meldet sich eine rauchige Stimme. Ich bin verwirrt.

»John? Welcher John?«, frage ich.

»John Lykkegaard. Es geht um Kurt. Du kannst ihn treffen. Dienstag in einer Woche, 10 Uhr. Und bring keine spitzen Gegenstände mit.« Ich komme mir vor wie in einem Krimi von Kirsten Holst, so geheimnisvoll klingt die Stimme.

»Dienstag in einer Woche? Ja. Ja, da habe ich, glaube ich, Zeit«, spiele ich den Vielbeschäftigten. In Wahrheit hätte John jeden beliebigen Tag und jede beliebige Uhrzeit nennen können. Für einen Besuch bei Kurt Westergaard habe ich immer Zeit. In mir steigt Aufregung hoch, als ich mir die Adresse notiere.

»Sei pünktlich«, rät mir John schließlich noch. »Und: Komm allein.« Dann legt er auf.

ZWÖLF

Die Woche bis zu meinem Termin mit Kurt Westergaard zieht sich wie ein zäher Kaugummi. Anfang September sind zwar auch die letzten Dänen aus den Sommerferien zurück und das Land hat wieder seine Arbeit aufgenommen, doch die Nachrichtenlage ist nach dem missglückten Anschlag wieder merklich abgeflaut. Der spannende Höhepunkt dieser Tage war die nervenaufreibende Fahrt mit meinem Auto von der Werkstatt nach Hause. Mit repariertem Licht und neuen Bremsen, mit denen ich im Fall einer Verfolgungsjagd halsbrecherische Manöver hinlegen und jeden Streifenwagen locker hätte abhängen können, hielt sich meine Aufregung jedoch in Grenzen. Nicht einmal die Tatsache, dass ich erst in zwei Wochen einen Termin mit der dänischen Steuerbehörde zur Festlegung der Registrierungsgebühr für die neuen Kennzeichen bekommen habe, bringt mich aus der Ruhe. Offenbar beginnt die Gelassenheit der Dänen, endlich auf mich abzufärben.

Sara hat inzwischen nicht nur ihre Blasenentzündung auskuriert, sondern auch die Migräneattacken hinter sich gelassen. Kaum hatte sie mit der Einnahme des Antibiotikums begonnen, blieben auch die Kopfschmerzen und Schwindelanfälle aus. Dafür muss sie sich jetzt fast jeden Morgen übergeben. Auch die Heißhungerattacken setzen langsam ein. Warme *leverpøstej*, Leberpastete, die es in Dänemark ausschließlich in Aluminiumschälchen zum Aufwärmen im Ofen zu kaufen gibt, *rødgrød*, rote Grütze, *jordnøddesmør*, Erdnussbutter, und immer wieder *syltetøj*, Marmelade. Dabei spielt die Geschmacksrichtung überhaupt keine Rolle. Hauptsache, die Marmelade enthält riesige Fruchtstücke. Widerlich. Aber sie ist ja nicht für mich. Und so renne ich nach der Arbeit regelmäßig in den Supermarkt und werfe Berge von *rødgrød*, *leverpøstej* und *syltetøj* in den Einkaufswagen. Schon allein beim Anblick wird mir ganz übel. Dafür muss ich nicht schwanger sein. Ganz anders wird mir hingegen zumute, als ich bemerke, dass Leberpasteten und Marmeladen mit glibberigen Fruchtstücken plötzlich einen stattlichen Posten unseres monatlichen Budgets für Lebensmittel ausmachen.

»Kannst du eigentlich nicht mal Heißhunger auf etwas Leckeres bekommen?«, frage ich Sara, als ich nach einem Einkauf zu Hause auf den Kassenbon schaue und schwindelerregende Summen erblicke. »Gelee statt Marmelade. Oder Nutella statt roter Grütze. Dann hätte ich auch etwas davon.«

»Wenn du eines Tages schwanger bist, darfst du dir auch aussuchen, auf was du Heißhunger hast.«

Okay, ich habe verstanden: Diskussion zwecklos. Da wird mir wieder bewusst, was Saras Schwangerschaft neben morgendlicher Übelkeit und dem unstillbaren Verlangen nach ungenießbaren Lebensmitteln sonst noch mit sich bringt: hormonbedingte Stimmungsschwankungen. Sollten die sich mit Erdnussbutter, Leberpasteten und Marmelade abmildern lassen, wäre es dumm von mir, Sara diese Dinge nicht in rauen Mengen zu beschaffen. Ich werde also auch in Zukunft die Marmeladen- und Erdnussbutterregale der umliegenden Supermärkte plündern. Zumindest bis meine Freundin Lust auf etwas anderes bekommt oder in sieben Monaten unser Kind das Licht der Welt erblickt.

Am Tag der Abreise nach Århus stehe ich um 6 Uhr mit kleinen Augen an Gleis 5 des Kopenhagener Hauptbahnhofs. Die aufgehende Sonne blinzelt blutrot durch das gläserne Dach, das mit massiven Stahlstreben zusammengehalten wird. »Um 10 Uhr«, hatte mir John am Telefon eingebläut, sollte ich bei Kurt Westergaard sein. Die Zugfahrt von Kopenhagen nach Århus dauert dreieinhalb Stunden, weshalb ich jetzt zu dieser für einen Journalisten sehr frühen Stunde am Bahnsteig stehe. Die Frau im Kiosk setzt bereits ihre ersten *pølser* ab, und neben mir schnippt gerade ein Mann im grauen Nadelstreifenanzug eine Zigarettenkippe auf die Gleise zu den 5000 anderen. Eine Mischung aus Tabakrauch und dem Geruch halbgarer Würstchen vom Grill hängt mir in der Nase. Genervt suche ich Abstand. Nikotinschwaden sind in Kopenhagen leider allgegenwärtig. Zwar rauchen die Dänen statistisch gesehen auch nicht mehr als die Deutschen. Doch die Øl- und Bodegakultur bringt es mit sich, dass Raucher in Dänemark geballter auftreten. Wenn man abends durch das Kneipenviertel von Nørrebro läuft, sind sie schon fast eine Plage. In solchen Momenten würde ich sogar den Geruch von Saras geliebter Leberpastete vorziehen. Als der Zug einrollt und ich schließlich in meinem Abteil

Platz nehme, bin ich froh, den Gerüchen des Hauptbahnhofs entflohen zu sein.

Leise rauscht der Zug durch die flache Landschaft Sjællands. Vorbei an Roskilde, bis 1443 Hauptstadt Dänemarks, königliche Residenz und Bischofssitz. Der 1280 im Stil der Backsteingotik fertiggestellte Dom ist die letzte Ruhestätte der dänischen Königinnen und Könige. Ich kann mich noch gut daran erinnern, wie Sara und ich am Anfang unserer Beziehung das alte Gemäuer besichtigten und überrascht feststellten, wie überlaufen es mit Deutschen war. Sie interessierten sich vor allem für den geisteskranken König Christian VII., der 1768 auf einer Europareise den deutschen Aufklärer und Arzt Johann Friedrich Struensee aus Altona kennenlernte, ihn an den dänischen Hof holte und zu seinem engsten Vertrauten machte. Die junge Frau, die uns durch das Schloss führte, konnte sich kaum mehr retten vor lauter Fragen, mit denen die deutschen Touristen sie löcherten. »Hat der König tatsächlich im Palastgarten mit einem Sklaven Hoppehoppe Reiter gespielt, während Struensee mit der Königin eine Affäre hatte?« »Stimmt es, dass Struensee am Ende auf ein Rad geflochten und seine Leichenteile noch jahrelang ausgestellt wurden?«

»Zum Glück habe ich erst kürzlich den *Besuch des Leibarztes* von Per Olov Enquist gelesen«, flüsterte uns die Fremdenführerin in einem unbeobachteten Moment zu. Tatsächlich waren ihre Schilderungen so lebendig, dass wir uns regelrecht an den Hof Christians VII. versetzt fühlten. Zu diesem armen kleinen König, den die brutale Zurichtung zum Herrscher von Gottes Gnaden gebrochen hat, der Stimmen hört, während sein Arzt und Vertrauter Struensee im Schlosspark die Königin mit seinem Flötenspiel bezirzt. Struensee strebt nach Reformen und verfolgt die hehren Ziele der Aufklärung. Am Ende bringen ihn die konservativen Kräfte am Hofe zu Fall.

Die Tragik dieser Geschichte zog uns alle in den Bann, und ich kann mich nicht mehr erinnern, je wieder so sehr an den Lippen einer Fremdenführerin gehangen zu haben.

Ich nutze die Zugfahrt und gehe noch einmal die Artikel der vergangenen Jahre über Kurt Westergaard durch, die ich mir aus dem Archiv besorgt habe. Unzählige sind es, aus den verschiedensten Zeitungen und Magazinen. Und doch haben sie alle den gleichen Grundton. Sie beschreiben und bewundern einen Mann, der sich nicht um allen Frieden in der Welt für seine Karikatur entschuldigen würde. Während meine Lektüre voranschreitet, mache ich mich innerlich auf ein Treffen mit einem unbeugsamen und halsstarrigen Menschen gefasst. In Gedanken versunken, werde ich irgendwann vom Schlaf übermannt und merke gar nicht, wie der Zug mit der aufgehenden Sonne im Rücken gen Westen eilt.

Das abrupte Anhalten des Zugs lässt mich hochschrecken. »Odense«, lese ich auf dem weißen Schild am Bahnsteig. Anders als Roskilde löst diese Stadt keine Gedanken über die bewegte Vergangenheit oder Gegenwart Dänemarks in mir aus. Odense ist eine Durchfahrtsstadt. Nur ein einziges Mal war ich dort. Unfreiwillig, weil mich eine Zeitung für eine Geschichte über die GASA Group, den europäischen Marktführer im Blumengroßhandel, dorthin geschickt hatte. So langweilig ich das Thema fand, so grau und monoton präsentierte sich mir Odense. Ich ging die breite Thomas-B.-Thriges-Straße entlang, welche die Innenstadt teilt wie die Berliner Mauer den Osten und Westen. Die seelenlosen Einkaufszentren Tarup und Rosengård verströmten den Charme von Krankenhausfluren und waren von drei Hektar Parkplatz umgeben. Kein Wunder, dass Odense trotz seiner 200 000 Einwohner im Schatten der mondänen Metropole Kopenhagen und hippen Universitätsstadt Århus oft vergessen wird und selbst bei den wohlwollenden Dänen kaum Erwähnung findet.

Als der Zug wieder anrollt und ich gerade die Augen schließen will, öffnet sich mit einem Ruck die Tür zu meinem Abteil und ein junger Mann tritt herein. Daunenweste, Jeans, Turnschuhe: alles strahlend weiß. Er lädt seinen Rucksack auf der mir gegenüberliegenden Bank ab und kramt ein Buch hervor. Neugierig erspähe ich den Titel: *Principles and Practice of Marketing*. Meine Neugier ist wieder verflogen. Der Mann wirft den Rucksack auf die Gepäckablage, nimmt umständlich Platz und setzt schließlich seine goldumrandete Sonnenbrille ab. Erst jetzt erkenne ich ihn wieder. Es ist Morten, Julies Freund, den ich vor knapp zwei Jahren bei meinem ersten Ausflug mit Sara in Århus kennenlernte und der mir damals mit seiner undänischen Art aufgefallen war. Ich überlege einige Sekunden, ob ich ihn ansprechen soll. Situationen, in denen flüchtige Einwegbekanntschaften einander darauf aufmerksam machen, dass sie sich vor langer Zeit einmal über den Weg gelaufen sind, finde ich immer etwas unangenehm. Bestenfalls folgt ein freundliches »Hallo« und anschließend betretenes Schweigen, da man sich nichts zu erzählen hat. Doch dann erinnere ich mich wieder daran, dass ich in Dänemark bin, wo mir Scheu und höfliche Zurückhaltung eigentlich noch nie geholfen haben. Außerdem interessiert es mich, ob Morten immer noch mit Julie zusammen ist.

Ich fasse mir schließlich ein Herz: »Morten?« Er schaut von seinem Buch auf und überlegt offensichtlich, wen er vor sich hat. Ehe es für ihn allzu unangenehm wird, helfe ich ihm auf die Sprünge. »Ich bin's, Elmar, Saras Freund. Wir haben uns vor anderthalb Jahren in Århus getroffen.«

Mortens Gesicht hellt sich auf. »Ah, der Mann aus München! Du hast wohl noch immer nicht genug von Dänemark, was?« Offenbar hat er damit gerechnet, dass ich seiner Heimat längst den Rücken gekehrt habe. Er kann sie nicht besonders leiden. Wieso sollte das bei einem Ausländer anders sein? Vor allem, wenn er wie ich aus München kommt.

»Dein Land ist doch in Ordnung«, sage ich – dummerweise, noch bevor mir auffällt, wie gönnerhaft das klingt. Einem Dänen in Sachen Heimatliebe Nachhilfe geben zu müssen, überfordert mich irgendwie. Aber Morten scheint mein etwas herablassender Ton nicht zu stören.

»Das sagst DU«, murmelt er.

»Wieso ziehst du nicht einfach nach München, wenn dich Dänemark so nervt?«

Morten stößt einen tiefen Seufzer aus. »Würde ich ja. Aber da macht Julie nicht mit.«

»Ihr seid also immer noch zusammen?«, spiele ich den Unwissenden.

»Natürlich«, sagt Morten, fast schon entrüstet. »Oder hast du etwas anderes gehört?«

»Nein, nein«, beeile ich mich zu sagen. Ich muss an

Sara denken, die von der Liaison ihrer Freundin mit Morten nicht sonderlich begeistert war.

»Ende Oktober heiraten wir sogar. In einem Hotel in Århus und mit allem, was dazugehört: Champagner-Empfang, 5-Gänge-Menü, DJ, Parkservice, Designer-Brautkleid – eben das volle Programm. Die Einladung sollte in den nächsten Tagen bei euch im Briefkasten liegen. Ihr kommt doch?«

»Selbstverständlich«, antworte ich spontan. »Ende Oktober schon? Das ist ja quasi gleich. Da habt ihr euch aber kurzfristig entschieden.«

»Ja. Wir wollten eigentlich erst im nächsten Jahr heiraten. Aber dann konnte es uns nicht schnell genug gehen. Und wenn man nur genügend Geld in die Hand nimmt, ist planungstechnisch auch in so kurzer Zeit alles möglich. 250 000 Eier haben wir hingeblättert«, erzählt Morten freimütig von den finanziellen Hintergründen des Ganzen. So genau wollte ich das eigentlich gar nicht wissen. Aber daran, dass man in Dänemark anders als in Deutschland gerne über Geld spricht und auch nicht mit Auskünften über das eigene Gehalt hinter dem Berg hält, habe ich mich inzwischen gewöhnt. Obwohl Mortens »250 000 Eier« doch ein wenig prahlerisch daherkommen.

»Donnerwetter«, überspiele ich meinen Ärger über seine Angeberei. Irgendwie beginne ich langsam zu verstehen, warum sich Sara einen anderen Mann für Julie wünscht.

Den Rest der Zugfahrt unterhalten wir uns, wie es sich gehört, über unsere berufliche Situation. Morten achtet dabei tunlichst darauf, hie und da wie beiläufig fallenzulassen, wie viel Geld er in diesem und jenem Monat verdient hat. Julies Freund arbeitet als Vertreter für Designermöbel. Vielleicht muss man so großspurig sein wie er, um diesen Job zu machen, denke ich. Für mich wäre das jedenfalls nichts, ständig etwas verkaufen zu müssen.

Am Bahnhof von Århus verabschieden wir uns. Ich setze mich in eine dieser komfortablen Taxen und nenne dem Fahrer die Adresse von Kurt Westergaard. Im Zickzack führt mich der Weg durch die Stadt, bis der Wagen nach einer Viertelstunde in einem ruhigen Wohngebiet anhält. Als ich bezahle, sehe ich durch das Fenster, wie zwei bullige Männer in kugelsicheren Westen vor dem Eingang eines grauen, kastenförmigen Reihenhauses patrouillieren. Die blankpolierten Stahlkappen ihrer schwarzen Springerstiefel spiegeln sich in der Vormittagssonne. Ich schaue auf die Uhr: zehn vor zehn. Wegen Unpünktlichkeit werde ich schon einmal nicht verhaftet.

Ich steige aus dem Taxi, schultere meinen Rucksack und verschaffe mir erst einmal einen Überblick, ehe ich in Richtung bewachter Eingangstür gehe. Hier sollte er also umgebracht werden. In seinem eigenen Haus. Wegen einer Zeichnung. Die Vorhänge sind zugezogen. Im Garten steht eine kleinere Hütte aus Beton, die an einen überirdischen Bunker erinnert. Darin hat sich die Polizei dauerhaft eingerichtet. Schon nach ein paar Schritten fangen mich die beiden Männer ab.

»Name? Anliegen?«, fragen sie im Stakkato und mustern mich mit zusammengekniffenen Augen. Nachdem ich beides vor lauter Aufregung mehr gehaspelt als gesagt habe, folgt eine Leibesvisitation, bei der mir sogar in die Socken geschaut wird. Ein Beamter durchsucht zudem meinen Rucksack, nimmt den Kugelschreiber auseinander, hält die Teile gegen die Sonne und schraubt ihn wieder zusammen, während der andere meine Personalien notiert. Dann werde ich zum bestbewachten Mann Dänemarks durchgelassen.

Leider, möchte man fast sagen, wird Personenschutz dieser Art auch in Skandinavien immer üblicher. Spätestens nach dem Attentat auf die schwedische Außenministerin Anna Lindh 2003 in der Damenabteilung eines Stockholmer Kaufhauses, in dessen Folge die äußerst beliebte Politikerin ihren Verletzungen erlag, starb auch die Utopie von einer offenen Gesellschaft, in der Politiker und andere Personen des öffentlichen Lebens ein sehr bürgernahes Leben führen können. Die wachsende Terrorgefahr tut ihr Übriges, so dass inzwischen auch in Dänemark hochrangige Politiker nur noch in gepanzerten Limousinen zur Arbeit fahren und von grimmig dreinblickenden Leibwächtern umgeben sind. Früher, so habe ich mir erzählen lassen, konnte man den damaligen Umweltminister und Chef der Sozialdemokraten, Svend Auken, ohne Begleitschutz auf seinem Hochrad durch die Stadt fahren sehen. Es hat sich auch niemand dafür interessiert, wenn man als Journalist einfach ins Parlamentsgebäude marschiert ist, um sich mit einem Volksvertreter zu treffen. Dass ich heute in Dänemark oft dasselbe Sicherheitsprozedere wie in Deutschland durchlaufen, diverse Schleusen passieren und Durchleuchtungen über mich ergehen lassen muss, steht im krassen Widerspruch zu meinen ursprünglichen Vorstellungen von einem offenen und toleranten Skandinavien.

Nachdem mich die beiden Beamten für sauber befunden haben, öffnet Kurt Westergaard die Tür. Mit seiner dunkelblauen Velourslederjacke, den türkisgrünen Socken, der roten Jeans und den Sandalen sieht er aus wie eine Mischung aus Großvater, Hippie und Künstler. Sein silbergrauer Vollbart schimmert in der Vormittagssonne. Die langen Augenbrauen setzen sich aus gekräuselten Haaren zusammen und laufen von der Nasenwurzel nach schräg oben, was dem ansonsten gütigen Gesicht eine diabolische Note verleiht.

Langsam geht er auf einen Spazierstock gestützt vor mir ins Wohnzimmer. Einer seiner beiden Leibwächter folgt uns. Westergaard drückt ihm eine Illustrierte in die Hand.

»Setz dich damit in die Küche. Das hier kann eine Weile dauern«, weist er seinen zweiten Schatten an. Dem Leibwächter ist die Verbannung in ein anderes Zimmer anscheinend gar nicht recht. Er schaut mich mit hochgezogenen Augenbrauen an, als ob er mir nicht über den Weg trauen würde. Schließlich fügt er sich der Anweisung aber und trollt sich. Während des ganzen folgenden Gesprächs mit Westergaard wird er aber beim Umblättern extra laut mit dem Papier rascheln – wohl um zu verhindern, dass ich auf dumme Gedanken komme.

»Ein netter Kerl«, sagt Westergaard, »ein bisschen misstrauisch, aber sonst schwer in Ordnung. Setz dich doch. Kaffee? Tee?«

»Äh, Tee wäre toll.« Ich bin dankbar, dass mir Westergaard mit seiner offenen Art die Nervosität nimmt. Andererseits ist es mir in Dänemark immer ein wenig peinlich, Tee zu bestellen. Meist ernte ich Blicke, die etwas zwischen Unglaube und Mitleid ausdrücken. Ich beeile mich dann zu erklären, dass mir Kaffee einfach nicht schmecken will, was mein Ansehen beim jeweiligen Gastgeber aber nur noch weiter sinken lässt. Wie kann man ein so köstliches und zum Überleben notwendiges Grundnahrungsmittel wie Kaffee nicht mögen, bekomme ich dann oft zu hören. Die Dänen sind einfach eine Nation von Kaffeetrinkern – auf zehn Kilogramm kommt jeder Däne im Jahr, was sonst wohl nur ein Kaffeeplantagenbesitzer in den Hochtälern Kolumbiens schafft. Der Durchschnittsdeutsche trinkt gerade einmal gut die Hälfte.

Doch Kurt Westergaard stört sich an meiner Kaffeeabneigung nicht. Im Gegenteil. Er scheint ebenfalls Teeliebhaber zu sein. »Schwarz, grün, Früchte oder Pfefferminze?«, fragt er sogleich.

»Gerne schwarz«, antworte ich, woraufhin der alte Karikaturist in die Küche schlurft und anfängt, mit Tassen und Kannen zu klappern.

Ich nutze die Gelegenheit und schaue mich im Wohnzimmer um. Dunkle Perserteppiche liegen über einem grauen Teppichboden. Bücherregale biegen sich unter ihrer Last. Gerne hätte ich erfahren, welche Farbe die Wände haben. Aber jeder Quadratzentimeter ist mit Gemälden, Zeichnungen und Studien behangen. Ich weiß überhaupt nicht, wohin ich zuerst schauen soll, bis mein Blick auf ein schwarz eingerahmtes Bild fällt. »Der Idealismus des Don Quichote sagt auf Wiedersehen und danke – der Realismus des Sancho Panza bleibt – bis auf Weiteres«, entziffere ich die schwarztintige Krakelschrift. Don Quichote, der Ritter von der traurigen Gestalt (in diesem Fall Westergaard selbst), zieht unter einem Halbmond Sancho Panza auf einem Esel (die bedrohte Meinungsfreiheit) hinter sich her. Ein deutlicher Hinweis auf den Kampfzustand, in dem sich die freie Meinungsäußerung, aber auch der Karikaturist selbst befindet. Typisch Kurt Westergaard.

»Meine Abschiedszeichnung«, knurrt es plötzlich hinter mir. Ohne dass ich es bemerkt habe, ist Westergaard wieder aus der Küche gekommen und hat eine Kanne Tee, zwei Porzellantassen und ein Schälchen mit Kandiszucker auf den Tisch gestellt.

»Abschied? Wovon?«, will ich wissen.

»Von meinem Arbeitgeber. Nach gut 25 Jahren hat mich die Zeitung *Jyllands-Posten* rausgeschmissen. Einfach so.« Westergaard klingt jetzt richtig verärgert.

»Ich dachte, das lief alles in gegenseitigem Einvernehmen ab, wie es immer so schön heißt. Um die Zeitung nicht einem unnötigen Sicherheitsrisiko auszusetzen«, entgegne ich. Westergaard rollt mit den Augen, als habe er diese Begründung schon allzu oft gehört.

»So lautet die offizielle Version. Nein, nein. Die haben mich abgesägt, weil die ganze Geschichte ihnen zu heiß wurde. Das hat mich schon gekränkt«, erzählt der Zeichner. Offenbar fällt es ihm schwer, zu verstehen, dass nicht alle so sind wie er: unbeugsam, vielleicht auch stur. »Eine Entschuldigung für die Mohammed-Karikatur wird es von mir nicht geben«, fügt er gleich hinzu. »Dafür ist es ohnehin schon zu spät.«

Während der Zeichner mit ruhiger Stimme erzählt, schlürfe ich eine Tasse Tee nach der anderen und mache mir Notizen. Ein faszinierender Mann, gerade weil er sich nicht auf eine Rolle festlegen lässt. Seine Kritiker sehen in ihm nichts weiter als einen polemischen Rechtskonservativen, einen alten Mann mit Tunnelblick. Für andere hingegen ist er ein Held, ein unerschrockener Verfechter der Meinungsfreiheit. Westergaard selbst steht dazwischen und weiß nicht immer, wie er damit umgehen soll.

»Das ist für mich ein Problem«, sagt er. »Bis einige

Monate nach Veröffentlichung der Karikatur der Osten Sturm lief und Muslime in Gaza-Stadt und Teheran, in Kairo und Karatschi auf die Straße gingen und dänische Flaggen verbrannten, dachte ich noch, ich hätte die Situation im Griff. Doch die gewaltsame Reaktion, die sich da Bahn brach, hat mich überrascht. Schon sehr bald habe ich dann einsehen müssen, dass ich die Kontrolle, die Deutungshoheit über meine Zeichnung, verloren hatte.« Wie er jetzt in sich zusammengesunken, mit hängenden Schultern auf dem Stuhl in seinem Wohnzimmer am Stadtrand von Århus sitzt, da wirkt er gar nicht mehr wie ein unerschrockener Frontkämpfer für die Meinungsfreiheit. Eher wie ein in die Jahre gekommener Mann, der den ganzen Trubel um seine Person müde ist.

Kurt Westergaard ist unfreiwillig zu einer Symbolfigur geworden für den Streit der Kulturen, »und das alles nur wegen der Religion«, seufzt er. »Ihr wird viel zu viel Bedeutung beigemessen.«

Seine Skepsis, ja fast schon Abneigung gegen Religion und deren Symbolik speist sich vor allem aus seiner Kindheit und Jugend. Westergaard erzählt, wie er 1935 in einem kleinen Dorf im südlichen Dänemark geboren wurde. Den Menschen dort schreibt man ja gemeinhin zu, etwas kauzig und verschroben zu sein. Westergaard spricht gar von »christlichen Fundamentalisten«, unter denen er aufgewachsen und von Beginn an mit dem Schuld-und-Sühne-Vokabular der Sonntagsschule konfrontiert worden sei. Obwohl seine Eltern für die damalige Zeit nicht besonders gläubig waren, musste er diese Schule besuchen. Alles andere wäre in der kleinen Dorfgemeinschaft einem Eklat gleichgekommen, und der Vater, der einen Krämerladen führte, konnte und wollte es sich mit der Kundschaft nicht verscherzen.

»Religion: Das war eigentlich immer eher Teufel als Gott. Es ging um Verdammnis, nicht um Erlösung«, sagt er. Westergaard wuchs in einem Milieu auf, in dem man es besser für sich behielt, wenn man anderer Meinung war als der Pfarrer oder der Lehrer. Kein Wunder, dass er deshalb schon so früh wie möglich versuchte, dieser geistigen Freiheitsberaubung zu entkommen. Bereits 1951 zog Westergaard von zu Hause aus und besuchte das Gymnasium in der nächstgelegenen Stadt Randers, »wo sich mir völlig neue Horizonte erschlossen«. Dort lernte er auch die dänischen Kulturradikalisten Poul Henningsen, Kjeld Abell und Otto Gelsted kennen und schätzen. Später arbeitete Westergaard als Lehrer für Deutsch, Englisch und Kunsterziehung und lebte das Leben eines Bohemien mit einer gewissen schwärmerischen Neigung zur Anarchie. Erst im Alter von 50 Jahren beschloss er, das Zeichnen zu seinem Beruf zu machen.

»Ich habe ein ziemlich normales Leben gelebt«, sagt er. Mit dem Ausbruch der Mohammed-Krise erfuhr es eine fatale Wendung. Die Karikatur machte Westergaard mit einem Schlag zur Zielscheibe radikaler Fundamentalisten aus aller Welt. Mittlerweile hat er sich damit abgefunden. Auch mit dem ständigen Polizeischutz und den häufigen Wohnungswechseln. Er kann es ohnehin nicht ändern. Die Bedrohung wird sein Begleiter bleiben, bis an sein Lebensende.

Als am Neujahrsabend 2010 ein Somalier mit einer Axt in sein Haus eindrang, konnte sich Westergaard gerade noch ins Badezimmer retten, von wo er per Alarmknopf die Polizei alarmierte. Während er sich von innen gegen die verstärkte Tür stemmte, hämmerte der Attentäter von der anderen Seite dagegen, bis die Einsatzkräfte ihn überwältigten. »Es waren die längsten Minuten meines Lebens«, sagt Westergaard. Als er aus dem Badezimmer kam, sah er seine sechsjährige Enkelin zitternd auf dem Wohnzimmerboden sitzen. Das war der Moment, als er dachte: »Wenn es um Religion geht, hält man manchmal doch besser die Klappe.« Diese nachdenkliche, fast schon selbstzweiflerische Seite Westergaards überrascht mich, hatte ich aus den vielen Artikeln doch einen gegenteiligen Eindruck.

So gebannt hänge ich dem Karikaturisten an den Lippen, dass ich gar nicht mitbekomme, wie die Zeit vergeht. Ein Blick auf die Uhr verrät mir, dass es schon spät am Nachmittag ist. Der Leibwächter in der Küche muss die Illustrierte zehnmal durchgeblättert und sämtliche Kreuzworträtsel gelöst haben.

»Ich weiß nicht, wie lange du heute für mich Zeit hast. Aber ich möchte auf keinen Fall zur Last fallen«, sage ich. Doch der alte Mann winkt nur ab.

»Keine Sorge. Ich habe heute nichts mehr vor. Irgendwann kommt meine Frau, aber die wird uns nicht stören. Komm, ich zeige dir mein Arbeitszimmer.« Langsam erhebt er sich von seinem Stuhl und geht voran. Dem Leibwächter, der seinen Kopf aus der Küchentür streckt, gibt er zu verstehen, dass er nicht mitzukommen braucht. Widerwillig trollt sich der breitschultrige Mann wieder.

»Der sieht schon Gespenster«, grinst Westergaard. Der Mann hat die Ruhe weg. Das muss ich ihm lassen.

Am Ende des langen Flurs öffnet er eine Tür. Dahinter verbirgt sich ein einziger Verhau. Aufgeschlagene

Bücher, Berge von Papier, Skizzen und Zeitungen machen es fast unmöglich, einen Fuß vor den anderen zu setzen. Irgendwo in dem ganzen Wust ist ein Schreibtisch auszumachen, auf dem es genauso aussieht wie auf dem Boden. Westergaard bahnt sich den Weg, den nur er kennt, zur Wand auf der linken Seite, wo seine Sammlung von Spazierstöcken ihren Platz gefunden hat. Mit zitternder Hand versucht er, ein Exemplar mit einem Griff aus Perlmutt zu erreichen. Als er den kunstvoll verzierten Stock aus der Halterung genommen hat, entgleitet er ihm und fällt mit einem lauten Krachen zu Boden.

»Du wirst sehen, in zehn Sekunden wird dein Leibwächter in der Tür stehen und ...« Ich habe die Reaktionsgeschwindigkeit seines Bodyguards maßlos unterschätzt, denn bevor ich noch ein Wort sagen kann, reißt der die Tür auf, springt auf mich zu und wirft mich zu Boden. Mein Gesicht landet in einem Berg von Zeichnungen. Mit einem Bündel Papier im Mund liege ich wehrlos auf dem Bauch, meine Arme gewaltsam auf den Rücken verschränkt.

»Alles in Ordnung?«, fragt der Leibwächter den Zeichner. Der ist für einen Moment völlig perplex, bringt seinen übereifrigen Beschützer dann aber zur Raison.

»Lass den armen Jungen los! Mir ist doch nur der Stock hier aus der Hand gefallen.«

»Wöwau!«, protestiere ich mit dem Bündel Papier im Mund vom Boden aus. Mit einem Satz springt der für seine Körpermasse erstaunlich behende Mann auf und zerrt mich nach oben. Er klopft mir den Staub von den Kleidern.

»Nix für ungut. Aber ich dachte ...«

»Schon gut, schon gut«, unterbreche ich ihn, nachdem ich das Papier aus meinem Mund entfernt habe.

»Das tut mir leid«, sagt Kurt Westergaard. »Aber der kann nicht anders. Lass uns zurück ins Esszimmer gehen und uns erst einmal von dem Schrecken erholen.«

Wieder an dem ovalen Tisch, serviert Westergaard eine frische Kanne Tee und einen Mandel-Brotkuchen.

»Hat meine Frau gebacken. Mit Zartbitterschokolade und Vollkornbrot.« Mir sitzt der Schrecken immer noch in den Knochen, die wegen des beherzten Körpereinsatzes des Leibwächters auch ganz real schmerzen. Der Mandel-Brotkuchen von Frau Westergaard hingegen schmeckt köstlich.

»Wusstest du übrigens, dass Vollkornbrot eine deutsche Erfindung ist?« Vielleicht bekomme ich ja wenigstens von einem Mann wie Westergaard recht – und sei es nur aus Mitleid, weil mich sein Bodyguard zu Fall gebracht und mir dabei fast den Arm ausgerenkt hat. Zum ersten Mal seitdem wir uns begrüßt haben, lacht mein Gastgeber. Es ist ein leises Lachen, das aus den tiefsten Tiefen der Bronchien anschwillt, bis es sich heiser und laut aus vollem Halse Bahn bricht.

»Das ist das Aberwitzigste, was ich seit langem gehört habe«, grinst der alte Mann, nachdem er sich von seinem Lachanfall erholt hat. »Und ich habe schon viel Aberwitziges gehört. Mir scheint, du bist immer noch verwirrt von der Attacke meines Leibwächters. Warte, ich glaube, ich habe da genau das Richtige.« Er erhebt sich von seinem Stuhl und geht in die Küche. Paw, Bäckermeister Jimmy, die Bedienung im Café *Gefährlich*, das Prospekt aus der Touristeninformation und jetzt Kurt Westergaard. Langsam verlässt mich die Hoffnung, dass ich jemals einen Dänen finden werde, der bereit ist einzugestehen, dass die Deutschen das Vollkornbrot erfunden haben.

Inzwischen ist Westergaard wieder zurückgekehrt, in der Hand eine Flasche Gammeldansk. Er nimmt ein Glas aus der Vitrine, stellt es vor mich auf den Tisch und gießt randvoll ein.

»Trink.«

Ich gehorche artig. Einmal, zweimal, dann winke ich ab.

»Danke, aber ich glaube, ich muss dann auch mal los.« Westergaard schaut auf die Schrankuhr im Flur. Kurz vor sechs. Acht Stunden war ich jetzt bei dem Zeichner. Acht Stunden, die mir wie acht Minuten vorgekommen sind. Der Karikaturist weist seinen Leibwächter an, ein Taxi für mich zu rufen, das mich zum Bahnhof bringen soll. »Und haltet euch bereit«, fügt er hinzu, ehe er ihn für heute entlässt. »Morgen Abend will ich mit meiner Frau meinen Sohn besuchen.« Schon nach fünf Minuten ist das Taxi da, und wir verabschieden uns.

Im Zug denke ich an meine Begegnung mit dem Karikaturisten zurück und versuche, meine Gedanken für meinen Artikel über ihn zu sortieren. Die wahre Sensationsmeldung, »Mohammed-Karikaturist Kurt Westergaard sieht Wiege des Vollkornbrots in Deutschland«, wird mir leider verwehrt bleiben.

DREIZEHN

Anfang Oktober kündigt frischer Wind aus Norden den Herbst an. Die Sonne steigt seit einigen Tagen nicht mehr ganz so hoch und taucht mit ihrem schräg einfallenden Licht die Stadt und das Meer in satte Farben. Die Schatten werden länger, selbst jener der wirklich sehr kleinen Meerjungfrau. An einem Freitagvormittag schieben Sara und ich unsere Fahrräder die Uferpromenade Langelinie entlang, wo Kopenhagens berühmtestes Wahrzeichen auf einem Felsen sitzt. Am Nachmittag haben wir einen Termin für die erste Ultraschalluntersuchung im Universitätsklinikum, die ich auf keinen Fall versäumen möchte. Ich habe mir deshalb den ganzen Tag freigenommen. Sara ist jetzt im dritten Monat schwanger. Von einem Bauch ist noch nichts zu sehen, und auch die allmorgendliche Übelkeit nimmt langsam ab, weshalb derzeit die Berge von Bananen-Birnen-Joghurt zu Hause im Kühlschrank eines der wenigen untrüglichen Zeichen dafür sind, dass wir in einem halben Jahr Eltern werden.

Ich hatte Paw zu Beginn meiner Zeit in Dänemark regelrecht zu einem Besuch der Kleinen Meerjungfrau nötigen müssen. Meist interessieren sich die Bewohner ja nur wenig für die typischen Sehenswürdigkeiten ihrer Stadt. Bei Paw war das nicht anders. Und nur durch die Androhung, ich werde ihn in eine endlose und ermüdende Debatte um den Ursprung des Vollkornbrots verwickeln, ließ er sich endlich dazu breitschlagen, mit mir beim typischsten aller Kopenhagener Wahrzeichen vorbeizuschauen. Wobei das mit dem Vorbeischauen gar nicht so einfach ist. Denn die Kleine Meerjungfrau liegt weit abseits. Bei ihr kommt man nicht eben mal vorbei, weil man ohnehin in der Gegend ist. Nein, Paw und ich mussten uns den Besuch schon extra vornehmen.

Als wir dann endlich an der Uferpromenade ankamen, wollte ich beim Anblick des Menschenauflaufs gleich wieder weg. So viele Touristen drängelten sich vor Ort, dass es so aussah, als würden gleich einige von ihnen ins Wasser fallen. Nachdem wir uns durch die Massen gequetscht hatten und endlich am Ufer standen, ließ ich mit der Hand über den Augen meinen Blick über das Wasser schweifen.

»Wo ist denn jetzt die Meerjungfrau?«, fragte ich Paw. »Ich kann sie nirgends sehen.« Paw musste lachen.

»Da ist sie doch. Hier, direkt vor deinen Füßen.« Ich schaute nach unten und erschrak. Da saß sie zierlich, fast schon zerbrechlich, auf ihrem Felsen und blickte hinaus aufs Meer.

»Die ist ja wirklich winzig!«, rief ich. Dass die Kleine Meerjungfrau ihren Namen nicht von ungefähr hatte, war mir klar. Aber dass die SO klein war …

Und auch jetzt, als ich mir mit Sara den Weg durch den offenbar nie versiegenden Touristenstrom bahne, staune ich über dieses unscheinbare Wesen, das für eine ganze Metropole steht. Lange Zeit erschien mir die kleine Bronzefigur als Wahrzeichen einer Stadt recht ungeeignet zu sein, und erst allmählich und je besser ich Kopenhagen kennenlernte, verstand ich, dass das Mädchen aus Hans Christian Andersens traurigem Märchen zum hyggeligen und bescheidenen Charakter der Stadt viel besser passt als ein protziges Monument, wie man es aus anderen Metropolen kennt.

Geduldig lässt die Meerjungfrau das Blitzlichtgewitter über sich ergehen. Das Souvenirgeschäft läuft gut, wie immer eigentlich. Viele kaufen ein Miniaturmodell der Figur. Vor allem an Tagen, an denen das Original nicht oder nur in Teilen zu sehen ist – was in der Vergangenheit häufiger der Fall war, als man glauben mag. Unbekannte sägten der Kleinen Meerjungfrau 1964 und 1998 den Kopf ab, und am 11. September 2003 sprengte jemand die Figur in der Manier eines terroristischen Anschlags vom Sockel. Ende März 2010 musste sie ihren angestammten Platz verlassen, um von Mai bis September den dänischen Pavillon auf der Weltausstellung in Shanghai zu zieren. Damit sie kein Heimweh bekam, wurden gleich eine Million Liter echten dänischen Meerwassers mit nach China transportiert. In der Zwischenzeit konnten ihre Besucher in Kopenhagen sie über einen Videolink im fernen Shanghai bestaunen. Seit knapp einer Woche sitzt die Meerjungfrau jetzt wieder an ihrem angestammten Platz. Als sie weg war, hat sie den Kopenhagenern dann doch gefehlt.

Etwas weiter südlich, im Restaurant Julian am ehemaligen Zollamt, dem *toldboden*, wo die Schiffe früher ihren Obolus entrichteten, ehe sie in den Hafen von Kopenhagen einfahren durften, genehmigen wir uns vor unserem Termin im Krankenhaus noch eine Stärkung: in Nelkensud eingelegten Hering, Fischfrikadellen, gebackene Scholle mit Erbsenpüree, Shrimps mit Bärlauchmayonnaise und zum Nachtisch zwei Stücke Erdbeerkuchen mit Vanillecreme und Schokolade. Sara schaufelt wie ein Bagger alles in sich hinein und streckt danach alle viere von sich. Zufrieden streichelt sie ihr kleines Bäuchlein, auch wenn es keinem plötzlichen Wachstumsschub des Embryos, sondern ausschließlich den ganzen Köstlichkeiten geschuldet ist, die sie gerade verdrückt hat. Aber dazu sage ich lieber nichts …

Saras Laune ist heute ausgezeichnet. Das *Julian* ist ihr Lieblingslokal. Nicht nur wegen des guten Essens, sondern auch, weil dort nur Produkte aus klimaneutralem Anbau verwendet werden. Der sogenannte Klimabrunch am Wochenende zählt zu den umweltfreundlichsten, aber auch besten der Stadt. Frisch gebackenes Brot in allen Variationen, handgepresste Fruchtsäfte, hausgemachte *pølser* aus Biofleisch, dazu Graupensalat mit Rosenblüten, Apfelbutter und cremiges Milchkaramell. Solch vielfältige und politisch korrekte Auswahl hat ihren Preis. 220 Kronen kostet das Vergnügen, umgerechnet knapp 30 Euro. Selbst für das teure Kopenhagen ist das ein ziemlich gesalzener Preis. Doch wenn die Sonne scheint, der tiefblaue Himmel leuchtet und der Blick über das Hafenbecken hinüber zur Oper schweift, ist das Geld schnell vergessen.

Während Sara in sich ruhend über architektonische Details zur 2005 eröffneten Oper plaudert (41 000 Quadratmeter verteilt auf 14 Etagen, verkleidet mit Kalkstein aus Süddeutschland, perlmuttglänzender Marmor aus Sizilien für den Boden im Foyer, Ahornholz für die Außenschale des Auditoriums und 105 000 Bögen 24-karätigen Blattgoldes für die Dekoration der

Bühne), rutsche ich nervös auf meinem Stuhl herum. Die Ultraschalluntersuchung beschäftigt mich doch mehr, als ich dachte. Jedenfalls so sehr, dass ich für den beeindruckenden Blick über das Hafenbecken oder Saras Vortrag momentan keinen Sinn habe.

»Hallo? Elmar?« Sara schnippt vor meinen Augen mit ihren Fingern. »Hörst du mir überhaupt zu?« Ich schrecke aus meinen Gedanken über schlechte Blutwerte, zu dicke Nackenfalten und angeborene Herzfehler hoch.

»Hm? Ja, ja. 24 Sizilianer haben im Foyer Ahornholz verlegt«, murmle ich, während ich mit der Gabel in Kuchenresten herumstochere. Sara nimmt meine Hand.

»Ich bin ja auch aufgeregt. Aber es wird schon alles in Ordnung sein«, lächelt sie. Ich lächle tapfer zurück, kann aber einen Restbammel nicht aus meinen Gedanken verscheuchen.

Wir zahlen und schwingen uns auf unsere Fahrräder.

Nachdem wir auf der Dag Hammarskjölds Allé rechts und links von unzähligen Kopenhagenern überholt wurden, kommen wir schließlich am Krankenhaus an, Abschnitt 4031 für pränatale Diagnostik. Das *Rigshospital* ist ein ungemütlicher Betonkasten aus den frühen siebziger Jahren: dunkelgrau, lang gestreckt, so einladend wie ein Verlies. Ich blicke an dem Gebäude hinauf, das selbst die hellsten Sonnenstrahlen einfach zu verschlucken scheint, und tröste mich mit dem Gedanken, dass hier schon zahlreiche Kronprinzen und -prinzessinnen das (Leuchtstoffröhren-)Licht der Welt erblickt haben. Als wir durch die Drehtür gehen, schlägt uns der typische Krankenhausgeruch als eine

Mischung aus Desinfektionsmitteln und abgestandener Luft entgegen. Mir wird immer mulmiger.

Am Empfang der für uns zuständigen Abteilung sitzt eine blonde Dame im weißen Kittel.

»Personennummer?«, fragt sie.

»020480–3772«, antwortet Sara.

»Sara Sommer? F. F. Ulriks Gade 13 in Kopenhagen-Ost?«

»Stimmt.«

»Schwangerschaftswoche 12. Vater: Elmar Jung, geboren in München, Personennummer 190578–2973«, rattert die Krankenschwester herunter. »Bitte kurz im Wartezimmer Platz nehmen.«

Selbst nach knapp drei Jahren in Dänemark habe ich mich an mein Dasein als gläserner Bürger noch nicht so richtig gewöhnt. Seitdem ich mit meiner Personennummer im zentralen Bevölkerungsregister erfasst bin, scheinen der Staat und seine Behörden alles über mich zu wissen. Schuhgröße, Lieblingsfarbe, Allergien, Abneigung gegen Marmeladen mit großen Fruchtstücken: alles in einem zentralen Computer erfasst. Während die deutschen Behörden oft noch in einer Papierflut zu ersticken drohen, ist das elektronische Zeitalter in Dänemark schon 20 Jahre alt. So kann jeder Bürger die Krankenakte seines ganzen bisherigen Lebens jederzeit online abrufen. Vom Ziegenpeter mit 7 über gehäufte Migräneanfälle in der Pubertät bis hin zum 1,6 Zentimeter großen und ein Gramm schweren Fötus in der achten Schwangerschaftswoche ist dort alles nachzulesen, was man (nicht) wissen will.

Im riesigen Wartezimmer sitzen viele Frauen, die schon weiter sind als Sara, zu erkennen an ihren dicken Bäuchen. Neben ihnen ihre Männer, die ab und zu aufstehen und ihren Liebsten eine Zeitschrift oder ein Glas Wasser holen. In regelmäßigen Abständen geht eine Tür auf, eine Krankenschwester oder Ärztin tritt heraus und ruft die nächste Patientin auf. Louise Pedersen, Anne Larsen, Nicoline Tøfting, Grete Solvang erheben sich und gehen in Richtung Tür, ihre namenlosen Begleiter dackeln hinterher.

Sara Sommer. Das sind wir! Also Sara. Mit schwitzigen Händen folge ich ihr und der Krankenschwester in ein halbabgedunkeltes Zimmer mit einer gepolsterten Liege in der Mitte. Rechts daneben ein Sammelsurium an Apparaturen, links ein Holzstuhl, offenbar für mich. Ich setze mich und starre, während Sara Gel auf den Bauch gestrichen wird, auf den Monitor, wo wir gleich zum ersten Mal unser Kind zu sehen bekommen werden. Ich bin so aufgeregt wie ein kleiner Junge an Weihnachten, Ostern und Geburtstag zusammen.

Als ich Kopf, Herz, Hände und Beine unseres Kindes sehe – oder zumindest das, was mir die Krankenschwester als Kopf, Herz, Hände und Beine zeigt –, kann ich mein Glück kaum fassen. Sara blickt ebenso gebannt auf den Monitor. Spontan greife ich nach ihrer Hand. Doch meine Freude währt nur kurz. Ich ertappe mich dabei, wie ich aus den Augenwinkeln das Gesicht der Krankenschwester studiere, die allerlei Messungen vornimmt. Ich kann in ihrer Mimik keine Anzeichen für gute oder schlechte Neuigkeiten erkennen. Nach knapp zehn Minuten und der Blutabnahme ist die Ultraschalluntersuchung auch schon wieder vorbei.

»Nehmt bitte draußen Platz. Ihr bekommt dann das Ergebnis«, sagt die Frau im weißen Kittel.

Wir setzen uns auf eine karge Holzbank, halten uns an den Händen und wechseln kaum ein Wort. Auch

Sara ist ihre Nervosität jetzt deutlich anzusehen. Mit dem Rücken an die Wand gelehnt, starrt sie nach oben auf die Leuchtstoffröhre und holt in regelmäßigen Abständen tief Luft. Nach einer gefühlten Ewigkeit kommt eine andere Krankenschwester mit ausdrucksloser Miene zu uns.

»1 zu 14 583«, sagt sie.

Ich bin verwirrt. »Ist das jetzt gut oder schlecht?«

»Könnte besser nicht sein«, antwortet sie trocken.

Wieder zu Hause, setze ich mich an den Computer. Sara ist zu Meliha gefahren, um ihr die frohe Botschaft unserer ersten Ultraschalluntersuchung mitzuteilen. Eine gute Gelegenheit, kurz die neuesten Nachrichten durchzusehen. An meinen freien Tagen tue ich das immer heimlich, da ich mir sonst lautstarke Proteste von Sara anhören muss, die sich an meinem Unvermögen stört, Freizeit und Beruf richtig zu trennen. Viel los ist nicht. Als ich mein E-Mail-Programm öffne, fällt mir eine Mail der Firma Cryo auf. Bei dem Unternehmen handelt es sich um die größte Samenbank der Welt mit Sitz im dänischen Århus. Offenbar bin ich als Journalist auf irgendwelchen Wegen in deren E-Mail-Verteiler geraten, weshalb ich jetzt eine Pressemeldung auf dem Bildschirm habe, in der sie ihr Geschäftsmodell bewirbt. Mehr als 70 Länder beliefert das Unternehmen mit seiner kostbaren Fracht, 19 748 Schwangerschaften seit 1991, Spender aller Ethnien, einfache Lieferung auch an Privatkunden.

Letzteres macht mich dann doch neugierig, und so statte ich der Internetseite von Cryo einen Besuch ab. Tatsächlich ist die Datenbank mit den 529 anonymen Spendern nur einen Klick entfernt. Ich entscheide mich für jemanden, der angibt, auszusehen wie Bruce Willis. 189 Zentimeter groß, 82 Kilogramm schwer, Atheist, Lieblingstier Delphin, Puls im Ruhezustand 55 Schläge in der Minute und von einem Cryo-Mitarbeiter als »gigantischer Rhetoriker« eingeschätzt. Nicht schlecht. Danach werde ich gefragt, welche Qualität und Menge ich wünsche. Meine Antwort: natürlich nur die beste und davon reichlich. Mit einem Klick platziere ich Spermien im Wert von 2000 Euro im Warenkorb und gehe anschließend zur Kasse. Dann noch die Art der Lieferung bestimmen. Ich entscheide mich für den Stickstofftank, Trockeneis ist mir zu unsicher. Gerade einmal zwei Minuten hat mich die Prozedur im Internet gekostet, ohne dass mich Cryo gefragt hätte, wer ich eigentlich bin und was ich mit der Lieferung vorhabe. In Dänemark kommt man einfacher an Spermien als an eine Dose Carlsberg.

Nach dem Kurzausflug in die Welt des elektronischen Samenhandels werfe ich einen Blick auf mein Handy: Die Steuerbehörde hat mir eine Erinnerungs-SMS geschrieben. Es geht um die Ummeldung meines Wagens. Ich soll den Termin am Montag zur Schätzung des Fahrzeugs nicht vergessen.

Am frühen Abend höre ich, wie Sara von außen versucht, den Hausschlüssel im Schloss unterzubringen. Flugs klappe ich den Laptop zu, greife mir ein x-beliebiges Buch aus dem Bücherregal und hechte aufs Sofa. Ich will um jeden Preis den Eindruck eines tiefenentspannten Mannes machen, der an seinem freien Tag abschaltet und einfach nur ein gutes Buch liest. Als Sara mich so nonchalant auf der Couch sitzen sieht, schmunzelt sie.

»Ich weiß genau, dass du es nicht lassen konntest und dir die Nachrichten des Tages reingezogen hast«, sagt sie, öffnet den Kühlschrank und nimmt sich einen Bananen-Birnen-Joghurt.

Ich gebe den Entrüsteten: »Also das ist ja eine fast schon böswillige Unterstellung! Ich lese hier einfach nur ein Buch.«

»Aha. *Travle kvinders guide til mere tid.* Ich wusste gar nicht, dass du eine gestresste Frau bist, die sich ein besseres Zeitmanagement wünscht«, lacht Sara. »Und vielleicht solltest du das Buch auch richtig herum halten.« Mein Schwindel ist aufgeflogen. Mit rotem Gesicht stelle ich den Ratgeber für Frauen zurück ins Bücherregal. Fürs nächste Mal muss ich mir unbedingt einen glaubwürdigeren Titel bereitlegen.

Am Montagmorgen gehe ich als Erstes zum Kühlschrank, wo der kleine gelbe Zettel mit der Checkliste für die Ummeldung meines Autos hängt. Mit einem Filzstift unterstreiche ich:

Punkt 3: Schätzung des derzeitigen Verkehrswerts des Fahrzeuges

Nachdem ich den Wagen erfolgreich durch den Zoll-TÜV geschleust habe, muss die Steuerbehörde festlegen, was er in seinem jetzigen Zustand in Dänemark kosten würde. Auf Grundlage dieser Schätzung berechnet sie dann die Zulassungsgebühr. Ich muss also raus nach Taastrup, einen ehemaligen Arbeitervorort im Südwesten Kopenhagens. Sämtliche Fahrzeuge, die eines jener kostbaren Kennzeichen tragen wollen, werden durch Taastrup geschleust. Ich verlasse die

Wohnung, kann aber unser Auto nicht finden. Krampfhaft versuche ich mich zu erinnern, wann ich es das letzte Mal benutzt habe. Doch mein Gedächtnis ist wie leergefegt. Ich weiß nur noch, dass ich es die letzten Tage immer mal wieder umgeparkt habe, um den Anschein zu erwecken, bei dem Wagen mit den deutschen Kennzeichen handelte es sich um das Fahrzeug eines Besuchers und nicht eines Abgabenprellers, der sich um die Zulassungsgebühr drücken will. 20 Minuten laufe ich mit dem Autoschlüssel in der Hand durch die umliegenden Straßen und drücke in der Hoffnung, irgendwo das Geräusch eines sich entriegelnden Schlosses zu hören, auf den automatischen Türöffner. Als ich schon kurz davor bin, die Suche aufzugeben und das Auto als gestohlen zu melden (wodurch mein Schwindel erst recht auffliegen würde), öffnet sich im zweiten Stock eines Backsteinhauses ein Fenster, und ein älterer Mann lugt hervor.

»Ich glaube, dein Auto steht in der Waldemar Holmers Gade Ecke Haraldsgade«, ruft er mit einem Grinsen. »Wenn ich du wäre, würde ich den Wagen endlich mal ummelden. So nett wie ich ist nämlich nicht jeder hier. Wird bestimmt auch nicht so teuer, wie du denkst.«

»Danke«, antworte ich verlegen. Der Mann winkt zum Abschied und schließt das Fenster. Das ständige Umparken kann ich mir also sparen. Ich bin längst durchschaut worden.

Nach einer ereignislosen wie nervenaufreibenden Fahrt biege ich in Taastrup auf einen riesigen Parkplatz ein. Vor mir liegt ein Meer aus Stahl und Blech, und irgendwo am Horizont flimmert das flache Gebäude der Zulassungsstelle. Langsam rolle ich durch das Spalier an Fahrzeugen mit ausländischen Kennzeichen: Luxuskarossen aus Deutschland, Vernunftautos und Vans aus Japan, Rostbeulen aus Osteuropa – und ein Porsche Modell 928 mit offener Ladefläche als Heckersatz, dessen Besitzer gerade dabei ist, gelbe Nummernschilder zu befestigen. Vorne Sportwagen, hinten Pick-up-Truck. Ist der Halter verrückt? Oder ein porschevernarrter Landwirt, der jeden Tag Heuballen vom Feld zur Scheune fahren muss? Die gelben Autokennzeichen sind für Lieferfahrzeuge vorgesehen und kosten nur die Hälfte. Besitzer von Kombis bauen deshalb oft ihre Rücksitze aus und machen den gesamten Heckbereich zur Ladefläche. Das allein ist schon recht merkwürdig, denn warum um Himmels willen legt man sich einen Kombi zu, wenn am Ende darin dann doch nur zwei Leute Platz nehmen dürfen? Den Porsche als Lieferwagen deklarieren war wohl auch das Ziel dieses Mannes, der dafür gleich das gesamte Heck abgesägt und stattdessen über die Hinterreifen eine Holzplatte montiert hat. Und das Beste ist: Die Zulassungsbehörde scheint dieses abenteuerliche Konstrukt auch noch durchgewunken zu haben. Gründer dieser ganz offensichtlich wahnsinnigen Behörde kann nur Christian VII. gewesen sein. Bestimmt sind schon Ende des 18. Jahrhunderts die merkwürdigsten Kutschen durch Kopenhagen gefahren. Vorne reichverzierte Pferdedroschken, hinten Handkarren.

Nachdem ich mein Auto geparkt, eine Nummer gezogen und gefühlte zwei Stunden lang gewartet habe, schaut sich eine ältere Dame mit schmal umrandeter Brille alle Formulare durch, die ich mitgebracht habe: die Zulassungspapiere aus Deutschland, die Bestätigung des dänischen Zoll-TÜV, die Rechnung für die Reparatur der Bremsscheiben, die Versicherungskarte einer dänischen Autoversicherung und den Antrag auf Erhalt zweier dänischer Autokennzeichen. Nervös hüpfe ich von einem Bein aufs andere. Oft kommt in solchen Momenten der Einwand, man habe dieses oder jenes Formular vergessen oder eine Unterschrift ins falsche Kästchen gesetzt. Doch die Dame hinter dem Schalter ist zufrieden.

»So weit alles in Ordnung«, sagt sie, während sie die Papiere abstempelt. »Du bekommst den Bescheid über die Höhe der Zulassungsgebühr dann in vier Wochen per Post.«

»Und was ist mit dem Auto? Wollt ihr euch den Wagen gar nicht anschauen?«, frage ich verdattert. Ich hatte fest damit gerechnet, dass ein Sachverständiger mein Fahrzeug an Ort und Stelle begutachtet und die Höhe der Zulassungsgebühr sofort nennt.

»Nein. Das machen wir schon länger nicht mehr. Wir taxieren die Zulassungsgebühr nur mehr auf Grundlage der Papiere des Zoll-TÜV«, antwortet die Frau.

»Und wie bitte schön komme ich jetzt wieder nach Hause?« Panik steigt in mir hoch. Auf keinen Fall möchte ich wieder mit deutschen Kennzeichen den Rückweg antreten müssen.

»Na so, wie du hergekommen bist«, sagt die Frau, jetzt schon leicht irritiert.

»Gute Dame, so einfach ist das nicht. Ich habe viel riskiert, um meinen Wagen nach Taastrup zu bringen. Die Polizei hat es doch nur auf Leute wie mich abgesehen.«

»Da kann ich leider nichts machen.«

»Könnte ich denn wenigstens irgendein Schreiben bekommen, das bestätigt, dass ich als rechtschaffender Bürger gerade dabei bin, mein Auto umzumelden?

Eine vorübergehende Fahrerlaubnis für ein deutsches Kennzeichen sozusagen.«

»Bedaure. Und mal abgesehen davon würde ein solches Schreiben die Polizei ohnehin nicht interessieren.«

Da stehe ich nun, mitten in der dänischen Ödnis, irgendwo am ausgefransten Stadtrand Kopenhagens, weit weg von zu Hause, quasi vogelfrei, zum Abschuss freigegeben. Wie ein begossener Pudel trotte ich zurück zu meinem Auto. Wie gerne wäre ich jetzt der Besitzer dieses Porsches. Sieht zum Schießen aus, aber immerhin ist er legal.

Als ich auf der Fahrt nach Hause Blaulicht im Rückspiegel sehe, weiß ich warum. Mein Rücklicht ist inzwischen repariert, zu schnell gefahren bin ich auch nicht. Es kann sich also nur um mein Autokennzeichen drehen. Mit Herzklopfen fahre ich rechts ran und lasse die Fensterscheibe runter. Als ich den Polizisten sehe, trifft mich fast der Schlag. Es ist der gleiche, der Sara und mich schon auf unserem Weg zu IKEA angehalten hat. Auch er erkennt mich sofort wieder.

»Sieh an, sieh an. Wir kennen uns doch. Immer noch zu Besuch in Kopenhagen?«, fragt der Beamte mit sarkastischem Unterton auf Deutsch. Mir hat es die Sprache verschlagen. »Gib mir doch mal deinen Geldbeutel«, fährt er fort. Schweigend reiche ich ihm mein Portemonnaie durch das Fenster. Nach ein paar Sekunden zieht er eine Plastikkarte hervor, auf der meine Personennummer sowie meine dänische Adresse verzeichnet ist. »Warte hier«, sagt er und geht zurück zum Streifenwagen. Verzweifelt und machtlos warte ich auf mein Schicksal. Nach wenigen Minuten tritt der Polizist erneut ans Fenster meines Wagens.

»Im Computer steht, dass du schon seit mehr als zwei Jahren in Kopenhagen wohnst«, sagt der Beamte plötzlich auf Dänisch. »Ich nehme an, dass wir Dänisch miteinander reden können?«

Ich nicke.

»Das wird teuer für dich, das weißt du hoffentlich.«

Ich reiße mich zusammen und finde meine Sprache wieder. »Kannst du nicht ein Auge zudrücken? Ich bin gerade dabei, mein Auto umzumelden. Ich war heute in Taastrup und habe alles in die Wege geleitet. Hier ist der Antrag.« Hastig krame ich das Formular aus dem Handschuhfach hervor und gebe es dem Polizisten, der den Wisch flüchtig überfliegt.

»Na gut«, knurrt er. »Hier steht, dass du in vier Wochen weißt, wie hoch die Zulassungsgebühr ist. Danach musst du den Wagen binnen zwei Wochen umgemeldet haben und dies auch der Polizei anzeigen. Sonst stehen wir vor der Tür und beschlagnahmen dein Auto. Und ein saftiges Bußgeld setzt es obendrein.«

Ich kann mein Glück kaum fassen. Ein nachgiebiger Staatsbediensteter. In Deutschland habe ich das noch nie erlebt. Am liebsten würde ich aussteigen und ihm die Füße küssen. Aber wer weiß: Am Ende überlegt er es sich wegen Verdachts auf Trunkenheit am Steuer vielleicht noch mal anders. Ich belasse es deshalb bei einem leisen, aber sehr verbindlichen *tak*.

VIERZEHN

In meinem ersten Sommer in Kopenhagen schwebte ich wie auf Wolken. Mit Sara lief es prächtig, und auch den Sprachkurs hatte ich erfolgreich absolviert, wobei es zu einem ordentlich ausgesprochenen *rødgrød med fløde* immer noch ein weiter Weg war. Meine Integration in Dänemark kam mit großen Schritten voran. Nur beruflich herrschte Flaute. Es war doch wesentlich schwieriger, Geschichten über Dänemark abzusetzen, als ich gedacht hatte. Oft erhielt ich auf meine Themenvorschläge keine Antwort, und wenn ich dann einmal mit einem Redakteur aus dem außenpolitischen Ressort am Telefon sprach, konnte ich gegen die Krisenherde dieser Welt nur selten etwas ausrichten. Eines Dienstagmorgens verlief das Telefonat wie folgt:

»Guten Morgen, Elmar Jung aus Kopenhagen hier. Der dänische Regierungschef steht wegen Ungereimtheiten bei seiner Steuererklärung ungeheuer unter Druck«, präsentierte ich meinen Themenvorschlag und versuchte, ihm mit dem Wort »ungeheuer« zusätzliches Gewicht zu verleihen.

»Hm«, brummte es am anderen Ende der Leitung.

»Es kann sein, dass er deswegen schon bald zurücktreten muss«, setzte ich nach.

»Hm. Wir haben hier etwas über den Bau unterirdischer Atomanlagen zur Anreicherung von Uran in Iran, eine Intifada und eine Palastorgie Berlusconis mit leichtbekleideten Damen. Das muss unbedingt mit«, zählte der Redakteur die Pflichtthemen des Tages auf.

»Könnt ihr nicht noch irgendwo Platz frei schaufeln?«, wollte ich wissen.

»Bedaure. Wir mussten schon eine Seite an das Vermischte abtreten. Die machen heute eine große Geschichte über das modische Präsidentengattinnen-Tandem Carla Bruni und Michelle Obama.« Für mich als Auslandskorrespondent, der naturgemäß davon überzeugt ist, im wichtigsten Land der Welt zu leben, ist so etwas immer wie ein Schlag ins Gesicht. Die Garderobe Carla Brunis und Michelle Obamas wichtiger als ein dänischer Regierungschef mit dem Rücken zur Wand? »Melde dich doch noch einmal, wenn der Regierungschef wirklich zurücktreten musste. Dann können wir eine Meldung machen. 40 Zeilen oder so. O. k.?«, vertröstete mich der Redakteur.

»Ist gut.« Nach dem Telefonat war der journalistische Eifer meinem Körper entwichen wie Luft aus einem Ballon. Enttäuschung machte sich breit. Dabei weiß ich eigentlich selbst, dass Dänemark klein und unbedeutend ist – zumindest, wenn man es durch die Nachrichtenwert-Brille sieht, die meine Auftraggeber in Deutschland von Berufs wegen tragen. Daran ändern auch Weltklimagipfel und Mohammed-Krise nichts.

Glücklicherweise hat das kleine Dänemark noch einen riesigen Hinterhof, der am anderen Ende der Welt unter einem Eispanzer liegt und es schon allein aufgrund seiner Exotik mit jedem Abendkleid Carla Brunis locker aufnehmen kann. Fieberhaft suchte ich nach einem guten Grund, Grönland einen Besuch abzustatten. Denn wollte ich die kostspielige Reise nicht selbst bezahlen, musste ich meinen Auftraggebern in Deutschland schon einen Aufhänger liefern, der mehr als einen allgemeinen Den-Eisbären-schmilzt-das-Eis-unter-den-Pfoten-weg-Artikel versprach. Als die dänische Regierung im Sommer 2009 beschloss, der ohnehin schon recht autonomen Insel ein weiteres Stück Selbständigkeit zu geben, war der Anlass gefunden. *Selvstyre*, Selbststeuerung, hieß das Zauberwort, das damals die Runde machte. Der Begriff bezeichnete den Zustand, in den Grönland am 21. Juni, dem Nationalfeiertag, übergehen sollte. Grönland würde fortan unter anderem über die Bereiche Justiz und Bildung selbst bestimmen – vorausgesetzt, dass das Land die Kosten dafür trug. Mit der zunehmenden Autonomie verknüpfte Grönland, das mit erheblichen wirtschaftlichen und sozialen Problemen zu kämpfen hatte, große Hoffnungen auf eine bessere Zukunft. Die Fischindustrie hatte ihre besten Tage hinter sich, die Arbeitslosenquote lag bei mehr als zehn Prozent, ein Großteil der Bevölkerung war schlecht ausgebildet, Alkoholismus verbreitet. Noch hing Grönland am finanziellen Tropf Dänemarks, wurde mehr verwaltet als entwickelt. Doch das sollte sich nun ändern. Das dafür notwendige Geld sollten Einnahmen aus dem Rohstoffgeschäft bringen. Von Edelmetallen, die in der Erde liegen, sowie Öl- und Gasvorkommen im Meeresgrund vor der Küste versprechen sich die Grönländer auch heute noch Wohlstand. Denn *Selvstyre* bedeutet auch, dass die Insel über ihre Rohstoffe selbst verfügen darf.

Stoff also, der für das Füllen ganzer Seiten reichte. Sara machte gerade mit Meliha Urlaub in Kroatien, weshalb meiner Reise nichts im Wege stand. Als ich Ende Mai 2009 ein Ticket von Kopenhagen nach Kangerlussuaq erstand, fühlte ich mich wie der sagenumwobene Wikinger Leif Eriksson, welcher der Legende nach als erster Europäer um das Jahr 1000 über Grönland Nordamerika entdeckte. War damals noch das Drachenboot Transportmittel der Wahl, sind es heute die Flugzeuge von Air Greenland, der einzigen Fluggesellschaft übrigens, mit der man nach Grönland kommen kann – und das ausschließlich von Kopenhagen aus.

Um 8.30 Uhr traf ich am Flughafen Kastrup ein und wartete tapfer auf die klapprige kleine Propellermaschine. Wer, außer mir, konnte denn schon nach Grönland wollen, einer Insel bedeckt von ewigem Eis, sechsmal so groß wie Deutschland mit gerade einmal 57 000 Einwohnern? Ein paar Inuit vielleicht, die auf einer Eisscholle ans europäische Festland getrieben worden waren und jetzt auf bequemere Art und Weise wieder nach Hause wollten. Die stünden sicher schon am Gate, in Mänteln aus Robbenfell und mit Harpunen in den Händen. So zumindest stellte ich mir das vor. Doch statt eines primitiven Fluggeräts und Ureinwohnern erwartete mich ein ausgebuchter Airbus A310. Und die grönländischen Passagiere waren zwar Inuit, doch statt Fellmützen und Schneeschuhen trugen sie Anzüge, sie tranken Caffé Latte oder hatten ein Notebook auf dem Schoß. Ich schämte mich ein wenig für meine stereotypen Vorstellungen von rückständigen Grönländern, als ich mich in die Reihe für den Check-in stellte. Nach einigen Minuten entdeckte ich hinter mir einen Kollegen. Mit seinen zwei Metern Körpergröße ragte Marc-Christoph wie ein Leuchtturm aus dem Meer eher kleinwüchsiger Inuit heraus. Als ich ihn so schwitzend da stehen sah, mit einem ganzen Filmteam, Mikrofonhaltern und Kameras, war ich einmal mehr froh darüber, der schreibenden Zunft anzugehören. Denn mit meinem Rucksack, in dem lediglich mein Notebook, ein paar Stifte, ein Notizblock und eine Lektüre für den Flug lagen, war ich doch um einiges leichter unterwegs.

»Marc-Christoph, was machst du denn hier? Planst du auch eine Geschichte über Grönland?«, fragte ich ihn, nachdem ich mich in der Schlange ein wenig hatte zurückfallen lassen. Eine klassische Kollegenfrage, bei der auch immer ein wenig die Befürchtung mitschwebt, zu erfahren, dass der Kollege schon längst einen Interviewtermin mit dem Staatspräsidenten hat, während man selbst noch nicht einmal weiß, wie man den Weg vom Flughafen zum Hotel findet.

»Keine Angst, so genau weiß ich das selbst noch nicht«, grinste Marc-Christoph in seinen Vollbart. »Irgendwas mit Königs. Die ARD ist ja immer scharf auf Bilder von der dänischen Königsfamilie, und da die in den kommenden Tagen in Grönland komplett zugegen sein wird, ergibt sich bestimmt etwas.« Eine beruhigende Antwort. Denn für mich als Printjournalisten sind königliche Staatsbesuche uninteressant, da sie ausschließlich über Fotos und Fernsehbilder wirken. Zu schreiben, dass Königin Margrethe und Prinzgemahl Henry in die jubelnde Menge winken, ist in etwa so interessant wie ein Zitat des Zweiten Bürgermeisters von Odense.

»Na, da werden wir uns sicher nicht in die Quere

kommen«, entgegnete ich erleichtert, während ich einem Flughafenmitarbeiter meine Boardingcard zeigte. Im Flieger setzte ich mich auf meinen Platz und schloss, voller Spannung, was mich in Grönland erwarten würde, die Augen.

Die fünf Stunden Flug von Kopenhagen nach Kangerlussuaq vergingen schnell. Die Route hatte mich an der Südküste Norwegens entlang über die Shetland- und Färöer-Inseln, südlich an Island vorbei und schließlich über Grönlands Eispanzer und Gletscher an die Westküste der Insel geführt. Als ich das Flugzeug verließ und von der Außenbordtreppe in die Umgebung blinzelte, staunte ich nicht schlecht. Denn von Eis und Schnee war nichts zu sehen. Stattdessen begrüßten mich die für die Tundra typischen Gräser und Flechten, gepaart mit einer Landschaft, wie ich sie vielleicht auf dem Mond vermuten würde, aber sicher nicht in Grönland. Anthrazitfarbener Sand, so fein, dass jeder Leiter eines 5-Sterne-Ressorts in Abu Dhabi vor Neid erblassen würde, erstreckte sich vor meinen Augen viele Kilometer ins Landesinnere. Erst am Horizont wurde der grönländische Inland-Eispanzer sichtbar. Gletscher, die bis vor wenigen Jahrzehnten noch bis zu meinen Füßen und weiter in Richtung Küste reichten, hatten das Gestein unter sich zu Staub zermahlen und zurückgelassen.

Mit offenem Mund ging ich langsam über das Rollfeld zum Flughafengebäude, das kaum größer war als der Geräteschuppen meiner Eltern zu Hause in München und neben dem Airbus regelrecht zu einem Puppenhaus schrumpfte. Ehemals eine US-Militärbasis, besteht Kangerlussuaq aus nicht viel mehr als diesem

Flughafen und einigen containerartigen Häusern, in denen das Bodenpersonal und einige Wissenschaftler leben, etwa 500 Menschen insgesamt. Der Ort ist im Besitz der einzigen Landebahn auf Grönland, die lang genug für große Passagierflugzeuge ist. Jeder, der zu irgendeinem anderen Flecken auf der Insel will, muss durch dieses Nadelöhr. Ich schaute auf die Uhr: kurz vor zwei. Bis zu meinem Anschlussflug in die Hauptstadt Nuuk waren es noch vier Stunden. Zeit genug, um sich noch ein bisschen umzuschauen.

Die Polarsonne brannte, es war regelrecht heiß hier. Ich riss mir Jacke und Wollpullover vom Leib und verließ das Flughafengelände. Nach nur 500 Metern befand ich mich mitten in der Wildnis. Kurze Gräser schimmerten rot und grün, blankpolierte Felsen lagen wie Marmorböden ins Erdreich eingelassen. Eine Holzbrücke führte über einen Fluss milchig-grauen Gletscherwassers, unweit entfernt davon knabberten einige Moschusochsen an den Knospen von Flechten und Moosen. Und über alledem thronte ein Himmel so blau wie die tiefste See. Verzaubert von der grönländischen Wildnis, bemerkte ich zunächst nicht, dass sich auf meiner kleinen Tour immer mehr Wegbegleiter zu mir gesellten. Sie fielen mir erst auf, als sie sich zu dunklen Schwaden formiert hatten, also als es schon zu spät war. Es waren Mücken so groß wie Rosinenbomber, die sich offenbar über frisches Blut aus dem Ausland freuten und sich zunehmend über mich hermachten. Schnell zog ich meinen Wollpullover wieder an, doch die Biester waren so groß, dass sie mit ihren Rüsseln problemlos durch meine Kleidung drangen. Mit unzähligen Stichen trat ich fluchtartig den Rückzug zum Flughafengebäude an, wo mein Kollege Marc-Christoph gemeinsam mit anderen Passagieren auf der Holzterrasse saß und sich sonnte.

»Hast du denn kein Mückenspray dabei?«, fragte er, als er sah, wie ich wild mit den Armen fuchtelte. Ganz offensichtlich nicht. Schlechte Reisevorbereitung kann eben auch schlicht bedeuten, den Insektenschutz zu Hause zu lassen.

Nach weiteren 50 Minuten Flug – dieses Mal tatsächlich in einer klapprigen Propellermaschine – war ich endlich in Nuuk, der Hauptstadt Grönlands, die gleichzeitig die größte Siedlung der Insel ist. Obwohl Größe hier ein sehr relativer Begriff ist. Groß ist auf Grönland eigentlich nur das Land selbst, die unglaublichen Weiten, in denen sich die Handschrift des Menschen verliert. Der Himmel hatte sich inzwischen zugezogen und war von dunkelgrauen, grimmigen Wolken verhangen, die nicht den Eindruck machten, als dächten sie nur im Traum daran, jemals wieder auch nur einen einzigen Sonnenstrahl durchzulassen. Im Gegenteil wirkten sie, als könnten sie jeden Moment einen wütenden Schneesturm von der Leine lassen. Eisige Luft schnitt mir ins Gesicht, und ich fror bitterlich.

Fünf Minuten dauerte die Fahrt vom Flughafen ins Zentrum Nuuks, wo mein Hotel lag. Es handelte sich, wie bei so vielen anderen Gebäuden hier, um einen grauen Kasten aus Beton, dessen Wände mit Wellblech wetterfest gemacht worden waren. Und wie eigentlich alles in Nuuk trug das Hotel den Namen Hans Egede. Der norwegische Pfarrer dänischer Abstammung kam 1721 nach Grönland und gründete Nuuk, das im Dänischen *Godthåb*, gute Hoffnung, heißt. Eigentlich wollte der gute Egede christliche Siedler missionieren, die – so seine Vermutung – nach 300 Jahren Isolation vom rechten Glauben abgefallen waren. Wikinger fand Egede nicht, dafür aber Inuit, die er stattdessen zum Protestantismus bekehrte. Mit ihm begann, wenn man so will, in Grönland die Moderne, mit all ihrem Segen und Fluch. In den kommenden Jahrhunderten festigte die europäische Kultur ihren Griff um die Insel. Nach dem Zweiten Weltkrieg wurde die Jäger- und Sammlergesellschaft schlagartig ins Industriezeitalter versetzt. Die Umwälzungen schufen zwar unmittelbar bessere Lebensbedingungen und Ausbildungsmöglichkeiten nach dänischen Standards. Sie führten aber auch zu der Entwurzelung und Identitätskrise der Inuit. Alkohol und Kriminalität wurden zu einem Problem. Der erste Blick aus dem Fenster meines Hotelzimmers offenbarte mir einen Beton-Slum neben dem anderen. Zwischen den Plattenbauten standen leere Container, alte Stühle und Bücherregale stapelten sich vor den Eingangstüren. Und das alles vor einer betörenden wie gefährlichen Naturkulisse, die dem trostlosen Schauspiel ungerührt zusah.

Am zweiten Tag sollte die dänische Königsfamilie in Nuuk eintreffen: Königin Margrethe, Prinzgemahl Henrik, Kronprinz Frederik und seine Frau Mary. Mein Kollege Marc-Christoph und sein Kamerateam waren um 7 Uhr morgens schon ganz aus dem Häuschen und gingen in der Hotellobby die Ausrüstung durch. Ich hatte meinen ersten Interviewtermin mit dem grönländischen Finanzminister erst am späten Nachmittag, so blieb mir doch noch Zeit für Marc-Christophs Königstour. Für meinen Artikel würde ich sie zwar nicht gebrauchen können, aber ich wollte mir auf gar keinen Fall die einmalige Chance entgehen lassen, den dänischen Monarchen so nahe zu kommen. Vor allem auf Prinzessin Mary war ich gespannt. Irgendwie habe ich eine Schwäche für sie. Zum Glück gibt es in Grönland keine Zäune, Absperrungen oder Leibwächter. Noch nicht einmal Linien, die man nicht übertreten darf. Eine so winzige wie familiäre Gesellschaft kennt keine Sperrgebiete, und die Hierarchien sind flacher als in einer deutschen Schulklasse. Wer das Büro des Ministerpräsidenten sehen will, muss auf seinem Weg zum Supermarkt einfach nur durch das richtige Fenster schauen. Ich würde Mary also aus nächster Nähe zu Gesicht bekommen.

Mit dem Taxi fuhr ich zum Flughafen, wo die Königsfamilie in Empfang genommen werden sollte. Eine kleine Blaskapelle hatte sich auf dem Rollfeld positioniert, Pressefotografen und Kamerateams suchten sich völlig entspannt die richtige Kulisse – genügend Platz war ja vorhanden –, und irgendwo zwischen dem Kiosk und dem einzigen Gepäckförderband wartete Grönlands Regierungschef Kuupik Kleist. Er stand einfach so da in seinem dunklen Anzug, ohne Leibwächter und von den wenigen Schaulustigen unbehelligt. Ich nutzte die Gelegenheit und bat ihn um ein kurzes Interview, für das er spontan zur Verfügung stand. Die deutsche Regierungschefin Angela Merkel habe ich noch nie zwischen einem Kiosk und einem Gepäckförderband unbewacht einfach so dastehen sehen. Sie gibt auch nur sehr selten Interviews – und wenn, dann keinesfalls spontan. Erst als Königin Margrethe und der Rest der Familie über das Rollfeld geschritten kamen, entschuldigte sich Grönlands mächtigster Mann freundlich mit dem Hinweis, dass er jetzt die dänische Königin zu begrüßen habe. Angela Merkel hat sich noch nie bei mir entschuldigt.

Inzwischen nieselte es leicht, was die Renegaten jedoch nicht davon abhielt, sich Zeit für die Kameras und natürlich Kuupik Kleist zu nehmen. Vor allem Mary brachte mich mit ihrem Strahlen zum Schmelzen. Das Empfangskomitee war ja auch derart überschaubar, dass ich das Gefühl hatte, die Kronprinzessin würde mir persönlich zulächeln. Hätte Sara mich so gesehen, als kleinen Schulbub, der seinen Schwarm anschmachtet, sie hätte sich sicher totgelacht.

Nach einem kurzen Gespräch mit den grönländischen Regierungsvertretern setzte sich der Tross Richtung Universität in Bewegung, wo Prinzgemahl Henrik zwei neue, selbstverfasste Gedichte vorlesen sollte, in denen er die Schönheit der Arktis-Insel würdigte. Die Fahrt zur Hochschule dauerte nur fünf Minuten. Eigentlich liegt sie gleich neben dem Flughafen. Im Lesesaal, der mit seinen mächtigen Säulen dem Innenraum einer Betonkathedrale gleicht, versuchte sich Henrik dann vor einem kleinen Publikum am Grönländischen. Die wenigen anwesenden Gäste fanden das recht amüsant – zumal böse Zungen behaupten, dass Henrik auch nach fast 50 Jahren in Dänemark noch nicht einmal der dänischen Sprache richtig mächtig sei. Selbst Kronprinz Frederik und seine Frau Mary mussten schmunzeln, als Henrik durch die grönländische Sprache holperte und dabei mehr als einmal hilfesuchend Kuupik Kleist anschaute, der ihm dann die korrekte Aussprache zuflüsterte. Henrik mühte sich redlich und besang Grönland als »Kristall, der im Einklang der Möwen und der schelmischen Bären vor

Freude lacht«, als Ort, an dem »die Klarheit der Sterne opalene Gletscher beseelt«. Nachdem sich der Prinzgemahl scheinbar endlos lang durch die Verse gekämpft hatte, stürmte Königin Margrethe aus dem Lesesaal ins Foyer. Zigarettenpause. Zwar herrscht auch in Grönland in öffentlichen Gebäuden ein striktes Rauchverbot. Das galt an diesem Tag aber nicht für die Herrscherin über Dänemark. Kaum hatte Margrethe sich eine Zigarette angesteckt, eilte auch schon der Dekan der Universität herbei, machte einen Bückling und reichte Ihrer Majestät einen Aschenbecher, den er offenbar vorsichtshalber von zu Hause mitgebracht hatte. Eigentlich wollte Margrethe ja nicht mehr in der Öffentlichkeit rauchen. Doch Dänemark war weit weg, und ohnehin fühlten wir uns an diesem Vormittag in Nuuk alle wie eine einzige Familie.

Es war erstaunlich, wie viel Sympathie den dänischen Monarchen in Nuuk zuflog. Ganz gleich, wo sich einzelne Mitglieder der Königsfamilie blicken ließen, die Grönländer standen Spalier, jubelten und winkten. Nach 200 Jahren Schattendasein als Kolonie, in deren Verlauf Grönland und die Inuit von Dänemark oft genug mehr als stiefmütterlich behandelt wurden, hatte ich nicht mit so einem herzlichen Empfang gerechnet. Von Verbitterung keine Spur. Stattdessen begleiteten uns auf Schritt und Tritt Inuit, die darauf hofften, dass mit der zunehmenden Autonomie vieles besser würde.

Einen von ihnen traf ich vor dem Supermarkt gegenüber von meinem Hotel in der Hauptstraße von Nuuk, der Aqqusinersuaq. Ich hatte gerade Insektenschutzmittel für irrwitzige 37 Euro erstanden, als mir ein älterer Mann mit schwarz-roter Schirmmütze auffiel. Er stand vor einer hochkant aufgestellten Obstkiste. Auf ihr lagen einige Büschel Petersilie und ein paar getrocknete Dorsche.

»Willst du etwas kaufen?«, fragte er mich in gebrochenem Englisch, als er merkte, dass ich meinen Gang verlangsamte. Ich schaute mir seine Waren an, konnte aber den getrockneten Dorschen beim besten Willen nichts abgewinnen.

»Nein danke«, antwortete ich höflich. »Aber wenn du willst, können wir uns ein wenig unterhalten. Über dich, Grönland und seine Zukunft. Ich heiße Elmar und bin Journalist.« Oft reagieren Menschen auf ein solches Angebot mit Skepsis, manchmal auch mit Argwohn. Das Vorurteil, Medienvertreter würden sich Geschichten immer zurechtbiegen und Zitate bis zur Unkenntlichkeit verfremden, sitzt tief. Ich rechnete also nicht wirklich damit, dass dieser Mann große Lust hatte, sich einem Journalisten zu öffnen und ihm seine Geschichte zu erzählen. Doch zu meiner Überraschung und Freude lag ich falsch.

»Was willst du wissen?«, fragte er mich. Sein von Furchen durchzogenes Gesicht hellte sich auf.

»Eigentlich alles.«

»Das dauert. Am besten, wir gehen zu mir. Ich verkaufe hier heute sowieso nichts mehr.« Er packte seine Petersilienbüschel und den Dorsch in grüne Plastiktüten. Die Obstkiste ließ er einfach stehen. »Ich heiße übrigens Karl Simon. Karl Simon Nielsen.« Er zog den Reißverschluss seiner braunen Lederjacke hoch und reichte mir die Hand. Sie fühlte sich an wie Bimsstein.

»Klingt ja sehr dänisch. Ich dachte immer, Inuit heißen anders.« Karl Simon musste lachen. Für einen Mann Ende 60, der aussah, als hätte er in seinem Leben stets sehr hart gearbeitet, klang sein Lachen überraschend klar.

»So? Wie, dachtest du, heißen wir denn?« Ich blickte verschämt zu Boden, denn wenn ich ehrlich war, hatte ich keine Ahnung.

»Nein, nein«, beruhigte mich Karl Simon, »hast ja recht. Mein grönländischer Name ist Angunnguaq. Das bedeutet so viel wie ›kleiner Mann‹.«

Ich musterte Angunnguaq von Kopf bis Fuß. Klein war er tatsächlich. Unter Inuit wies sein Name aber nicht gerade auf ein Alleinstellungsmerkmal hin. Denn klein, das sind sie eigentlich alle.

Bis zu Angunnguaqs Wohnung war es nicht weit. Sie lag gleich auf der anderen Straßenseite im sogenannten Block P, einem 200 Meter langen Ungetüm aus Beton. Grüne Balkone hingen wie Blumenkästen an der endlosen Fassade. Die meisten waren leer, auf manchen lagen Felle und Tierhäute zum Trocknen in der Sonne. Block P ist das größte Gebäude auf Grönland und beherbergt mit 500 Menschen etwa ein Prozent der gesamten Inselbevölkerung. Der Wohnkomplex wurde Anfang der 1960er Jahre in irgendeinem Behördenbüro in Kopenhagen entworfen. Er war Teil eines Modernisierungsprogramms, das die Inuit von ihrem, Zitat, »unrentablen, ungesunden und unmodernen« Lebensraum an den Küsten in die (ach so lebenswerten) Städte holen sollte.

Wir gingen den schier endlosen und unbeleuchteten Flur entlang zu Angunnguaqs Wohnung, die im dritten Stock lag. 500 Menschen lebten hier, und doch war es totenstill. Nur das Rascheln von Angunnguaqs Plastiktüten war zu hören. Irgendwann standen wir in seiner Wohnung.

»Willkommen«, sagte Angunnguaq. »35 Quadratmeter. Nicht gerade viel. Aber für mich reicht es.«

»Was ist mit deiner Familie?«, wollte ich wissen.

»Meine Frau ist vor fünf Jahren gestorben, und meine Tochter studiert Dänisch in Kopenhagen. Sie möchte Lehrerin werden.« Angunnguaq schaute auf einmal traurig, als wäre ihm gerade erst aufgefallen, dass er alleine war. Er schlurfte in die Küche und machte Kaffee, das Nationalgetränk der Grönländer. Beim Pro-Kopf-Verbrauch stellen sie sogar die Dänen in den Schatten, die das Zeug ja selbst in rauen Mengen zu sich nehmen. Ich schaute mich ein wenig in der Einzimmerwohnung um. Unzählige kunstvoll bemalte Tongefäße stapelten sich in einer Glasvitrine. Ein abgewetztes Stoffsofa stand in der Ecke, davor ein dunkler Holztisch. Eine Standuhr tickte vor sich hin. In den Lichtstrahlen, welche die tiefstehende Sonne durch das Balkonfenster schickte, tanzte der Staub. Es roch nach gegerbtem Leder. An den Wänden hingen Fotos, auf denen Inuit zu sehen waren, die stolz aus ihren Robbenfellkapuzen schauten. Sie standen mit Harpunen in den Händen auf dem Eis oder saßen in mit Öllampen und Kochgefäßen aus Speckstein ausgestatteten Zelten.

»Das bin ich, vor 35 Jahren«, sagte Angunnguaq, der plötzlich mit dem Kaffee hinter mir aufgetaucht war, und zeigte auf die Fotografie eines jungen Jägers, der gerade dabei war, eine Robbe zu häuten. »Das war noch ein Leben«, seufzte er. »Wir jagten Robben und fingen Fische.« Angunnguaq machte ausladende Gesten, als er mir in den kommenden Stunden von seiner Vergangenheit erzählte. So, als wollte er die Freiheit seines früheren Lebens nachzeichnen. Irgendwann aber hatte das Geld nicht mehr gereicht, weshalb er diese Freiheit gegen die Enge seiner Wohnung eintauschen musste. Tieftraurig schien Angunnguaq darüber aber nicht zu sein. »Jetzt bin ich 67 und könnte mein altes Leben ohne Hilfe sowieso nicht mehr leben«, sagte er. »Und manchmal lassen wir die guten alten Zeiten wieder aufleben. Kommenden Samstag treffe ich mich beispielsweise mit Freunden, die noch regelmäßig auf Robbenjagd gehen. Wir kreuzen mit einem kleinen Boot den Nuuk Fjord hinauf. Und wenn wir etwas fangen, dann gibt es rohe Leber. Mm.« Angunnguaq schloss die Augen und rieb sich mit der flachen Hand seinen kleinen Kugelbauch.

»Rohe Leber? Igitt!«, platzte ich heraus.

»Köstlich. Und wenn sie noch warm ist, schmeckt sie am besten. Hast du nicht Lust, mitzukommen?« Ein Angebot, das mich wirklich ehrte. Ich ging den Rest meines Grönland-Aufenthalts im Kopf durch. Welchen Wochentag hatten wir heute eigentlich? Erst zwei Tage war ich auf der Eis-Insel im Nirgendwo, und schon hatte mich mein Zeitgefühl völlig im Stich gelassen.

»Danke. Das ist sehr nett. Ich kann aber leider nicht. Mein Flug geht schon am Donnerstag«, entgegnete ich, nachdem ich mich wieder zeitlich orientiert hatte.

»Schade«, meinte Angunnguaq. In der Tat. Eine Robbenjagd mit echten Inuit ließ ich mir wirklich nur sehr ungerne entgehen. »Aber melde dich doch einfach bei mir, wenn du das nächste Mal in Nuuk bist. Sollte ich dann noch leben, können wir das mit der Robbenjagd ja nachholen«, grinste mein netter Gastgeber.

Wir unterhielten uns an diesem Nachmittag noch lange über Grönland und seine Zukunft. Über den Klimawandel, der das Eis schmelzen lässt und damit die

Lebensgrundlage der Inuit zerstört, gleichzeitig aber die Hoffnung des modernen Grönlands befeuert: Im Zurückweichen macht das Eis darunterliegende Rohstoffe erreichbar. Rohstoffe, über deren Einnahmen Grönland in Zukunft selbst verfügen darf. Schon damals, im Sommer 2009, standen internationale Konzerne bei der grönländischen Regierung Schlange, um eine der heißbegehrten Konzessionen für die Gewinnung von Bodenschätzen zu bekommen. Milliarden Barrels Erdöl und -gas sollen vor den Küsten Grönlands schlummern, auf dem Festland Tonnen an Erzen und Edelmetallen vorhanden sein. Grönland stand ein schwieriger Balanceakt bevor, bei dem es darum ging, der Insel ihre Reichtümer zu entlocken, ohne sie zu zerstören.

Bis heute sind die Experten lediglich auf der Suche nach Bodenschätzen, der eigentliche Abbau hat nur an sehr wenigen Stellen begonnen. Bis die erhofften Einnahmen aus dem Rohstoffgeschäft fließen, werden noch 15 bis 20 Jahre vergehen.

»Sollten die Inuit tatsächlich einmal von Grönlands erhofftem Reichtum profitieren, dann ist es für mich zu spät«, lächelte Angunnguaq, ehe ich mich am frühen Abend von ihm verabschiedete.

Ich dachte während meines verbleibenden Aufenthalts auf Grönland noch oft an Angunnguaq, diesen freundlichen Inuk mit der Petersilie und dem getrockneten Dorsch. Jahre später sollte ich erfahren, dass Block P abgerissen worden war und die Bewohner in eine neuangelegte Vorstadtsiedlung Nuuks umgesiedelt wurden. Ob Angunnguaq wenigstens das noch miterleben hat dürfen, habe ich nie erfahren.

Auch auf der Rückreise erwies sich der lange Zwischenstopp am ehemaligen US-Militärstützpunkt Kangerlussuaq als ausgesprochener Glücksfall. Schon bei der Anreise war mir genügend Zeit für einen ausgedehnten Spaziergang geblieben. Jetzt, da ich auf dem Weg zurück nach Kopenhagen war, wollte ich noch eine Tour zum Inland-Eis machen. Vom Flughafen bis zum ewigen Eispanzer Grönlands sind es gerade einmal 25 Kilometer. In den fünf Stunden Wartezeit, die ich sonst tatenlos und von Rosinenbombern belästigt am Flughafen verbringen müsste, war das leicht zu schaffen. Dachte ich zumindest. Ich meldete mich deshalb für die nächste Abfahrt in 20 Minuten Richtung Gletscher an. Mit meinem Mückenabwehrmittel fühlte ich mich ausreichend für einen kleinen Ausflug aufs Land gerüstet. Gemeinsam mit dem Fahrer und zwei anderen Gästen bestiegen wir den Jeep.

Doch schon nach wenigen Minuten in dem maroden Geländewagen merkte ich, dass ausgerechnet die vermeintlich mehr als ausreichende Zeit zu einem ernsten Problem werden könnte. Denn die anfangs noch gutbefahrbare Straße verwandelte sich bald in einen Trampelpfad mit Schlaglöchern so groß und tief, dass ich mir mit Angunnguaq darin einen hyggeligen Abend hätte machen können. Entsprechend langsam zuckelten wir über die staubige Straße, die wie ein naturbelassener Fluss mit unzähligen Biegungen durch die Landschaft mäanderte. Die Tundra verwandelte sich schon bald in eine unwirtliche Wüstenlandschaft ohne nennenswerte Vegetation. Einige vereinzelte Grasbüschel schauten hie und da noch aus dem feinen Sand, den die Gletscher über Jahrmillionen aus dem grönländischen Urgestein gemahlen hatten. Kurze Zeit später waren auch die letzten Pflanzen verschwunden. Es wurde kälter und der Sand immer grobkörniger. Gegen Ende der Fahrt – wir hatten für die 25 Kilometer eineinhalb Stunden gebraucht – lagen mannshohe Felsblöcke in der Gegend. Granitgraue Monster, asteroidengleich, welche die Gletscher auf ihrem Rückzug zurückließen. Als ich aus dem Jeep ausstieg, lag ein endloses Eismeer vor meinen Füßen, das in Weiß- und Blautönen schimmerte. Kalter Wind vom Inland mischte sich mit warmen Luftströmungen von der Küstenregion zu einem Wechselbad der Temperaturen. Fasziniert schaute ich mich um, nach Osten, wo am Horizont weiße Schleierwolken mit dem Eis verschmolzen, nach Westen in eine Mondlandschaft – und vergaß darüber völlig die Zeit. Als ich das nächste Mal auf die Uhr sah, blieben nur noch zwei Stunden bis zu meinem Flug nach Kopenhagen. Panik ergriff mich. Was, wenn wir es nicht rechtzeitig schaffen würden? Dann müsste ich womöglich eine Nacht gemeinsam mit den Rosinenbombern verbringen. Ich drängte den Fahrer zum Aufbrechen und bat ihn, das Tempo ein wenig höher zu halten als auf der Hinfahrt. Die Gefahr eines Achsenbruchs nahm ich dabei in Kauf, auch wenn der Fahrer weniger begeistert davon war. Die Achse brach zwar nicht, ich holte mir jedoch eine kräftige Beule, als ich mir beim Überfahren eines Schlaglochs den Kopf an der Decke des Jeeps anstieß.

Mit pochendem Schädel sprintete ich schließlich über das Rollfeld, wo die Besatzung gerade im Begriff war, die Türen des Airbus zu schließen. Als ich verschwitzt zu meinem Platz ging, erntete ich böse Blicke der anderen Passagiere, die nur auf mich gewartet hatten. Marc-Christoph hingegen lächelte selig. Offenbar war er mit seiner Ausbeute an königlichem Filmmaterial zufrieden. Noch ganz benommen von der Schönheit Grönlands und dem Schlag auf den Hinterkopf, ließ ich mich in meinen Sitz fallen.

Zu Hause holte mich das erste Telefonat mit dem zuständigen Redakteur meiner Zeitung wieder auf den Boden der Tatsachen zurück. Es gab mal wieder viel zu wenig Platz für meine Grönland-Geschichte. Dieses Mal kam mir zwar keine neue Abendrobe Carla Brunis in die Quere, aber:

»US-Präsident Barack Obama hält an der Universität von Kairo seine programmatische Rede an die islamische Welt. Und dann ist in Honduras der linksgerichtete Staatspräsident Manuel Zelaya wegen eines umstrittenen Verfassungsreferendums von Militäreinheiten inhaftiert worden. Da müssen Sie sich mit Ihrer Grönland-Autonomie-Chose eher kurzfassen. Tut mir leid«, sagte der Redakteur.

Damit hätte ich rechnen müssen. Doch die Reise war den Aufwand allemal wert.

FÜNFZEHN

Auf dem Weg zur Arbeit treffe ich auf unsere Nachbarin Ellen. Sie sieht irgendwie anders aus als sonst. Ihre Hakennase ziert eine dicke Warze, ihre grauen Augenbrauen sind ganz zerfranst, und ihr Lächeln ist zu einer diabolischen Fratze gefroren. In einen schwarzen Mantel gehüllt, kniet sie auf den Pflastersteinen vor unserer Haustür und sägt Löcher in einen riesigen Kürbis. Schön, dass Ellen an einem Freitagmorgen Zeit für so etwas findet, und mit dem Kürbisaushöhlen kann man ja nie früh genug beginnen. Aber mit dem Verkleiden hätte sie doch noch ein wenig warten können. Schließlich ist Halloween erst in zwei Wochen.

»Ich glaube, du hast dich im Kalender vertan. Halloween kommt erst noch«, weise ich Ellen auf ihre Überpünktlichkeit hin. Offenbar hat sie mich wegen ihrer Maske nicht kommen sehen, denn sie fährt erschrocken auf.

»Ach, du bist es. Ich dachte schon, Frankenstein wäre gekommen, um mich zu holen. Und wenn ich mir dich so anschaue, dann bemerke ich tatsächlich eine gewisse Ähnlichkeit. Wir haben dieses Jahr ein vorgezogenes Firmen-Halloween. Aber was sagst du zu meinem Kostüm?« Ellen steht auf und dreht sich wie eine Ballerina um die eigene Achse. »Sehe ich nicht aus wie eine richtige Hexe?«

»Schon«, antworte ich trocken. »Aber wo liegt der Unterschied zu deinem normalen Erscheinungsbild? Ich dachte immer, man muss sich an Halloween verkleiden.« Ellens Gemeinheit kann ich unmöglich auf mir sitzen lassen. Sie zieht die Maske ab und lacht.

»Ich finde ja auch, dass ich mit Maske wesentlich besser aussehe. Deswegen kann es für mich mit dem Verkleiden gar nicht früh genug losgehen.« Nach einem halben Jahr habe ich Ellen mit ihrer herrlichen Selbstironie richtig ins Herz geschlossen. Unsere Gespräche laufen mittlerweile fast immer nach demselben Muster ab: Wir werfen uns gegenseitig kleine Gemeinheiten an den Kopf, jeder zieht sich selbst durch den Kakao, und dann endet das Ganze bei ein paar Gläschen Gammeldansk.

»Ich als Frankenstein. Keine schlechte Idee. Leider habe ich schon ein Kostüm.« Eigentlich bin ich kein großer Halloween-Fan. Dabei stört mich gar nicht mal, dass sich die Dänen genau wie die Deutschen die US-amerikanische Halloween-Tradition zu eigen gemacht haben, ähnlich wie den pausbäckigen Santa Claus. Es ist vielmehr das Verkleiden, das ich nicht so mag. Als Bayer wird einem der Faschingsmuffel ja quasi mit in die Wiege gelegt. Rote Pappnasen, weinseliges Schunkeln, der rheinländische Karneval, die Prinzen, Jecken und Sitzungen mit ihren Büttenreden: Der ganze Kokolores liegt mir so fern wie die Einsicht, dass das Vollkornbrot seinen Ursprung in Dänemark hat. Also sehr fern.

Doch dieses Jahr kann ich dem Mummenschanz

nicht entgehen. Die Dänen lieben Halloween, und Paw hat mich schon vor Tagen angerufen und mich mit seinem unnachahmlichen Tatendrang für den heutigen Abend zu einer Halloween-Party im Tivoli verdonnert. In Kopenhagens Vergnügungspark beginnt Halloween nämlich schon Mitte Oktober und dauert ganze zwei Wochen. Ich habe noch versucht, mich damit herauszureden, dass es jetzt bestimmt schon zu spät sei, um noch ein Kostüm zu besorgen. Doch Paw hatte damit gerechnet und schon längst Vorsorge geleistet.

»Kommt einfach um 18 Uhr zu uns. Es ist alles vorbereitet«, hatte er am Telefon geheimnisvoll getan. »Muahahaha«, hatte er gelacht und aufgelegt.

Ellen reißt mich aus meinen Gedanken: »So? Als was wirst du dich denn verkleiden?« Inzwischen bearbeitet sie den Kürbis schon wieder mit der Säge.

»Wenn ich das nur wüsste. Mein Freund Paw hat das Kostüm für mich ausgesucht ...«

»Mach auf jeden Fall ein Foto, damit ich mich im Nachhinein darüber lustig machen kann«, lacht Ellen.

»Keine Sorge. So wie ich Paw kenne, wirst du schon auf deine Kosten kommen«, entgegne ich und mache mich auf den Weg ins Büro.

Am Abend stehen Sara und ich mit dänischer Pünktlichkeit um genau 18 Uhr vor Paws und Melihas Wohnungstür. Sie wird uns von einer Vogelscheuche und Michael Jackson geöffnet. Als ich Paw in ausgebeulter Latzhose, Sandalen und mit Strohhut auf dem Kopf sehe, daneben Meliha als gruseligen Michael Jackson aus dem Musikvideo Thriller, mit tiefschwarzen Ringen unter den Augen und hervorstehenden Wangenknochen, kann ich mir ein Lachen nicht verkneifen.

»Warte nur, bis du dein Kostüm siehst«, grinst Paw. Wir setzen uns in die Küche, wo bereits kaltes Tuborg bereitsteht. Sara weicht widerwillig auf Wasser aus. Sie ist zwar erst im vierten Monat schwanger, aber der Verzicht auf Alkohol geht ihr schon auf die Nerven. Nach zwei Bier und Geplauder bittet Paw Sara und mich ins Wohnzimmer, wo unsere Kostüme liegen. Als ich den Raum betrete, erkenne ich auf dem Sofa einen schwarzen Ganzkörperanzug mit aufgemaltem Skelett. Daneben liegt ein überdimensioniertes Kleid in Form eines Kürbisses. Mir ist sofort klar, dass ich der Kürbis sein soll.

»Ich habe extra eine Nummer größer geholt.« Paw grinst, aber mir ist das Lachen vergangen. Er erwartet doch nicht ernsthaft, dass ich den ganzen Abend als Pflanzenballon durch die Gegend laufe?

»Das kann nicht dein Ernst sein«, lamentiere ich und stemme die Hände in die Hüften. Doch neben mir ist Sara bereits dabei, Tatsachen zu schaffen, indem sie sich das Skelettkostüm überstreift.

»Komm schon, das ist doch lustig. Jetzt sei kein Frosch!«, ruft sie in den Anzug hinein, den sie sich gerade über den Kopf stülpt.

»Falls du es noch nicht bemerkt haben solltest: Ich bin kein Frosch. Ich bin ein Kürbis.« Damit habe ich mein Schicksal selbst besiegelt. Schließlich hat Paw alles so liebevoll organisiert. Sogar die Eintrittskarten hat er schon besorgt, damit wir vor den Toren des Tivoli nicht in der notorisch langen Schlange stehen müssen. Da kann ich jetzt nicht den Spielverderber geben. Also zwänge ich mich in das Kürbiskostüm, das trotz seines immensen Volumens erstaunlich eng ist.

Bevor wir uns auf den Weg machen, besteht Paw noch

auf einem Gruppenfoto, das wir via Selbstauslöser machen. Als wir uns das Bild auf dem Schirm der Digitalkamera anschauen, müssen alle lachen. Die Vogelscheuche, Michael Jackson, das Skelett und der Kürbis: eine Truppe, die so durchaus auch in einem Märchen von Hans Christian Andersen ihr Unwesen treiben könnte – na ja, ohne Michael Jackson vielleicht.

Der Weg von der Arresøgade im Stadtteil Nørrebro bis zum Tivoli zwischen Hauptbahnhof und Rathaus ist kurz, für einen Kürbis auf dem Fahrrad aber dennoch beschwerlich. Durch das Kostüm bin ich windschnittig wie eine Schrankwand, weshalb ich trotz steten Strampelns in die Pedale nur langsam vorankomme. Die Balance ist ein weiteres Problem, Schlangenlinien sind die Folge. Normalerweise würden jetzt die Kopenhagener in ihrem halsbrecherischen Alltagstempo einfach an mir vorbeiziehen, doch meine Kürbisform macht dies an vielen Stellen unmöglich. Immer wieder staut es sich hinter mir, wie das Klingelkonzert zweifelsfrei beweist.

»Ich weiß noch nicht wie. Aber ich werde mich dafür revanchieren«, rufe ich der Zigaretten rauchenden Vogelscheuche zu. Doch Paw hört nicht hin. Er ist damit beschäftigt, beim Fahren mit einer Hand den Strohhut auf dem Kopf zu halten.

Der Tivoli ist an diesem Abend Anlaufpunkt für Hexen, Henker, Vampire und Untote. Am Haupteingang an der Vesterbrogade, dessen Form an einen römischen Triumphbogen erinnert, erklärt uns eine Mitarbeiterin mit schwarzem Spitzhut und Strohbesen, dass es den Tivoli schon seit 1843 gibt, dass er eine der ältesten Holzachterbahnen der Welt beheimatet und Inspiration für keinen Geringeren als Walt Disney war. Der Amerikaner besuchte den Kopenhagener Vergnügungspark mit seiner Frau Lilly auf einer seiner Überseereisen und fand so sehr Gefallen daran, dass er beschloss, sich ihn zum Vorbild für sein Disneyland zu nehmen.

Mag die Tradition des Tivoli auch noch so alt und stolz sein, die Halloween-Tradition ist es nicht. Erst seit der Trend von den USA nach Europa herübergeschwappt ist, feiert auch der Tivoli dieses Fest, seit 2006, um genau zu sein. Das läuft aber derart gekonnt und routiniert, dass ich den Eindruck bekomme, es wäre nie anders gewesen. Überall sind kleine Lebkuchenhäuschen aufgebaut, in denen Hexen Zuckerwatte verkaufen. Der Brunnen neben dem Kettenkarussell ist anstatt mit Wasser mit Kürbissen gefüllt. Ja selbst der Zwiebelturm unter dem Halbmond auf dem Nimb, einem im byzantinischen Stil gehaltenen Hotel und Gourmetrestaurant, ist zu einem überdimensionierten Kürbis geworden, der blutrot leuchtend über dem ganzen Festgelände thront.

»Wenigstens bist du unter deinesgleichen«, witzelt Sara, während ich mir die Speisekarte draußen vor dem Nimb anschaue. Auch hier ist Halloween Programm: Karotten-Blutorangensuppe, Vampirburger mit extra viel Knoblauch, halbflüssiger Schokoladenkuchen im Spinnennetz.

»Klingt verlockend«, sagt Paw, der plötzlich neben mir steht und sich den Kopf unter dem Strohhut kratzt. »Ich würde trotzdem vorschlagen, dass wir klassisch mit *pølser* beginnen.«

»Das war das Klügste, das du heute gesagt hast«, antworte ich.

Der nächste Pølser-Stand ist in Dänemark nie weit. Bei den Würstchen handelt es sich immerhin um so etwas wie das Nationalgericht. Keine Gelegenheit ist zu unpassend und kein Hunger zu klein, als dass nicht noch ein *pølser* Platz hätte in den Mägen der Dänen. Gefühlte 100 000 Buden stehen allein in Kopenhagen, und auch im Tivoli sind es von einem Stand zum nächsten nur zehn Meter. Im Gegensatz zu den schwedischen Hot Dogs, die es auch bei IKEA zu kaufen gibt, werden die dänischen *pølser ristet*, also gebraten, angeboten. Jedoch liegen die Würste wegen der großen Nachfrage meist nur so kurz auf dem Grill, dass die Bezeichnung *ristet* auch getrost durch *halv færdigkogt*, halbgar, ersetzt werden könnte. Ziemlich geschmacksneutral sind sie außerdem, weshalb man *pølser* am besten *med det hele*, mit allem, bestellt. Die knallroten Dinger verschwinden dann unter einem Berg von Senf, Ketchup, Remoulade, süßen Gurkenscheiben und gerösteten Zwiebeln. Wer einen gesunden Magen hat und als echter Däne durchgehen will, bestellt sich zu seiner *pølse* eine Flasche *Cocio*. Das Kakaogetränk wird seit 1951 von einem dänischen Kleinbetrieb im beschaulichen Ort Kjersing produziert und gehört zur dänischen Würstchenbudenkultur wie die Hygge zu Dänemark. Mag die Kombination Senf-Ketchup-Zwiebeln-Kakao für hartgesottene Dänen eine Delikatesse sein, meinen Magen hat sie in der Vergangenheit bereits vor ernste Probleme gestellt.

Ich belasse es also bei einer *ristet med det hele* und sehe mich dann mit der schwierigen Aufgabe konfrontiert, das Ganze mit Hilfe einer Papierserviette so auszubalancieren, dass keine Senf-, Ketchup- oder Remouladenflecken auf meinem Kürbiskostüm zurückbleiben. Das Weißbrötchen, das es zu der Wurst gibt, ist so luftig, dass es sich zur Not auch auf Erbsengröße komprimieren ließe. Dementsprechend wenig satt macht so eine *pølse*. Zum Glück hat Paw für uns einen Tisch im *Den skaldede kok* reserviert, einem Restaurant im Tivoli, das bekannt ist für eine weitere dänische Spezialität, die im Gegensatz zu den *pølsern* jedoch meist unterschätzt wird: das *smørrebrød*.

Die wörtliche Übersetzung »Butterbrot« führte mich in meiner ersten Zeit in Dänemark in die Irre, weil ich damit die langweiligen Stullen assoziierte, die mir meine Mutter früher für die Schule schmierte. Daumendicke und knochentrockene Brotscheiben mit einer dünnen Schicht Butter und einer einsamen Scheibe Wurst oder Schinken: Das kann aber jetzt unmöglich der kulinarische Stolz Dänemarks sein, dachte ich. Doch ein Besuch in einem der unzähligen Cafés, Kneipen und Restaurants in Kopenhagen, die *smørrebrød* (ausgesprochen übrigens *smörrebröull*) auf der Karte führen, belehrte mich eines Besseren. Das Prinzip ist dem der Pølser-Mahlzeit gar nicht so unähnlich. Denn das Brot – natürlich Vollkornbrot – ist wie die recht geschmacksneutrale Wurst lediglich Unterlage für den Belag, der sich bis in schwindelerregende Höhen türmt. Manchmal findet sich auf einer bierdeckelgroßen Scheibe Brot die Verpflegung einer ganzen Wikinger-Expedition. Das kann eingelegter Hering mit roten Zwiebeln, Crème fraîche und Kapern sein. Panierte Scholle mit Krabben, Eiern, Mayonnaise und Dill. Oder Kartoffelsalat mit Speck und Schnittlauch. Ja sogar der klassische Schweinebraten mit Rotkohl und Gurkensalat findet seinen Weg auf die Brotscheibe. Ein *smørrebrød* lässt sich aufgrund des schweren Belags ausschließlich mit Messer und Gabel essen.

Im *skaldede kok*, dem glatzköpfigen Koch, entscheide ich mich für ein *smørrebrød* mit Steak, Paprika, rote Beete, Kapern und Eigelb. Dazu trinken wir traditionsgemäß einen klaren Aquavit. Sara, die inzwischen im vierten Monat schwanger ist, weicht auf eine Hollunderblütenschorle aus. Sie ist froh, dass es auf der Karte auch ein *smørrebrød* mit warmer Leberpastete, Speck und Champignons gibt – wenn sie schon keinen Bananen-Birnen-Joghurt haben.

Wir verbringen einen hyggeligen Abend im glatzköpfigen Koch, in dessen Verlauf unsere kleine Runde dank diverser Aquavite immer redseliger wird. Paw ist gerade wieder dabei, einen seiner nächsten Pläne zu präsentieren (eine Theateraufführung in einem Kino), als mir am Nebentisch ein Mann auffällt, der mir irgendwie bekannt vorkommt. Die Halbglatze, der Dreitagebart, und dann spricht er auch noch Deutsch mit leicht sächsischem Akzent. Das wird doch nicht …?

»Ich will aber nächstes Wochenende nicht nach Zwickau!«, beschwert sich das kleine Mädchen neben ihm, während sie mit Messer und Gabel versucht, das *smørrebrød* mit Schweinebraten vor sich auf dem Teller unter Kontrolle zu bringen.

»Es muss aber sein«, entgegnet der Mann, offenbar ihr Vater. »Und dafür sind wir dieses Jahr auch an Weihnachten zu Hause auf Ærø.« Hilfesuchend blickt das Mädchen hinüber zu seiner Mutter, die auf die Reise nach Zwickau offenbar auch keine Lust hat.

»Ist das denn tatsächlich nötig, Dietmar?«, fragt sie ihren Mann.

Zwickau? Ærø? Dietmar? Gepackt von journalistischer Neugierde, stehe ich auf und gehe zum Nachbartisch.

»Entschuldigen Sie. Aber sind Sie zufällig Dietmar Vettermann?«, frage ich den verdutzt dreinblickenden Mann. Auch Paw, Meliha und Sara wundern sich über meine Aufdringlichkeit.

»Äh, ja. Kenne ich Sie?« Als ich bemerke, wie der Mann mit hochgezogenen Augenbrauen mein Kürbiskostüm mustert, fällt mir wieder ein, wie dämlich ich aussehe. Nachdem ich mich kurz vorgestellt habe, entpuppt sich der Mann tatsächlich als der ehemalige Oberbürgermeister der Stadt Zwickau, Dietmar Vettermann. Er hatte sich 2008 urplötzlich aus der Politik zurückgezogen und war nach Dänemark ausgewandert. Genauer gesagt nach Ærø, wie ich an diesem Abend erfahre. Eine Geschichte, die es zu erzählen unbedingt lohnt. Glücklicherweise erweist sich Vettermann meiner Idee gegenüber aufgeschlossen. Wir tauschen Telefonnummern aus und vereinbaren für das kommende Frühjahr, wenn das Wetter auf der rauen Insel Ærø ein wenig journalistenfreundlicher ist, einen Termin.

Zufrieden kehre ich an unseren Tisch zurück. Arbeit und Vergnügen miteinander zu verbinden, bereitet mir immer besondere Freude. Auch wenn ich dieses Mal dabei ein Kürbiskostüm tragen musste.

Neben der Begeisterung für Halloween, welche die Dänen erst in jüngerer Zeit für sich entdeckt haben, gibt es in diesem Land noch eine viel ältere Leidenschaft: Fußball. Und als am 2. November 2010 der FC Kopenhagen in der Champions League gegen den FC Barcelona antritt, beschließt Paw, mich ins Stadion mitzunehmen. Es ist für mich der erste Besuch im *Parken*, wie die Arena in Kopenhagen genannt wird. Für Paw ist es das Spiel seines Lebens.

Auf dem Weg von der Busstation Triangeln zum Stadion wirkt er sehr nervös. Er raucht mehr als sonst, und als wir endlich am Eingang des quadratischen Stadions stehen, hat er auch schon drei oder vier Carlsberg intus, die er sich von zu Hause als Wegzehrung mitgenommen hat. Es geht um die Vorentscheidung in der Gruppe, um das Weiterkommen in die K.-o.-Runde – und natürlich um das Kräftemessen mit dem großen FC Barcelona und Lionel Messi, dem besten Fußballspieler der Welt. Eine knappe Niederlage wäre schon ein Erfolg, ein Unentschieden eine Sensation, ein Sieg Grund genug, um Trainer und Mannschaft in den Adelsstand zu erheben.

»Wie läuft es eigentlich mit deinen Bayern?«, lenkt Paw von seiner Nervosität ab. »Der Thomas Müller ist ja nach der WM in Südafrika in ein Loch gefallen. Und Trainer van Gaal scheint seine Mannschaft auch nicht mehr richtig zu erreichen.«

»Es geht so. Eigentlich hast du die größten Probleme schon genannt«, antworte ich. Paws Interesse für den deutschen Fußball erstaunt mich immer wieder. Ich hingegen habe mich nie groß mit dem dänischen Vereinsfußball beschäftigt. Als Fan des FC Bayern München – ein Umstand, für den ich mich in Dänemark übrigens dankenswerterweise nicht rechtfertigen muss – war ich seit früher Kindheit auf die Bundesliga fixiert. Später blickte ich dann auch gerne mal auf die *Primera Division* in Spanien, die *Seria A* in Italien oder Englands *Premier League*. Für die dänische *Superliga* hat meine Begeisterung allerdings nie gereicht. Begegnungen wie FC Midtjylland gegen Silkeborg IF vor 500 Zuschauern in Stadien, wie sie in Deutschland jeder Stadtteilklub sein Eigen nennt, finden unter meiner Wahrnehmungsschwelle statt. Paw legt mir diese Sichtweise aber nicht als Arroganz aus. Ihm geht es ganz ähnlich. Wie fast jeder dänische Fußballfan ist auch er gleichzeitig glühender Verehrer eines internationalen Spitzenklubs, meist aus der Premier League. Paw liebt *Manchester United*, so wie ungefähr zwei Millionen andere Dänen. Die fußballerische Polygamie vieler seiner Landsleute entspringt wohl dem Bedürfnis, auch auf europäischer Spitzenebene mitzufiebern. Mit einem dänischen Klub ist dies leider nur sehr selten möglich. Insofern ist das Spiel an diesem Dienstagabend etwas ganz Besonderes.

Im Stadion dann ein blau-weißes Fahnenmeer, die Atmosphäre knistert, und jedes Mal wenn Messi am Ball ist, geht ein Raunen durchs Publikum. Paw hält es kaum auf seinem Sitz, während ich mir die Partie entspannt anschauen kann. Mein Blick wandert durch das Stadion und bleibt an einem Banner hängen, auf dem in mannshohen Lettern steht: »*Danmark – Europamester 1992*«. Es versetzt mir einen Stich.

Als Deutscher in Dänemark muss man wirklich stets darauf gefasst sein, an dieses unsägliche Ereignis erinnert zu werden. Sogar bei einem Champions-League-Gruppenspiel ohne deutsche Beteiligung. Bei jedem Länderspiel Dänemarks, und sei es eine Michael-Laudrup-Gedächtnispartie gegen Burkina Faso, werden Geschichten vom Triumph über den großen Nachbarn im Süden ausgepackt. Alte Dokumentationen und Porträts auch über den letzten Ersatzspieler jener Zeit laufen zur besten Sendezeit im Fernsehen. Und wer dann immer noch nicht genug hat, darf sich dann noch anschauen, wie die Katze des Premierministers das glorreiche Endspiel von 1992 erlebt hat. Keine Frage: Der Gewinn des Finales der Europameisterschaft gegen Deutschland ist der Stolz eines ganzen Landes.

Ich verfolgte damals als 14-Jähriger die EM vor dem Fernseher und freute mich, als das vermeintlich schwache Dänemark ins Turnier nachrückte, weil das eigentlich qualifizierte Jugoslawien wegen des Balkankonflikts ausgeschlossen worden war. Mitten aus dem Urlaub und ohne jegliches Training reisten die Dänen mit einer Trink- und Thekenmannschaft an, deren technische Qualität zwar unbestritten war, die wegen mangelnder Kondition und Spielpraxis jedoch nur untergehen konnte. Franz Beckenbauer hielt die deutsche Nationalmannschaft nach dem Gewinn der Weltmeisterschaft 1990 in Italien auf Jahre hinaus für unschlagbar. Und nicht nur er. Auch ich war, wie die meisten Deutschen, vor dem Finale gegen Dänemark von unerschütterlichem Optimismus durchdrungen. Wen hatten die denn – außer vielleicht Torwart Peter Schmeichel und Brian Laudrup – schon vorzuweisen? Letzteren kannte und verehrte ich wegen seiner Zeit bei Bayern München. Aber sonst? John Sivebæk, Torben Piechnik, Morten Bruun. Wer waren diese Dänen, die sich allen Ernstes erdreisteten zu glauben, gegen uns, den amtierenden Weltmeister, eine Chance zu haben? Wir hatten schließlich Häßler, Klinsmann und Brehme.

Tiefenentspannt saß ich deshalb beim Anpfiff des Finales mit Chips und Cola auf dem Sofa im Wohnzimmer meiner Eltern. Nach dem frühen 0:1 glaubte ich noch an einen Ausrutscher, der nichts am unausweichlichen EM-Titel für Deutschland ändern würde. Beim 0:2 hörte ich auf, an den Fußballgott zu glauben. Eine Viertelstunde nach dem Spiel lag ich frustriert im Bett. Für mich war das EM-Finale eines meiner traumatischen Kindheitserlebnisse, für die Dänen ist es bis heute der wichtigste Feiertag überhaupt. Um nichts in der Welt würden sie diesen Europameistertitel hergeben. Eher würden sie die Monarchie abschaffen, auf sämtliche Königsschlösser verzichten, ja das ganze Land fluten.

Zum Glück ist Paw viel zu sehr auf das Spiel fixiert, als dass ihm das Banner auffallen würde. Sonst hätte ich mir bestimmt wieder anhören dürfen, wie unnachahmlich und heldenhaft Dänemark damals gegen Deutschland gewann. Kopenhagen macht an diesem Abend ein tolles Spiel und sorgt am Ende mit einem 1:1 für eine Sensation. Auf dem Heimweg mache ich meinen Freund darauf aufmerksam, dass er sich bei einer möglichen Begegnung mit dem FC Bayern im Achtelfinale warm anziehen müsse.

»Da wird es dann eine Niederlage setzen, die sich gewaschen hat«, stichele ich. Doch Paw ist nach dem Sieg seines Teams dermaßen elektrisiert, dass mein Seitenhieb an ihm abperlt. Er kramt eben jenen Vergleich hervor, den alle Dänen bemühen, wenn es um dänisch-deutsche Fußballduelle geht.

»Denk an 1992. Da haben wir euch geschlagen. Das war unser Córdoba.«

Ich hätte es wissen müssen.

SECHZEHN

Es gibt wohl keinen Ort in Europa, wo der November einen guten Ruf genießt. Dänemark ist da keine Ausnahme. Die Erinnerungen an den Spätsommer mit kalten Nächten und 20 Grad warmen Tagen verblassen schon, und die Polarwinde aus dem Norden, die über das Land pfeifen und es in ihren eisigen Klammergriff nehmen, sind noch Zukunftsmusik. Das Wetter ist grau in grau, es regnet oft, und die Bäume stehen nackt wie der Kaiser mit seinen neuen Kleidern in Hans Christian Andersens gleichnamigem Märchen.

Wir sitzen in der Küche am Esstisch und versuchen, mit einem kräftigen Frühstück die Morgenmüdigkeit aus unseren Körpern zu vertreiben. Im Ofen knistert ein Feuer, das Sara in aller Herrgottsfrühe angefacht hat. Sie sitzt mir in einem weißen Frotteemorgenmantel gegenüber und löffelt einen Erdbeerjoghurt. Die Geschmacksrichtung Banane-Birne hat ihre Schuldigkeit getan und ist vom Schwangerschaftsspeiseplan gestrichen worden.

»Ich finde es komisch, dass Morten und Julie unbedingt im November heiraten müssen. Warum nicht nächstes Jahr im April, wenn es freundlicher ist?«, wundere ich mich. Sara öffnet einen zweiten Becher Joghurt und schiebt sich einen Löffel in den Mund.

»Weil es dann zu spät wäre«, erklärt sie mir schließlich. »Julie ist schwanger, und die beiden wollen unbedingt heiraten, bevor das Kind kommt. Die finden, das gehört sich einfach so.«

»Ich wusste gar nicht, dass Julie schwanger ist!« Doch eigentlich erstaunt mich mehr, dass ein dänisches Paar unbedingt die konservative Reihenfolge »erst heiraten, dann Kinder« einhalten will. Ich dachte, so traditionsbewusst ist man nur noch in Spanien, Italien oder Bayern, wo der Katholizismus herrscht. Im aufgeklärten Norden, wo Könige wie der Schwede Gustav Wasa sich die Kirche schon 1527 zum Untertan machten, überrascht mich so eine Einstellung. Sara und ich haben nie vom Heiraten gesprochen. Und jetzt, da sie im vierten Monat schwanger ist, sind wir einfach zu faul, um uns auch noch um die Hochzeitsvorbereitungen zu kümmern. Heiraten können wir später immer noch – und wenn wir es nicht tun, ist es auch nicht so schlimm.

Ich schaue aus dem Fenster. Draußen taucht das dämmernde Tageslicht die roten Backsteinhäuser unseres Viertels in aschfahles Licht. Bei tristem Herbstwetter ist Kopenhagen noch der beste Ort in Dänemark. Die Stadt liegt ganz im Osten des Landes, im Windschatten der Festlandzunge Jylland. Sturm und Regenwetter, die vom Atlantik auf das Land treffen, haben sich oft schon an der rauen Westküste ausgetobt, ehe sie als laues und meist trockenes Lüftchen nach Kopenhagen kommen.

Doch das Wetter ist gerade unser geringstes Problem.

Die Hochzeit ist in drei Tagen, und wir haben immer noch kein Geschenk. Sara geht die Wunschliste durch, die wir vor zwei Wochen in unserem Briefkasten gefunden haben. Sie liest laut vor: »Flitterwochen auf den Malediven, ein Flachbildfernseher von Bang & Olufsen, eine Profisaftpresse, Porzellangeschirr von Georg Jensen, sechs Stühle (gefärbte Esche) der Serie 7 von Arne Jacobsen und jede Menge Zeug von Royal Copenhagen.« Dänen mögen ganz offenbar dänisches Design. Ein gutes Beispiel dafür ist Saras Mutter Martha. Früher Hippie und Kommunenbewohnerin, hat sie mittlerweile sämtliche Vorbehalte gegenüber Markenprodukten jedweder Art über Bord geworfen und beschenkt sich und ihre Umwelt mit dänischem Design – vorzugsweise mit Bettwäsche von Georg Jensen. Sara und ich haben schon sechs komplette Sets im Schrank liegen, doch Bettwäsche von Georg Jensen kann man laut Martha nie genug haben, also gibt es zu jedem Geburts- und Namenstag, zu Weihnachten, Ostern, Neujahr, Fasching und an Mitsommer ein neues. Stets mit dem Hinweis versehen, dass sie sich sehr wohl im Klaren darüber wäre, dass wir uns eigentlich einen DVD-Player oder dieses oder jenes gewünscht hätten. »Aber dann dachte ich, dass ihr euch über Georg-Jensen-Bettwäsche am meisten freut!«

Sara und ich sind uns schnell einig, dass wir Morten und Julie unser Schicksal ersparen wollen. Wir entscheiden uns deshalb für zwei Flugtickets nach München als Hochzeitsgeschenk. Julie könnte sich zur Abwechslung einmal auf die Suche nach deutschem Design begeben, und Morten wäre in seiner Lieblingsstadt, weit weg von Jante.

Als wir Samstag früh zur vereinbarten Zeit am Hauptbahnhof von Århus eintreffen, zeigt sich der November von seiner guten Seite. Die Sonne steht flach über den Ziegeldächern und taucht die Straßen in ein warmes Licht. Weiße Wolkenfetzen hängen regungslos am tiefblauen Himmel. Auf dem Platz vor dem Bahnhof wartet eine dunkle Limousine, die uns direkt zur St.-Pauls-Kirche bringt.

»Schau an, schau an. Shuttle Service. Morten hat wirklich an alles gedacht«, sage ich zu Sara, die gerade an ihrer gelben Strumpfhose herumnestelt. Darüber trägt sie ein ebenfalls gelbes, knielanges Kleid mit leichten Puffärmeln. Mit den blauen Pumps, der Blume im hochgesteckten Haar und der übergroßen Sonnenbrille sieht sie aus wie ein Filmstar aus den fünfziger Jahren. Sehr retro und sehr auffällig. Ich hingegen habe mich für einen klassischen Dreiteiler mit weißem Hemd entschieden, dazu eine schwarze Krawatte und schwarze, auf Hochglanz polierte Schuhe. Wenn ich schon niemanden auf der Hochzeit kenne, dann will ich wenigstens nicht groß auffallen. Saras Outfit durchkreuzt meinen Plan zwar ein bisschen, aber trotzdem fühle ich mich gut gerüstet für einen Festtag auf fremdem Terrain.

Wir sind spät dran, also weist Sara unseren Chauffeur an, ein wenig aufs Gas zu drücken. Mit quietschenden Reifen geht es bis zum Ende der M. P. Bruuns Gade und die letzten Meter zu Fuß. Außer Atem stehen wir schließlich vor den Kirchentoren, wo sich merkwürdigerweise eine Karnevalsgruppe eingefunden hat. Von der Sonne geblendet, lege ich mir die Hand über die Augen und halte nach anderen Männern in dunklen Anzügen Ausschau. Sara wirft sich in der Zwischenzeit einem Mann in weißer Marineuniform in die Arme.

Daneben steht offenbar die Frau des Kapitäns, die mit dem knallblauen Puffärmelkleid aussieht wie ein Bonbon. Immer mehr Menschen scharen sich um uns. Männer in Frack und Zylinder, mintgrünen Anzügen aus Leinen und Frauen, die in Ballonkleidern oder Hosenanzügen stecken. Offenbar ist die Karnevalsgruppe unsere Hochzeitsgesellschaft. Zwischen all den exzentrisch, aber zugegeben sehr stilsicher Gekleideten komme ich mir plötzlich selbst vor wie ein Bonbon. Aber eher wie ein langweiliges Hustenbonbon.

Nachdem Sara mich allen vorgestellt hat, betreten wir die Kirche. Die älteren Herrschaften, Eltern des Brautpaars, Tanten und Onkel, haben schon Platz genommen. Der Anblick ihrer Anzüge in gedeckten Farben und ihrer cremefarbenen Kleider trägt nicht eben dazu bei, dass ich mich in meinem Aufzug besonders modern fühle.

»Ich glaube, du setzt dich besser zu den betagteren Gästen. Da fällst du nicht so auf«, kichert Sara. Ein wenig hilfreicher Kommentar. Ich konnte ja nicht ahnen, dass auf dänischen Hochzeiten bunt das neue Schwarz ist.

Als Morten schließlich durch einen Seiteneingang die Kirche betritt und sich vor dem Altar auf einen Stuhl setzt, bin ich erleichtert. Sein knallroter Anzug wirkt im weißen Inneren des Kirchenschiffs wie Leuchtreklame. Wenigstens trage ich nicht das Gleiche wie der Bräutigam. Julie hingegen kommt klassisch in Weiß, ärmellos, mit langer Schleppe. Gemeinsam sehen sie ein wenig aus wie die rot-weiße dänische Nationalflagge, der Danebrog. Ich traue mich den ganzen Abend nicht, zu fragen, ob das Absicht ist oder nicht.

Am Gabentisch in der Hotellobby empfängt das Brautpaar die Gäste.

»Ach, über die Flugtickets nach München freuen wir uns ganz besonders!«, ruft Julie, als sie unseren Gutschein liest.

»Vielleicht können wir ja sogar gemeinsam fahren«, fügt Morten hinzu, der bei dem Gedanken an eine baldige Reise in seine Lieblingsstadt mit seinem roten Anzug um die Wette strahlt. Anschließend verschwindet der Umschlag auf dem Gabentisch zwischen der Profisaftpresse, der Bettwäsche von Georg Jensen, den Stühlen von Arne Jacobsen und dem ganzen Zeug von Royal Copenhagen.

Die Hochzeit ist entgegen allen verbreiteten Vorstellungen von den informellen Dänen äußerst formell. Es gibt einen Toastmaster, der das Wort erteilt und die Abfolge der Reden bestimmt – eine Aufgabe, die ihn angesichts der schieren Anzahl derer, die etwas sagen wollen, manchmal an den Rand des Nervenzusammenbruchs bringt. Auf den Tellern stehen kunstvoll gefaltete Servietten mit Goldrand, und über den Köpfen der etwa 80 geladenen Gäste hängen riesige Kristalllüster. Sogar ein eigenes Logo haben Julie und Morten für die Hochzeit entwerfen lassen. Ein sanft geschwungenes Ornament, das ihre Initialen trägt und übergroß an allen vier Wänden des Festsaals hängt.

Bis nach der Vorspeise fühle ich mich eigentlich wie auf einer deutschen Hochzeit. Champagner, Wasser, Wein und Bier fließen in Strömen, der erste Redner hatte schon seinen witzig-rührseligen Auftritt inklusive Diaschau, und an den Tischen mit bunt zusammengewürfelter Sitzordnung nähern sich die Gäste einander mittels unverfänglicher Themen an. Man ist wild entschlossen, einander sympathisch zu finden. Sogar ich, *tyskern,* also der Deutsche, werde überaus wohlwollend behandelt. »Wir waren leider noch nie in Berlin, wollen das aber so bald wie möglich nachholen. Die Stadt soll ja so aufregend sein«, erzählt mir die Frau in dem fliederfarbenen Kleid zu meiner Rechten. »Die Deutschen machen das beste Bier. Glaubt mir. Ich habe es auf dem Oktoberfest selbst getrunken«, lobt der Mann in der Marineuniform mit erhobenem Glas. »Hört, hört«, stimmt die gesamte Runde ein. »Was dein Land in den Bereichen Literatur und Theater geleistet hat, ist schon fantastisch«, schmeichelt ein älterer Herr, der mir gegenübersitzt. »Die Wissenschaft nicht zu vergessen«, fügt ein anderer hinzu.

Ich komme mir vor wie ein Bewohner des besten Landes der Welt und muss aufpassen, nicht rot anzulaufen. Solche Loblieder auf meine Heimat sind nicht selbstverständlich. Die in der Vergangenheit nicht immer einfache Beziehung zwischen Deutschland und Dänemark, die Niederlage auf den Düppeler Schanzen im deutsch-dänischen Krieg 1864, als Dänemark die Herzogtümer Schleswig, Holstein und Lauenburg an Preußen und Österreich abtreten musste, aber vor allem die fünf Jahre währende Besatzung durch die deutsche Wehrmacht im Zweiten Weltkrieg haben im Bewusstsein vieler Dänen Spuren hinterlassen. Mehr als wohlwollende Neutralität gegenüber meiner Heimat ist also in der Regel nicht zu erwarten.

Plötzlich werden die Schmeicheleien unterbrochen. Der Toastmaster schlägt leicht mit einem Löffel gegen sein Glas und ruft die Hochzeitsgesellschaft zum Singen auf. Alle erheben sich von ihren Stühlen. Ein Lied? Singen? Jetzt? Warum denn? Wir waren doch gerade so schön dabei, positiv über meine Heimat zu sprechen. Und überhaupt: »Ich kann doch gar nicht singen«, platze ich heraus. Meine Unzulänglichkeiten auf diesem Gebiet werden eigentlich nur noch von meinem Unvermögen übertroffen, Verständnis für die horrenden Kfz-Zulassungsgebühren in Dänemark aufzubringen. »Keine Ausreden«, grinst der Mann in der Marineuniform. »Oder habe ich noch nicht erwähnt, dass ihr Deutschen auch ausgezeichnete Sänger seid?« Was für ein fieser Trick. In einem letzten Akt der Verzweiflung verabschiede ich mich höflich auf die Toilette. Dort würde ich einfach so lange sitzen bleiben, bis der Gesangsspuk vorbei wäre. So zumindest mein genialer Plan. Doch als ich zurückkomme, wird immer noch gesungen. Da ich nicht so weit gehen möchte, Durchfall zu simulieren, trotte ich widerwillig zurück zu meinem Platz. Wie sich herausstellt, hat das Lied 20 Strophen, es will einfach nicht aufhören.

»Ich kann den Text nicht«, flüstere ich Sara in der Hoffnung zu, dem Singen doch noch zu entgehen. Aber Sara macht alle Hoffnung zunichte und drückt mir wortlos einen Stapel Zettel in die Hand, bedruckt mit allen Liedtexten, die an diesem Abend noch gesungen werden. Es gibt kein Entrinnen.

»Morten und Julie haben wirklich an alles gedacht. Ist das nicht toll?«, flötet sie.

»Großartig«, murmle ich. Mir bleibt nichts anderes übrig, als den ganzen Abend mit zu brummen. Es ist beneidenswert, mit welcher Sicherheit die Dänen um mich herum die Texte aus dem Ärmel schütteln. Aus Deutschland kenne ich nur »Alle meine Entchen« und »Das Wandern ist des Müllers Lust«. Von Letzterem aber auch nur die erste Strophe. In Dänemark hingegen wird ständig gesungen, auf Taufen, Examensfeiern, Geburtstagen und natürlich Hochzeiten. Dabei ist die Auswahl der Lieder wunderbar facettenreich, und sie werden auch noch mit Begeisterung gesungen. Ob *»Smuk som et stjerneskud«* (Schön wie eine Sternschnuppe), *»Lille sommerfugl«* (Kleiner Schmetterling) oder *»Hjemmebrænderiet«* (Die Brennerei daheim): Das Liedgut der Dänen ist schier unerschöpflich. Ganz im Gegensatz zum unvermeidlich eintönigen *»Häppi Bö-asdäi tuu juu«* auf deutschen Geburtstagen.

Nach dem Dessert, einem Schokoladenkuchen mit flüssigem Kern, reichlich Wein und 35 Liedern sind sowohl mein Magen als auch meine Stimmbänder strapaziert. Gemeinsam mit Sara gehe ich kurz an die frische Luft. Auf dem Hof hinterm Hotel haben sich bereits einige Hochzeitsgäste versammelt, um sich bei einer Zigarette vom Essens- und Gesangsmarathon zu erholen. Wie schon vorher bei Tisch bin ich als *tysker* recht schnell Gegenstand des Interesses, wobei es unter allgemeinem Alkoholeinfluss etwas weniger rücksichtsvoll zugeht. Anstatt von Berlin zu schwärmen, deutsches Bier und unsere Kultur hochleben zu lassen, konfrontieren mich die Umstehenden schon bald mit den klassischen Klischeevorstellungen von Deutschen. So zeigt sich ein Gast enttäuscht von meinem gepflegten Aussehen, meinem Kurzhaarschnitt und meiner glatten Rasur. Er hätte mindestens eine Vokuhila-Frisur erwartet, die, gepaart mit einem Oberlippenbart, den Look eines echten *pølsetysker* vollendet. Über die augenzwinkernde Bezeichnung »Würstchendeutscher« muss ich immer ein wenig schmunzeln, kommt sie doch von einem Volk, das den Hot Dog erfunden hat und generell aus großen Würstchenliebhabern besteht. Paw erklärte mir einmal, dass der Begriff den durch Bier und *pølser* dick gewordenen deutschen Touristen bezeichnet, der sich im Urlaub wie die Axt im Walde aufführt, sein Territorium mit Handtüchern markiert und – wenn das möglich wäre – sämtliche Sommerhäuser Dänemarks aufkaufen würde.

Andere Stereotype, mit denen ich an diesem Abend zu sehr später Stunde hinter dem Hotel in Århus konfrontiert werde, sind altbekannt. Demnach sind die Deutschen sehr arbeitsam, korrekt und pedantisch, fahren schnelle Autos und arbeiten alle bei BMW. Die Fußballnationalmannschaft gewinnt, selbst wenn sie schlecht spielt, immer (außer 1992, geheiligt sei dieses Jahr), und die deutsche Sprache ist so schwierig, dass sie nur von den fünf klügsten Mathematikern der Welt erlernt werden kann.

Am nächsten Morgen trifft sich die Hochzeitsgesellschaft zum Brunch. Ohne ihre bonbonfarbenen Outfits wirken alle genauso blass, wie sie es nach der durchzechten Nacht sind. Das reichhaltige Buffet mit eingelegten Beeren, Pfannkuchen mit Ahornsirup, Rühreiern und Speck, warmgeräuchertem Fenchellachs, frisch gepressten Fruchtsäften und dampfendem Bauernbrot ist eine Wohltat für meinen Magen, der gestern auch ein wenig zu viel Alkohol abbekommen hat. Ich lade mir von allem reichlich auf den Teller. Nur das *syltetøj*, die Marmelade mit den extragroßen Fruchtstücken, lasse ich links liegen.

Ein Blick in die Runde offenbart die Kehrseite eines gelungenen Festes. Wer gestern noch fein herausgeputzt war, hängt jetzt zerknittert und mit fahlem Gesicht über den Kaffeetassen. Gespräche finden, wenn überhaupt, nur gemurmelt statt, als plötzlich eine

Dreiergruppe durch die Tür getorkelt kommt und in Schlangenlinien das Buffet ansteuert. Offenbar der harte Kern, der die Nacht durchgemacht hat. Jedenfalls tragen alle drei noch ihren Anzug von gestern. Sie taumeln, einer fällt, richtet sich wieder auf und macht sich über die Speisen her. Die restliche Hochzeitsgesellschaft beachtet sie kaum. Erst als einer der drei anfängt, ein Lied anzustimmen, wird er zurechtgewiesen. Dies sei jetzt keine Zeit für Lieder. Er möge sich doch stattdessen bitte aufs Essen konzentrieren. In diesem Moment bin ich froh, dass selbst die Sangeswut der Dänen ihre Grenzen hat.

Auf der Zugfahrt zurück nach Kopenhagen habe ich einen schrecklichen Alptraum. Mit einem Porsche-Cabriolet kreuze ich durch die Straßen von Århus. Die Sonne scheint, eine milde Brise von der Küste weht mir um die Nase. Es riecht nach Meer, nach frischen Krabben, nach Sommer. Doch irgendetwas stimmt nicht. Passanten starren mich an, einige lachen. Ein paar Schulkinder zeigen mit dem Finger auf mich und rufen »*pølsetysker, pølsetysker!*«. Ich schaue in den Rückspiegel. Mein Gesicht ist aufgedunsen, das schwarze Haar zu einer kunstvollen Vokuhila-Frisur geföhnt. Ein Hitler-Bärtchen schimmert im Sonnenlicht. Erschrocken blicke ich an mir runter und sehe einen Bierbauch, der sich unter einem Feinrippunterhemd spannt. Panik befällt mich. Um mich vor den abschätzigen Blicken der Passanten zu schützen, drücke ich wie wild auf den Knopf, der das elektrische Verdeck nach oben bringen soll. Doch mein Finger knickt einfach weg wie ein weiches Würstchen. Und tatsächlich: Als ich meine Hand betrachte, sehe ich fünf *pølser*.

Mit einem Schrei schrecke ich aus dem Schlaf.

»Du hattest nur einen Alptraum«, beruhigt mich Sara. »Um was ging es denn?« Ich sehe die dänische Landschaft durch das Abteilfenster an uns vorbeirauschen.

»Du musst mich rechtzeitig warnen, sollte ich eines Tages zu einem echten *pølsetysker* werden«, bitte ich Sara. Sie lächelt. »Versprochen.«

Eine Woche nach Morten und Julies Hochzeit zeigt sich der November hartnäckig von seiner sonnigen Seite. So, als wollte er meine Theorie von seiner nasskalten Natur widerlegen. Es ist sogar so warm, dass unser schwarzer Holzofen im Wohnzimmer aus bleibt. Von draußen ist zu hören, wie Ellen die letzten Laubreste zusammenharkt. Sara schaut ungeduldig auf ihre Uhr.

»Wie lange will die das denn noch machen? Wenn wir Hamlet nicht im Dunkeln begegnen wollen, müssen wir jetzt aber wirklich mal los«, mault sie. Ich werde auch langsam unruhig. Wir hatten mit Ellen vereinbart, zur Abwechslung mal etwas anderes gemeinsam zu machen, als Gammeldansk zu trinken. Die Wahl fiel auf einen Besuch von Schloss Kronborg in Helsingør. Ellen schwärmt für William Shakespeare und interessiert sich darüber hinaus für Geschichte. Sie gibt also eine perfekte private Fremdenführerin ab, die uns von jenem dänischen Prinzen erzählen kann, der vortäuscht, wahnsinnig zu sein, um für die Ermordung seines Vaters Rache zu nehmen. Eigentlich geht die Figur Hamlets auf einen jütländischen Prinzen zurück, der auf der Insel Mors lebte. William Shakespeare verlegte den Ort des Geschehens für seine Tragödie jedoch kurzerhand nach Schloss Kronborg, wo das Stück zum

200. Todestag des Meisterdichters zum ersten Mal aufgeführt wurde.

Ellen ist aber außerdem ziemlich pedantisch, wenn es um ihren Garten geht. Also können wir nicht los, bevor auch das letzte Blatt im Müllsack verschwunden ist.

Endlich ist sie fertig, und wir machen uns mit dem Auto auf den Weg nach Helsingør. Natürlich nehmen wir Ellens Wagen. Das schont die Nerven. Zwanzig Minuten später stehen wir im Schatten des Renaissance-Schlosses Kronborg. Das imposante Bauwerk liegt an der nordöstlichsten Spitze von Sjælland, direkt am Øresund, der an dieser Stelle nur vier Kilometer breit ist. Das schwedische Helsingborg am gegenüberliegenden Ufer ist so nah, dass man fast hinüberschwimmen möchte. Dänemark endet hier, und laut meinem Handyanbieter befinden wir uns bereits auf schwedischem Staatsgebiet.

Als wir an der Kasse unsere Eintrittskarten kaufen, erhalte ich eine SMS, die mich in Schweden willkommen heißt und mich auf die erhöhten Telefonkosten aufmerksam macht. Eigentlich sehe ich darin kein größeres Problem, bis wir am Eingang erfahren, dass der elektronische Museumsführer für das Schloss ausschließlich über den Internetzugang des eigenen Handys nutzbar ist. Was mir gerade noch allenfalls kurios erschien, bedeutet nun horrende Roaming-Gebühren. Und das nur, weil es Dänemark offenbar nicht gelingt, die elektromagnetischen Funkwellen Schwedens von seinem Hoheitsgebiet fernzuhalten. Zu Hamlets Zeiten wurden die Kämpfe zwischen den beiden Nationen zwar noch mit Hellebarden, Musketen und Kanonen geführt, aber schon damals konnte Dänemark den meist übermächtigen Schweden nur selten etwas entgegensetzen. 1658 gelang es den Schweden sogar, die Festung Kronborg einzunehmen. Wir beschließen, angesichts der Roaming-Gebühren auf den elektronischen Museumsführer zu verzichten. Wir haben ja Ellen. Die ist auch sofort in ihrem Element und erzählt uns im großen Ballsaal von den Banketts, die zur Zeit der Renaissance hier stattfanden. Damals zierten lange, knarzende Holzdielen den Boden, heute ist er mit schwarzem und weißem Marmor gefliest, was dem Raum eine kühle Note verleiht. Überhaupt finde ich die königlichen Räumlichkeiten auf Schloss Kronborg recht spartanisch eingerichtet, ganz in der Tradition des Protestantismus. Die dunklen Möbel, die Holzvertäfelung an den Wänden, Ornamentmalereien, ja selbst die Kammer des Königs ist sehr schlicht gehalten, fast asketisch. Ich muss an Schloss Neuschwanstein in meiner Heimat denken. Wie vergleichsweise pompös und kitschig es der geistig umnachtete Märchenkönig Ludwig II. haben wollte. Knallige Farben, wuchtige Säulen, überladene Fresken. Dagegen wirkt Kronborg wie eine Manufaktur für Leitzordner. Einzig die reichverzierten Baldachine im Kleinen Saal zeugen von der einstigen Pracht und Macht des dänischen Königreiches. Sie zeigen dänische Herrscher vergangener Tage mit Krone und Zepter, in riesige Königsmäntel gehüllt.

Am Eingang zu den Kasematten, den unterirdischen Gewölben Kronborgs, erwartet uns ein schlafender Hüne. Seine verschränkten Arme ruhen auf dem Schwert, das quer über den Lehnen seines Stuhles liegt. Neben ihm lehnt ein großer Rundschild. Sein Vollbart reicht ihm bis zu den Knien, er hält die Augen geschlossen und wirkt doch ernst. Ellen erklärt uns, dass Holger Danske – so heißt die eindrucksvolle Sagengestalt – stets wachsam sein muss, sogar im Schlaf. Denn befände sich Dänemark wieder einmal in Gefahr, so würde er erwachen und die Nation in die Freiheit führen.

»Die Gipsstatue Holger Danskes diente eigentlich nur als Vorlage für die Bronzeskulptur, die vor dem Hotel Marienlyst in Helsingør steht«, erzählt Ellen. »Mit der Zeit wurde sie aber berühmter als ihr Abbild. Und als die Gipsstatue 1985 von der Feuchtigkeit in den Kasematten fast vollständig zerstört worden war, hat man sie als Betonversion reproduziert.«

Die Luft im Keller ist tatsächlich so feucht und schwer, dass man sie fast trinken kann. Es ist stockdunkel. Nur das Licht meines zur Taschenlampe umgerüsteten Handys wirft einen kleinen Kegel an die modrigen Mauern. Hinter mir erzählt Ellen mit gedämpfter Stimme, dass die Kasematten einst sowohl als Gefängnis als auch zur Lagerung von Vorräten für die auf Kronborg stationierten Soldaten genutzt wurden. Ich finde es langsam richtig unheimlich hier. Das Geräusch tropfenden Wassers lässt es mir eiskalt den Rücken hinunterlaufen.

»Sein oder Nichtsein, das ist hier die Frage«, murmle ich den Einstieg von Hamlets berühmten Dialog vor mich hin, in der Erwartung, hinter der nächsten Ecke der Spukgestalt des dänischen Prinzen zu begegnen. Doch außer einer Maus, die quiekend unseren Weg kreuzt und mich vor Schreck fast Reißaus hätte nehmen lassen, treffen wir niemanden.

Nach einer gefühlten Ewigkeit erblicken wir wieder das Tageslicht. Im Vergleich zu den nasskalten Gewölben unter Schloss Kronborg fühlt sich der dänische Novemberwind an wie der warme Föhn, der in meiner bayerischen Heimat bei günstiger Wetterlage von den Alpen herunterweht. Wir schütteln uns die Kälte aus den Knochen und lassen den Nachmittag in einem Café auf dem Schlossgelände ausklingen. Als wir abends wieder zu Hause ankommen, entdecke ich im Briefkasten ein Schreiben der Zulassungsbehörde.

»Das wird der Bescheid über die Höhe der Registrierungsgebühr sein«, vermute ich. Irgendwie schwant mir nichts Gutes. Ich überfliege den Brief, bis ich schließlich bei einer unglaublichen Zahl lande. Meine Arme fallen kraftlos nach unten.

»Was ist denn jetzt?«, will Sara wissen. »Wie viel müssen wir bezahlen?« Ich gebe ihr das Schreiben.

»Hier. Lies selbst.« Sie nimmt den Brief, liest und schaut genauso ungläubig wie ich.

»Hier steht, dass wir 93 438 Kronen zahlen müssen. Was machen wir jetzt?«

»Etwas ist faul im Staate Dänemark«, knurre ich. 12 500 Euro. Ich hatte mit weniger gerechnet oder zumindest auf weniger gehofft. Doch jetzt wackelt mein fester Vorsatz plötzlich wieder, das Auto umzumelden. Ich habe den Wagen vor drei Jahren genau zu diesem Preis in Deutschland gekauft!

»Jetzt reicht's. Das Auto wird verkauft.« Ich nehme den gelben Zettel mit der Checkliste von der Kühlschranktür und zerreiße ihn. Als vierter und letzter Punkt stand dort geschrieben:

Registrierungsgebühr bezahlen

SIEBZEHN

Ein Auto mit ausländischem Kennzeichen in Dänemark zu verkaufen, lohnt nicht. Ellen warnt mich davor, als ich ihr noch am selben Abend bei einem Gläschen Gammeldansk mein Leid klage. »Die hiesigen Händler werden dir nicht viel zahlen. Schließlich bleibt die Registrierungsgebühr an ihnen hängen«, sagte sie. Aber ich wollte ihr nicht glauben.

Wild entschlossen, meinen Wagen loszuwerden, mache ich mich ein paar Tage später im Internet auf die Suche. Schließlich lande ich bei einem Gebrauchtwagenhändler, der sich auf BMWs spezialisiert hat. Da er im Stadtteil Amager liegt, gleich um die Ecke von Saras Arbeitsplatz, statte ich dem Händler einen Besuch ab, nachdem ich meine Freundin am Bella Center abgesetzt habe.

Als ich mit meinem Auto auf den Parkplatz einbiege, schauen drei dunkle Gestalten in schwarzen Lederjacken interessiert auf. Sie schnippen ihre Zigarettenstummel in eine der zahlreichen Pfützen auf dem mit Schlaglöchern durchzogenen Gelände und folgen mir langsam. Im Rückspiegel sehe ich, wie sie auf mein Autokennzeichen zeigen. Nachdem ich den Wagen abgestellt habe, bauen sich die drei vor mir auf. Alle tragen Dreitagebärte so schwarz wie ihre Lederjacken. Einer von ihnen hat eine plattgedrückte Nase, wie ein Boxer. Und der Mann in der Mitte trägt einen nicht zu übersehenden Schmiss auf der rechten Wange. Ich habe schon ansprechendere Gestalten gesehen und frage mich, was mich hier erwartet.

»Kann ich dir irgendwie helfen?«, fragt mich der Mann mit dem Schmiss. Seine Stimme klingt erstaunlich freundlich.

»Ich suche den Händler, dem dieser Laden gehört«, antworte ich verunsichert. Der Mann zündet sich eine neue Zigarette an und bläst den Rauch kräftig aus einem Mundwinkel. Die anderen beiden umrunden inzwischen meinen Wagen und mustern ihn dabei gründlich.

»Hier bin ich. Also, wie kann ich dir helfen?«

»Ich will meinen BMW hier verkaufen. Was bekomme ich dafür? Er hat keine dänischen Nummernschilder.«

»Das sehe ich«, entgegnet der Händler. »Wie viel willst du denn dafür haben?« Nervös beobachte ich aus den Augenwinkeln die beiden anderen Männer, die immer noch um meinen Wagen herumschleichen.

»Ich dachte an 75 000 Kronen«, sage ich zögerlich. Der Händler lacht laut und wird abrupt wieder ernst.

»Willst du mich auf den Arm nehmen? Ich gebe dir 40 000.«

»Das sind ja nur 5000 Euro!«, empöre ich mich. »Auf keinen Fall!«

Der Händler bleibt ungerührt.

»Das ist mein letztes Wort. Ich kann dir sonst nur anbieten, das Auto gegen ein anderes mit dänischen Kennzeichen einzutauschen.« Er geht ein paar Schritte weiter und zeigt auf eine rostige Schüssel, einen Renault Clio. »Astreiner Zustand, elektrische Fensterheber, Servolenkung, verstellbare Sitze«, rasselt er runter. »Und das Beste ist: Er hat erst 140 000 Kilometer.« Gespannt wartet er auf meine Reaktion. Ich bin zu geschockt, um zu antworten. Diesen Haufen Blech will er gegen meinen BMW eintauschen? Es fehlt nur noch, dass er noch das Lenkrad, die vier Reifen und den Motor als Sonderausstattung nennt. Eher verbringe ich den Rest meiner Tage in den Kellergewölben unter Schloss Kronborg, als dass ich auf dieses Angebot eingehe.

»Und? Was ist jetzt? Ist ein gutes Auto«, sagt er und streichelt mit seiner rechten Hand sanft über die mattlackierte Motorhaube.

»Nein, danke. Ich glaube, ich versuche es noch anderswo«, finde ich schließlich meine Worte wieder.

»Viel Glück. Und falls du es dir doch noch anders überlegst: Hier ist meine Karte.« Er schmunzelt. Offenbar glaubt er nicht, dass ich für meinen Wagen einen besseren Preis bekomme – zumindest nicht in Dänemark.

Ich will es nicht wahrhaben und bin den Rest des Tages damit beschäftigt, sämtliche Autohändler in und um Kopenhagen aufzusuchen, in der Hoffnung auf ein akzeptables Angebot. Doch egal, wo ich vorstellig werde, mehr als 40 000 Kronen bietet mir niemand. »Wir müssen schließlich auch noch etwas verdienen«, jammert ein grauhaariger Autohändler im Kopenhagener Vorort Glostrup. »Mit Autos aus dem Ausland wollen wir grundsätzlich nichts zu tun haben«, erklärt mir in Ballerup ein anderer.

Als die Sonne schon tief am Himmel steht, gebe ich

entnervt auf. Ich hätte gleich auf Ellen hören sollen, dann wäre mir diese Odyssee erspart geblieben. Zeit für Plan B. Das Auto wird bei nächster Gelegenheit in Deutschland verkauft. Doch was mache ich bis dahin damit? Einfach stehenlassen geht nicht. Nicht nachdem mich unsere Nachbarn bereits auf mein deutsches Kennzeichen hingewiesen haben. Und bis ich wieder nach München komme, dauert es noch eine Weile. Zum Glück hat Sara den rettenden Einfall.

»Wir könnten den Wagen bei Karen-Marie und Finn in die Garage stellen. Dann stünde er auf privatem Grund, und das Finanzamt könnte dich nicht behelligen«, schlägt sie vor, nachdem ich sie von der Arbeit abgeholt habe. Ich bin noch etwas skeptisch: »Glaubst du denn, die beiden machen da mit? Schließlich brauchen sie den Garagenplatz selbst.«

»Ach, das machen die bestimmt. Schließlich gehörst du jetzt ja zur Familie. Und besonders Finn hat einen Narren an dir gefressen. Der hilft dir sicher«, gibt sich Sara optimistisch. Vielleicht hat sie recht. Dass Finn mich mag, weiß ich inzwischen auch. Als ich den Mann von Saras Tante Karen-Marie vor zwei Jahren das erste Mal traf, war ich mir da aber alles andere als sicher.

»Weißt du noch, wie du mich damals deiner Großfamilie zum Fraß vorgeworfen hast?«, frage ich Sara, die beschämt den Boden mustert.

»So viele waren es doch auch wieder nicht«, wehrt sie sich halbherzig. Eine maßlose Untertreibung. Tatsächlich sah ich mich einer Sippschaft gegenüber, deren Größe es leicht mit der Ahnengalerie des dänischen Königshauses aufnehmen konnte.

Sara und ich kannten uns kaum drei Monate, als sie mich fragte, ob wir ihrer Tante Christa einen Besuch abstatten wollten. Wir waren gerade auf dem Heimweg von Kalunborg, wo wir ein paar Tage im Sommerhaus einer Bekannten verbracht hatten.

»Christa hat uns eingeladen, spontan bei ihr vorbeizuschauen. Ihr Sohn Sebastian feiert heute sein Abitur im engsten Familienkreis. Außerdem sind alle schon ganz gespannt, dich endlich kennenzulernen«, referierte Sara, was in der SMS von ihrer Tante stand. »Was meinst du? Sollen wir kurz vorbeischauen?« Ich war skeptisch. Eigentlich wollte ich erst einmal Sara richtig kennenlernen, ehe ich es mit ihrer Familie zu tun bekam. Unsere Beziehung war noch frisch und mein Dänisch extrem schlecht. Außerdem sah ich überhaupt nicht vorzeigbar aus. Zu einem weißen T-Shirt mit ausgefranstem Kragen trug ich eine sonnengebleichte kurze Hose, und in meinem zerzausten Haar hingen noch Salzkristalle vom morgendlichen Sprung ins Meer. Ich fühlte mich also für solch ein Treffen nicht gewappnet.

»Ich weiß nicht. Muss das sein?«, zögerte ich. Doch Sara ließ nicht locker.

»Komm schon! Es dauert auch nicht lange. Und wie gesagt: Das ist eine ganz gemütliche und ungezwungene Runde im engsten Kreis der Familie.« Mir war mulmig zumute, aber ich gab schließlich nach.

Christas Haus lag in einer kleinen Seitenstraße des Örtchens Svinninge und sah aus wie jene Häuser, die man als Kind immer auf Papier gemalt hat: mit spitz zulaufendem Satteldach, Mauern aus rotem Backstein und Blumenkästen vor den Fenstern. Hinter den sattgrünen Hecken war ein Fahnenmast zu sehen, an dem der Dannebrog hing. An den Anblick der dänischen Nationalflagge in fast allen Gärten des Landes hatte ich mich zu diesem Zeitpunkt schon gewöhnt. Ich kannte das Phänomen bereits aus Schweden und Norwegen, wo man ebenfalls gerne Flagge zeigt.

Historisch bedingte und offizielle Flaggentage – von denen es 33 gibt – reichen den Dänen nicht aus: Sie hissen Fahnen auch zu privaten Anlässen oder einfach weil das Wetter schön ist. Würde in Deutschland jemand auf die Idee kommen, in seinem Garten Schwarz-Rot-Gold zu hissen, er hätte wohl sofort den Verfassungsschutz wegen Verdachts auf nationalistische Umtriebe am Hals. In Dänemark ist es umgekehrt. Wer den Mast leerstehen lässt, kann es schon einmal mit aufgebrachten Nachbarn zu tun bekommen.

Als wir einige Tage zuvor im Sommerhaus von Saras Bekannten die Fahne einmal unten gelassen hatten, weil weder ein Sprössling der Königsfamilie getauft wurde noch einer von uns beiden Geburtstag hatte oder das Wetter schön war, klingelte es prompt an der Tür. Der Mann, der draußen stand, erklärte mir mit Leichenbittermiene, dass ein Fahnenmast nie nackt sein sollte. Wenn sich schon kein Anlass für einen ordentlichen Flaggentag finden ließe, dann sollten wir doch wenigstens einen Wimpel hissen. Der dürfe nämlich auch nachts an der Stange hängen.

»Ihr habt ja mehr Regeln für den Umgang mit der Fahne als wir in Deutschland Steuergesetze«, witzelte ich auf Englisch, um dem Guten ein wenig den Wind aus der Fahne zu nehmen. Sara, die inzwischen hinter mir aufgetaucht war, musste schmunzeln. Unser Nachbar nicht.

»Ich höre, du bist nicht aus Dänemark. Vielleicht

solltest du dir dann das hier mal genauer anschauen«, empfahl er mir und drückte mir eine sehr umfangreiche Broschüre in die Hand. Dann ging er. *Anleitung zum korrekten Gebrauch des Dannebrog. Herausgegeben vom Heimatverein »Danmarks-Samfundet«*, las ich vor. »65 Seiten, nicht schlecht.« Ich wollte nicht die gesamte Nachbarschaft gegen uns aufbringen, also stellte ich das ganze Sommerhaus auf den Kopf, um einen dänischen Wimpel zu finden. Als das Ding endlich an seinem Platz hing, legte ich mich aufs Sofa und blätterte die Gebrauchsanweisung durch. Beim Lesen wurde mir klar, dass wir uns alleine in den vergangenen vier Tagen 14 Regelverstößen schuldig gemacht hatten. So hatte ich zum Beispiel einmal beim Flaggenhissen eine Schirmmütze getragen. »Baren Hauptes« sei eine Fahne zu hissen. Asche auf mein Haupt, aber die ist wohl auch nicht erlaubt. Kein Zweifel: Die Anleitung zum korrekten Gebrauch des Dannebrog kann es locker mit jeder kommunalen Bauordnung einer deutschen Gemeinde aufnehmen.

Mit Kennerblick musterte ich deshalb einige Tage später von der Straße aus Fahne und Mast in Tante Christas Garten.

»Ich schätze mal, dass die Breite der Fahne ein Sechstel der Höhe des Masts ausmacht. Also Sturmflagge«, scherzte ich. Eigentlich war ich aber ganz schön nervös, denn der Geräuschpegel im Garten war beunruhigend hoch und ließ auf alles Mögliche schließen, nur nicht auf eine Runde im engsten Familienkreis. Die Tür ging auf, und binnen weniger Sekunden befand ich mich in einem Menschenauflauf, wie man ihn sonst nur von Königin Margrethes Thronjubiläum kennt. Christa war eine zierliche Frau mit feschem Kurzhaarschnitt und einer eckigen Lesebrille, die auf der Spitze ihrer Hakennase saß. Sie umarmte mich so herzlich, als wäre ich der verlorene Sohn.

»Wie schön, dich endlich kennenzulernen!«, rief sie. »Kannst du Dänisch?«

»Kaum«, antwortete ich knapp. Eigentlich war das noch eine maßlose Übertreibung. Doch Christa hielt das offenbar für ausreichend, um mit mir fortan in hohem Tempo Dänisch zu sprechen und allen anderen mitzuteilen, wie fantastisch mein Dänisch doch wäre. Immer noch leicht verunsichert, blickte ich mich nach Sara um, aber die war schon längst im Menschenmeer abgetaucht. An ihrer Stelle führte mich Christa herum und stellte mich jedem vor, was ganz schön viel Zeit in Anspruch nahm. Da war zum Beispiel ihr Mann, Rasmus, ein Physiotherapeut, der sich dem ganzheitlichen Behandlungsansatz verschrieben hatte. Er stand gerade im Wohnzimmer und redete auf seine Tochter Marie-Louise ein. »Ich würde deinen Kindern ja einmal eine Fußreflexzonenmassage verordnen. So hibbelig, wie die sind«, sagte er. Doch wie mir ihre Mutter Christa erzählte, war Marie-Louise angehende Augenärztin und als solche überzeugte Schulmedizinerin, die für die alternativen Ansätze ihres Vaters Rasmus nicht viel übrig hatte. Wie ihre Mutter war sie sehr zierlich. Dafür dröhnte ihre Stimme umso lauter. Marie-Louise hatte ihre beiden hibbeligen Kinder dabei, Storm und Thorvald. Zwei Blondschöpfe, die sich in einer Ecke des Wohnzimmers balgten und das ein oder andere Mal von der röhrenden Stimme ihrer Mutter zurechtgewiesen wurden.

Auf dem Weg nach draußen in den Garten zeigte mir Christa noch einen Mann in Jeans und zu weitem Jackett, der etwas verloren in der Gegend stand und an einer Flasche Tuborg nuckelte. »Hallo, ich bin Alan«, stellte er sich vor. »Glückwunsch zu Sara. Die ist eine ganz Tolle.« Ich bedankte mich, wurde von Christa aber schon wieder weggezogen. Aus den Augenwinkeln konnte ich noch beobachten, wie sich eine korpulente Frau zu Alan stellte und ihn in scharfem Ton zusammenstauchte. Wie ich von Sara später erfuhr, war Alan vor nicht allzu langer Zeit mit einer jüngeren Frau durchgebrannt, dann aber reumütig zurückgekehrt. Seine Gattin Martha nahm ihn wieder auf, jedoch nicht ohne ihn permanent mit giftigen Kommentaren zu seiner damaligen Affäre zu traktieren.

Auf der Terrasse standen Christas Schwester Karen-Marie und ihr Mann Finn. Karen-Marie trug ihr graues Haar ebenfalls kurz. Die Gläser ihrer Brille waren leicht getönt, und sie rauchte Zigarillos – Kette. Finn rauchte Zigaretten, davon aber auch eine Menge. Sein Haar war bis auf wenige Millimeter kurzgeschoren. Er trug einen stoppeligen Vollbart und wie seine Frau eine Brille mit getönten Gläsern. Nase und Wangen seines ohnehin schon hochroten Gesichts waren mit noch röteren Äderchen durchzogen, sein Lachen klang so rau wie ein grobkörniges Reibeisen. Und Finn lachte oft an diesem Nachmittag, besonders wenn er sich mal wieder einen Spaß daraus machte, mich auf den Arm zu nehmen. Er fand es ausgesprochen lustig, dass ich kaum etwas von dem verstand, was er sagte. Später erzählte mir Sara, dass Finn einmal ein großer Metzgerbetrieb im Kopenhagener Vorort Taastrup gehört hatte. Ein Bürohengst war er allerdings nie gewesen. Jeden Tag stand er von frühmorgens bis spätabends im Geschäft, hievte Schweinehälften auf riesige Stahlhaken, löste Lammkeulen aus ihren Hüftgelenken, schliff Schlachtermesser und half im Verkaufsbereich aus. Vor drei Jahren ging er in Frührente. Jahrelange Knochenarbeit und Unmengen an Zigaretten und Bier hatten ihre Spuren hinterlassen. Doch über seine angeschlagene Gesundheit will Finn nie reden – und zum Arzt gehen schon gleich gar nicht. Er macht lieber seine Scherze und frönt weiterhin seinen Lastern. Hat Finn einen erst einmal in das weiche Herz geschlossen, das unter seiner rauen Schale pocht, ist er sehr hilfsbereit. Doch in den Genuss seiner Hilfsbereitschaft kam ich erst viel später.

Nach sehr, sehr vielen seiner Scherze führte mich Christa in den Garten, wo Sara bereits neben weiteren Großcousins und Schwippschwagern Platz genommen hatte. Die weißen Blüten der Apfelbäume schimmerten in der Nachmittagssonne, und es roch nach frisch gemähtem Gras. Ich setzte mich neben einen hochgewachsenen Mann, der sich mir als Marie-Louises Lebensgefährte vorstellte.

»Hallo. Ich bin Toke, und so wie du aussiehst, brauchst du dringend Wein«, sagte er auf Englisch.

»Aber Elmar muss noch fahren«, protestierte Sara, als sie sah, wie Toke mein Glas füllte.

»Tja. Sieht so aus, als würdest du jetzt fahren. Wer so ins kalte Wasser geworfen wird, der hat sich ein paar Gläser verdient. So sind die Regeln«, entgegnete Toke trocken. »Vor gar nicht so langer Zeit war ich in der gleichen Situation wie du jetzt. Glaube mir, die Begegnung mit der gesamten Sippschaft hier lässt sich mit ein wenig Alkohol viel besser überstehen«, flüsterte er mir zu. Ich war ihm für die Zuwendung außerordentlich dankbar.

Während des Essens wurden zahlreiche Reden zu Ehren von Abiturient Sebastian gehalten, der mit seiner Studentenmütze auf dem Kopf still zwischen der lärmenden Verwandtschaft saß. Diese Mütze, die der eines Schiffskapitäns gleicht, kam Mitte des 19. Jahrhunderts nach Skandinavien und war von den Kopfbedeckungen norddeutscher Studenten inspiriert. Mich erinnern dänische Abiturienten immer ein wenig an Absolventen einer Kadettenanstalt. Diese kadettengleichen Exschüler mieten sich dann im Klassenverband einen Lastwagen mit offener Ladefläche und brausen durch die Stadt. Dabei wird bei jedem Elternhaus haltgemacht und das ein oder andere alkoholische Getränk zu sich genommen. Auf dem Lastwagen selbst fließt das Bier natürlich auch in Strömen. Sara und ich mussten bereits feststellen, dass unsere Nachbarschaft in Kopenhagen offenbar ausschließlich aus solchen Elternhäusern besteht. Jeden Juni legen unzählige Lastwagen mit angetüdelten Kadetten in unserer Straße einen Zwischenstopp ein. Die Musik ist dabei generell auf Flugzeugturbinen-Niveau aufgedreht. Sara erzählte mir einmal, dass sie gleich auf zwei solcher Fahrten mit dabei war, weil ihre beste Freundin in ihrer Parallelklasse saß. »Solche Abiturfeiern können sich manchmal über Tage hinziehen und sind extrem anstrengend«, brüllte sie mir ins Ohr, als in unserer Straße mal wieder die Flugzeugturbinen angeworfen wurden.

Vielleicht war das der Grund, warum Sebastian an jenem Nachmittag in Christas Garten so abwesend wirkte. Während die ganze Großfamilie ein Lied nach dem anderen trällerte, hing er ziemlich müde in seinem Stuhl. Ich beschränkte mich währenddessen darauf, das ganze Spektakel zu beobachten und dabei ein Glas Wein nach dem anderen zu leeren. Irgendwie fühlte ich mich zwischen all den schrägen Figuren und ihren Geschichten, die zu einer solch weitverzweigten Verwandtschaft nun einmal gehören, an Morten Ramslands Familienroman *Hundsköpfe* erinnert.

Nach drei Gängen, acht Liedern und unzähligen von Finns Scherzen brachen Sara und ich schließlich auf.

»Soso, kleiner Familienkreis also«, stichelte ich, als wir nach einer endlosen Abschiedszeremonie wieder vor dem Wagen standen und ich ihr den Autoschlüssel zuwarf.

»Ich wusste selbst nicht, dass das so ein Auflauf wird«, beteuerte Sara. Irgendwie glaubte ich ihr nicht so recht. Doch ich war zu müde, um mir darüber weiter Gedanken zu machen. »Finn mag dich übrigens sehr. Hat er mir eben noch erzählt«, fügte Sara hinzu.

»Wieso? Ich habe doch kaum etwas gesagt«, entgegnete ich erstaunt.

»Vielleicht gerade deshalb.«

ACHTZEHN

So wenig wie Sara hat sich wohl noch nie ein Däne auf ein *Julefrukost* gefreut. Ziemlich lustlos sitzt sie auf der Stufe, die unsere Küche vom Wohnzimmer trennt, und schnürt sich ihre Stiefel, die Kapuze des Daunenanoraks tief ins Gesicht gezogen. Draußen wütet ein Schneesturm, was Anfang Dezember in Kopenhagen keine Seltenheit ist. Fast waagrecht fegen die Flocken an den Fenstern unserer Wohnung vorbei. Es ist fünf Uhr nachmittags. Um diese Zeit hat sich die Sonne längst verabschiedet. Zugegeben, keine einladenden Aussichten, um sich zu einer Weihnachtsfeier im Kollegenkreis aufzumachen. Zumal Sara trotz widrigster Witterungsbedingungen natürlich wild entschlossen ist, die Strecke in die Kopenhagener Innenstadt mit dem Fahrrad zurückzulegen.

»Das wird sicher ein lustiges *Julefrukost*«, versuche ich sie aufzumuntern.

»Normalerweise würde ich das auch denken«, entgegnet Sara und streichelt ihren Bauch, der im sechsten Monat schon ganz gut zu sehen ist. »Aber ich kann doch keinen Alkohol trinken. Oder hast du das schon vergessen?«

»Oh. Hm.« Mehr fällt mir dazu auch nicht ein. Denn zu einem echten *Julefrukost* gehört Alkohol wie *Hygge* zu Dänemark. Leugnen zwecklos. Die Saison geht dabei von Ende November bis Weihnachten, und die meisten Dänen besuchen gleich drei dieser *Julefrukost*: eines mit Freunden, eines im Kollegenkreis und eines bei der Familie. Paw hatte mich vor einigen Tagen schon auf unser eigenes *Julefrukost* eingestimmt, das für den morgigen Samstagabend angesetzt ist. »Nimm dir für den Sonntag mal nichts vor«, hatte er gesagt. Ein Ratschlag, den ich besser befolge, zumal er von Paw kommt, für den es keine halben Sachen gibt.

»Es wird sicher nicht spät«, murmelt Sara und verlässt die Wohnung.

Bei dem Wetter würde ich mich jetzt am liebsten aufs Sofa legen und fernsehen. Sicher läuft irgendeine Talkshow, in der ein führendes Mitglied der Regierung das Familienrezept für Vanillekränze oder Pfeffernüsse preisgibt. Doch leider habe ich noch eine Verabredung mit Finn. Mein Auto soll in seine Garage, und das heute noch. Denn morgen fliegen er und Karen-Marie für einen Monat nach Australien, wo ihre jüngste Tochter Julie Medizin studiert. Nachdem ich mich warm eingepackt und das Auto vom Schnee befreit habe, mache ich mich auf den Weg. Auf den Straßen herrscht eine bunte Mischung aus Berufsverkehr und vorweihnachtlichem Trubel. Der Schneematsch trägt mit dazu bei, dass es nur im Schritttempo vorwärtsgeht. Ich versuche, die Sache positiv zu sehen, und hoffe, dass sich die Polizei bei dem Chaos auf ihre Kernaufgaben konzentriert und heute ausnahmsweise auf die Kontrolle von Autos mit ausländischen Kennzeichen verzichtet.

Auf der Falkoner Allé in der Kommune Frederiksberg ist mal wieder besonders viel los. Frederiksberg ist eine eigenständige Insel mitten in Kopenhagen. Alles ist dort ein bisschen anders. Der Bürgermeister gehört einer konservativen Partei an, die Steuern sind niedriger, die Mieten höher und die Bewohner in aller Regel wohlhabender als im Rest der Stadt. Es gibt ein eigenes Krankenhaus, eine Polizei- und Rettungsstation sowie eine besonders hohe Dichte an Spezialitätengeschäften, die Jakobsmuscheln, Jahrgangschampagner und luftgetrockneten Schinken von iberischen Schweinen führen, die ausschließlich mit Eicheln gefüttert wurden. Morten liebt Frederiksberg. »Da ist alles so sauber und aufgeräumt«, pflegt er zu sagen. »Nicht so wie der ganze sozialdemokratische Morast drum herum.« Tatsächlich sind die Bewohner Frederiksbergs eine eingeschworene Gemeinschaft. Um nichts in der Welt würden sie zwei Kilometer weiter ins angrenzende Nørrebro, Vesterbro oder gar nach Vanløse ziehen. Und die Postleitzahlen Frederiksbergs, die von 1800 bis 2000 reichen, tragen sie so stolz im Briefkopf wie Deutsche ihren Doktortitel. Als ich mit Sara auf Wohnungssuche war, besichtigten wir auch eine in Frederiksberg. Die Wohnung war perfekt! Drei Zimmer und sogar eine Badewanne. Die sind in Kopenhagen so selten zu finden wie nichtalkoholisierte Besucher eines *Julefrukost*. Als uns die adrett gekleidete Maklerin dann aber den Mietpreis nannte, war die Freude schnell dahin.

»Der Quadratmeterpreis ist ja fast doppelt so hoch wie in Kopenhagen!«, rief ich.

»Das stimmt. Aber vergiss nicht: Das hier ist Frederiksberg. Die Postleitzahl 1899 wird euer sein«, entgegnete die Maklerin.

»Ziemlich viel Geld für eine Postleitzahl«, murmelte ich und gab der Maklerin zu verstehen, dass die Wohnung wohl doch nichts für uns sei.

Nach einer Stunde Schneegestöber und Feierabendwahnsinn fahre ich das Auto endlich in Taastrup in die Garage. Als ich aussteige, schallt mir schon Finns Lachen entgegen.

»Blaumetallic. Ist das nicht eine Farbe für Weicheier? Ach ja, hatte ich ganz vergessen. Du bist ja Deutscher«, prustet er und zieht triumphierend an seiner Zigarette. »Kommst du noch mit rein auf ein Bier? Du kannst mit uns essen. Es gibt Schweinebraten.« Mögen Finns Scherze auch von noch so zweifelhafter Qualität sein, seine Gastfreundschaft ist legendär – und besser nicht auszuschlagen. Sonst ist Schluss mit lustig.

Drinnen steht Karen-Marie in der Küche und gibt der knusprigen Schweineschulter mit einer Honigglasur den letzten Glanz. Im ganzen Haus hängt eine Dunstglocke, wobei nicht mit Sicherheit auszumachen ist, ob sie vom Kochen oder von Finns Zigaretten herrührt.

»Elmar, setz dich doch. Essen ist gleich fertig«, begrüßt sie mich. Finn schlurft an ihr vorbei und fischt zwei Carlsberg aus dem Kühlschrank. »Hoffentlich schmeckt es dieses Mal«, grinst er und wirft mir eine Dose zu.

»Für deine Geschmacksnerven wird's schon reichen«, kontert Karen-Marie, während sie den Rotkohl auf die Teller verteilt. Seit 34 Jahren sind die beiden verheiratet, und mit ihren täglichen Frotzeleien haben sie schon so manche Ehekrise überstanden. Als Finn in den siebziger Jahren durch das Schlachthofviertel Kopenhagens zog und die Nacht zum Tag machte, war

Karen-Marie alles andere als begeistert. Das *Kødbyen*, die »Fleischstadt«, gleich hinter dem Hauptbahnhof, war damals noch eine verruchte Gegend mit Kaschemmen, in denen das Bier prinzipiell nur mit einem Kurzen zusammen verkauft wurde. Der umliegende Stadtteil Vesterbro war ein echtes Glas- und Scherbenviertel mit heruntergekommenen Altbauten und schmutzigen Hinterhöfen. Der junge Finn trank und rauchte sich in schummrigen Kneipen durch die Wochenendnächte und war auch weiblichen Bekanntschaften nicht abgeneigt. Er wäre damals vor seiner Frau geflüchtet, behauptet er, die zur gleichen Zeit als Feministin ihr Unwesen getrieben hätte. Karen-Marie war Anhängerin der *Rødstrømper*, der Rotstrümpfe, einer sozialistischen Frauenbewegung, die für die geschlechtliche Gleichberechtigung kämpfte. Finn waren diese Damen ein Graus, was seine Frau jedoch nicht davon abhielt, an diversen Aktionen teilzunehmen. Mittlerweile haben Karen-Marie und Finn diese unruhigen Zeiten längst hinter sich gelassen. Was bleibt, sind kleine Sticheleien hie und da.

Ich lasse mir noch eine Weile bei Carlsberg und Schnaps Geschichten von früher erzählen. Um halb elf fährt mich Finn zur S-Bahn-Station Høje Taastrup, von wo ich die lange Reise zurück bis nach Østerbro antrete. Das Schneegestöber hat inzwischen nachgelassen. Dafür ist es richtig kalt geworden.

»Überleg dir gut, ob du ihn wirklich verkaufen willst. Das ist ein gutes Auto, und bald seid ihr eine Familie«, gibt Finn mir noch mit auf den Weg. Zum ersten Mal an diesem Abend ist er vollkommen ernst. »Und dieses Weichei-Blaumetallic passt so schön zu dir.« Also doch noch ein kleiner Seitenhieb.

Gegen Mitternacht komme ich endlich zu Hause an. Meine Freundin liegt schon im Bett und schläft. Ein nüchternes *Julefrukost* dauert eben nicht besonders lange.

Am nächsten Morgen weckt mich Sara, die wie ein Wirbelwind durch die Wohnung fegt. Mein Kopf hingegen fühlt sich schwer an wie eine Kanonenkugel. Ich ärgere mich über die ein, zwei Schnaps zu viel, gestern mit Finn. Schließlich steht mir heute die eigentliche Herausforderung bevor, DAS JULEFRUKOST. Ein kräftiges Frühstück mit eingelegtem *sild* bringt mich wieder auf die Beine. Sara blickt mich über den Rand ihrer Kaffeetasse an.

»Eigentlich bin ich froh, dass ich gestern früh gegangen bin. Das war irgendwann nicht mehr zum Aushalten. Am Ende haben meine Kollegen alle Hemmungen verloren. Einer hat mich sogar angemacht, und dann sind noch zwei gemeinsam auf die Toilette verschwunden«, erzählt Sara. Die Dänen sind ohnehin ein feierfestes Völkchen, aber bei Julefrukost gibt es kein Halten mehr. Alle gesellschaftlichen und zwischenmenschlichen Konventionen lösen sich dann im Alkoholdunst auf. Umfragen ergaben, dass die vorweihnachtlichen Ess- und Trinkgelage die Seitensprung-Rate deutlich in die Höhe schnellen lassen. Ja sogar ein Großteil der Kuckuckskinder in Dänemark soll auf One Night Stands während eines Julefrukost zurückzuführen sein. Doch selbst wenn man seine Libido im Zaum hat, ist so ein Julefrukost eine sehr gesellige, aber auch anstrengende Sache.

»Vielleicht wird das ja bei uns heute gar nicht so extrem«, mache ich mir selbst Mut.

»Vielleicht ist das Vollkornbrot eine deutsche Erfindung«, schmunzelt Sara. Am Abend treffe ich mich mit Paw vor dem Restaurant *Tivoli Hallen* in der Kopenhagener Innenstadt. Er hat für 19 Uhr einen Tisch reserviert. Mit dabei sind noch Theaterregisseur Martin, Performancekünstler Stuart, dessen Wollmütze jetzt im Winter ausnahmsweise mal ihren Zweck erfüllt, und Henrik, ein wohlbeleibter Drehbuchautor mit schütterem Haar und, wie sich später herausstellen wird, ein echter Aquavit-Kenner.

»Jungs, lasst uns einander alle noch einmal fest in die Augen schauen. Denn später kann ich für nichts mehr garantieren«, stimmt Henrik uns ein. Dann geht es los. Drinnen ist es warm wie in einer Sauna, rappelvoll, und der Geräuschpegel ist so hoch, dass wir uns am Tisch die Worte fast zurufen müssen. Da das Julefrukost-Menü schon vorbestimmt ist, kommt Henrik gleich zum Wesentlichen und lässt sich die Aquavit-Karte bringen. Mehr als 50 Schnäpse mit allen möglichen Aromen und Geschmacksrichtungen stehen dort gelistet: Zimt, Sternanis, Orange, Lakritz, Nelken, Madeira, schwarzer Pfeffer und Kreuzkümmel. Henrik bestellt einen Brøndums für uns, der angeblich nach Akazienhonig schmecken soll. Obwohl der Laden brechend voll ist, ist die Bedienung flott wie ein Kopenhagener Fahrradfahrer. Nach 20 Sekunden kommt sie mit der goldenen Flasche und füllt unsere bauchigen Schnapsgläser randvoll. Und »randvoll« ist hier nicht irgendeine Floskel für ein gutgefülltes Glas. Nein. Der Schnaps steht tatsächlich bis zum Rand und droht jeden Augenblick überzulaufen. »Das muss so sein. Alles andere wäre eine Frechheit«, erklärt Henrik. »*Skål*!« Der Aquavit brennt höllisch, und vom Akazienhonig schmecke ich herzlich wenig. Doch für eine Erholungspause bleibt keine Zeit, denn schon hat Henrik den nächsten Tropfen bestellt, einen Nordguld mit Fenchelaroma. »*Skål*!« Nach dem zweiten Glas wird mir schon warm ums Herz. Und als ich gerade sagen will, dass mir der Nordguld besser geschmeckt hat als der Brøndums, ist mein Glas schon wieder voll. »Der Aalborg Tafel Aquavit. 2002 wurde der beim Internationalen Wein- und Spirituosenwettbewerb zum besten Aquavit der Welt gekürt«, referiert Henrik, während er sein Glas erhebt. »*Skål*!« So trinken wir fünf oder sechs verschiedene Aquavite, ehe mein Magen auch nur ein Salatblatt gesehen hat. Gott sei Dank hat Henrik – der im Gegensatz zu mir den Aquavit dank seiner Körperfülle wunderbar zu vertragen scheint – jetzt ein Einsehen und verzichtet auf eine weitere Bestellung, »aber nur vorläufig«, grinst er.

Der Aquavit war ohnehin nur die Vorhut für das, was jetzt noch an Essen aufgefahren wird. Dagegen würde jedes Renaissancegelage auf Schloss Kronborg verblassen. *Sild*, in Senf-, Dill-, Currysoße oder schlicht einer Essiglösung eingelegter Hering, dazu *gravad lax* (gebeizter Lachs), *kødboller* (kleine Frikadellen), *lun leverpostej med champignon og bacon* (warme Leberpastete mit Pilzen und Speck) und natürlich viel Vollkornbrot mit Butter und Schmalz.

»Lass so weit als möglich die Finger vom Brot. Sonst schaffst du den Rest nicht«, warnt mich Paw, als er sieht, wie ich mir den Schmalz daumendick auf eine Scheibe streiche.

»Ich schaff das schon. Was soll schon noch groß kommen«, entgegne ich in aquavitbedingter Selbstüberschätzung. Doch nun folgen glasierter Schinken, Blutwurst und Schweinebraten. Die vertilge ich noch mit Begeisterung. Als aber danach gebratene Ente mit Rotkohl und *æbleflæsk*, ein deftiger Eintopf aus Äpfeln und Schweinefleisch oder Speck, serviert wird, ist mein Optimismus dahin. Mühsam kämpfe ich mich durch die Köstlichkeiten. Zwischendurch genehmige ich mir immer mal wieder einen kräftigen Schluck *juleøl*, ein dunkles, stark malzhaltiges Weihnachtsbier, das schmeckt, als hätte die Hexe aus dem Lebkuchenhaus ihr Gewürzsäckchen hineinfallen lassen. Langsam scheint selbst Henrik am Ende seiner Kräfte anzukommen. Paw steht der Schweiß auf der Stirn, Stuart zieht es vor, in seine Wollmütze zu schwitzen, und Martin hängt schon seit einer Viertelstunde mit offenen Hosenknöpfen in seinem Stuhl. »Aquavit bitte«, röchele ich. Ein klarer Kümmelschnaps ist jetzt meine letzte Rettung. Zum Glück ist die Bedienung – im Gegensatz zu uns – flink wie eh und je. Als sie unsere Gläser füllt, schenkt sie uns einen mitleidigen Blick.

»Bald habt ihr's geschafft, Jungs«, muntert sie uns auf. Vor Schreck verschlucke ich mich.

»Bald? Wieso bald? Ist es noch nicht vorbei?«, huste ich. Der Gedanke an noch mehr Essen lässt den Aquavit in meinen Adern gefrieren.

»Noch nicht«, grinst Paw. »Es gibt noch Nachtisch.« Der fällt wie der Rest des Essens – wie könnte es anders sein – überaus üppig aus. *Risalamande*, Reis mit Mandeln, kommt in einer riesigen Schüssel auf den Tisch. Es handelt sich dabei um gezuckerten Milchreis mit Vanille, gehackten Mandeln und jeder Menge untergehobener Schlagsahne. Dazu gibt es Kirschsoße. Das Ganze schmeckt derart köstlich, dass ich trotz akuter Magendurchbruchgefahr zwei Portionen in mich hineinschaufle. Danach sacke ich auf meinem Stuhl in mich zusammen, halte mir den Bauch und bestelle mit letzter Kraft noch einen Aquavit.

Die Völlerei zu Weihnachten hat in Dänemark eine ganz andere Qualität als bei uns. Die Grießnockerlsuppe, die gebratene Gans mit Blaukraut und Knödeln und der Obstsalat, den es bei meiner Familie im heimischen Bayern immer gibt, kommen mir plötzlich vor wie Schonkost. Kaum vorstellbar, dass die meisten Dänen jedes Jahr gleich drei *Julefrukost* besuchen. Wenn das Monstermenü an den Weihnachtsfeiertagen dann auch noch ein viertes Mal verzehrt wird, dürfte der gesamte Kalorienbedarf für das kommende Jahr bereits im Dezember gedeckt sein.

Nach dem Essen, so gegen elf, verkündet Paw, dass wir den Abend noch im Café Blomsten ausklingen lassen werden. »Zwei, drei hyggelige Bier, ein paar Zigaretten, darauf freue ich mich jetzt«, reibt er sich die Hände. Woher nimmt der Mann nur seine Energie? Mir steht das Essen bis zum Hals, und das Völlegefühl überdeckt inzwischen sogar die Wirkung des Alkohols. Frische Luft und der Weg mit dem Fahrrad nach Vesterbro hauchen mir jedoch wieder ein wenig Leben ein. Das Café Blomsten ist ein echtes Wirtshaus, schummrig und muffig mit einer Leuchtstoffröhre über dem Tresen. Hier treffen wir auf Altrocker, Arbeitslose, Frusttrinker und am Wochenende auch Jugendliche auf der Suche nach einem günstigen Absacker. Ich versuche, nicht weiter aufzufallen, und scheitere prompt, als ich das Bier und den Kurzen mit meiner Dankort bezahlen will. »Nur Bares«, grunzt der Wirt mit der Ankertätowierung. Als ich ihm einen 1000-Kronen-Schein (etwa 130 Euro) reiche, schaut einer der Thekentrinker von seinem Bierglas auf und fragt:

»Hast du nicht auch so einen für mich?« Die Stimme des Mannes ist rau wie von 1000 Zigaretten.

»Sorry«, antworte ich, »aber ich habe leider keinen Geldsch ...« Erschrocken über meine eigene Ausdrucksweise, breche ich den Satz ab. Doch da ernte ich bereits hustendes Gelächter.

»*Bare rolig*. War ja nur 'ne Frage«, antwortet der Mann mit einem Augenzwinkern. Ich erinnere mich daran, dass ich in Dänemark bin und ein rauerer Umgangston im entsprechenden Milieu schon in Ordnung geht. Zudem klingen Kraftausdrücke im Dänischen viel harmloser und gehen in der, nennen wir sie mal »saloppen«, Umgangssprache völlig unter. Die Dänen – und vor allem die Kopenhagener – fluchen gerne, und ihr Ton kann sehr direkt sein. Das hat jedoch nichts mit Aggressivität zu tun, sondern ist eher Ausdruck ihrer Jovialität, wie mir Paw am Anfang meines Dänemark-Abenteuers erklärte. »Oft versuchen wir auch damit, unser mangelndes Gespür für gesellschaftliche Etikette zu überspielen.« Ich fühle mich deshalb jetzt gar nicht schlecht. Im Gegenteil. Ich bin auf dem Weg, ein echter Kopenhagener zu werden.

Wir sitzen noch bis 2 Uhr morgens im Café Blomsten und erholen uns vom Julefrukost. Als ich den Nachhauseweg antrete, brummt Kopenhagen immer noch. Langsam und in leichten Schlangenlinien fahre ich zu meiner Wohnung in Østerbro, wo ich völlig erschöpft neben Sara ins Bett falle. Am nächsten Morgen bin ich froh, dass ich mir für den Tag nichts vorgenommen habe.

Heiligabend verläuft weit weniger anstrengend. Wir verbringen den Tag bei Saras Tante Christa mit ihren Cousins Sebastian, Søren, Claus und Martin sowie mit ihrer Mutter Martha. Auf mehrfache Bitte des *svagelige tysker*, des schwächlichen Deutschen (also mir), wurde das weihnachtliche Menü von acht auf vier Gänge reduziert. Nach langem Feilschen konnte ich Christa schließlich am Telefon auf eingelegten Hering mit hartgekochten Eiern, Schweinebraten, gebratene Ente mit Rotkohl und *risalamande* herunterhandeln.

»Dafür ist der Preis für die einzige ganze Mandel im Nachtisch dann auch etwas Essbares«, forderte Christa.

»Wenn es etwas aus Schokolade ist, einverstanden«, willigte ich ein.

»Sagen wir eine Schachtel Pralinen.«

»Abgemacht.« Ich war zufrieden mit dem Handel. Und sollte ich tatsächlich die einzige ganze Mandel erwischen, konnte ich die Pralinen immer noch Sara geben.

Weihnachten wird in Dänemark ganz ähnlich gefeiert wie in Deutschland. Es gibt nur zwei Unterschiede. Zum einen wird wie bei allen anderen Anlässen auch wesentlich mehr gesungen. Zum anderen hängen im Weihnachtsbaum nicht nur Süßigkeiten, Kugeln und Lametta, sondern auch kleine Dannebrog-Fähnchen. Doch daran, dass Martha und Christa ein Lied nach dem anderen schmettern und die Dänen eben gerne ihre Nationalfahne sehen, habe ich mich inzwischen schon gewöhnt. Merkwürdiger finde ich die Salzkartoffeln zur Ente. Die Soße perlt an ihnen ab wie Wasser an einem frisch gewachsten Auto. Da lobe ich mir die guten Kartoffelknödel, die sich so wunderbar vollsaugen und die ich an diesem Abend mal wieder sehr vermisse. Ansonsten verbringen Sara und ich im (dieses Mal tatsächlich) kleinen Familienkreis ein hyggeliges Weihnachtsfest. Als wir am nächsten Tag aufbrechen, wünschen wir uns alle noch einmal ein *glædelig jul og godt nytår*.

NEUNZEHN

Es ist Mitte März, und Sara schiebt inzwischen eine riesige Kugel vor sich her. Selbst bei vermeintlich einfachen Tätigkeiten wie dem Binden von Schnürsenkeln oder dem Löffeln von Maracujajoghurt (der neuen Geschmacksrichtung ihrer Wahl) gerät sie außer Puste. Bis zum errechneten Geburtstermin sind es noch fünf Wochen, die ihr aber vorkommen wie fünf Jahre. »Vielleicht kommt er ja schon früher?« Nach acht Monaten Schwangerschaft wird sie immer ungeduldiger. Ich kann sie verstehen. Für mich bietet sich jetzt die letzte Gelegenheit, berufliche Reisen in Angriff zu nehmen. Die Hebamme hat mich bei einem der zahlreichen Vorgespräche ermahnt, in den letzten vier Wochen der Schwangerschaft in Saras Nähe zu bleiben, um nicht gerade auf einer abgelegenen Insel zu sein, wenn die Wehen einsetzen. Ich habe deshalb für diese Woche ein regelrechtes Inselhüpfen geplant, bei dem ich zwei dänische Eilande besuchen will: Bornholm und Ærø. Auf Letzterem lebt ja jetzt Zwickaus ehemaliger Oberbürgermeister, den ich im vergangenen Herbst auf unserem Halloween-Ausflug im Tivoli getroffen habe. Vor zwei Wochen haben wir dann telefonisch vereinbart, dass er mich am Fährhafen von Ærøskøbing abholt.

Nun darf man die Fahrt von Kopenhagen nach Ærøskøbing getrost als kleine Weltreise bezeichnen. Zumindest wenn man kein Auto hat oder es, wie ich, schon seit drei Monaten in der Garage eines Verwandten vor den dänischen Steuerfahndern versteckt. So geht es zuerst mit dem Zug nach Nyborg an der Ostküste Fyns und von dort mit dem Bus die Küste entlang nach Svendborg, wo ich schließlich die Fähre nach Ærøskøbing nehme. Als ich nach 75 Minuten wieder festen Boden unter den Füßen habe, wartet Dietmar Vettermann bereits auf mich. Mit hochgezogenen Schultern steht er in einen dicken Daunenanorak eingepackt neben seinem Auto, einem kompakten Van aus Japan.

»Willkommen auf Ærø!«, ruft er mir schon von weitem zu und macht eine ausladende Handbewegung. Ich winke zurück und stelle dabei fest, dass ich viel zu dünn angezogen bin. Vom Meer weht eine steife Brise über die Insel. Die Grashalme ducken sich unter dem Wind. Bis 2008 war Dietmar Vettermann Oberbürgermeister in Zwickau. Termine, endlose Sitzungen in den Ausschüssen, Streitereien im Stadtrat und der ewige Papierkram prägten seinen Alltag. »Ich war ein Getriebener meines Kalenders, über den ich selbst kaum noch Kontrolle hatte«, erzählt er mir, als wir in seinem Auto sitzen. Jetzt lebt er also auf Ærø, das im Süden Dänemarks in der Nähe der deutschen Ostseeküste liegt. Malerische Siedlungen schmiegen sich an sanfte Hügel. Die Bäume sind in dieser Jahreszeit zartgrün, auf den Wellen tanzen weiße Schaumkronen. Gerade einmal 6700 Einwohner leben auf diesem 88 Quadratkilometer großen Eiland. Etwa so viele, wie im Zwickauer

VW-Werk arbeiten. Es ist ruhig hier. Buntbemalte Backsteinhäuser und alte Bauernhöfe stemmen sich seit Jahrhunderten gegen die oft recht harsche Witterung. Auf Ærø gibt es nur wenige geteerte Straßen, aber viele Feldwege und Pfade. Ærø ist die einzige der größeren dänischen Ostseeinseln, die nicht durch eine Brücke mit dem Festland verbunden ist. Durchgangsverkehr gibt es hier nicht. Hier landet niemand aus Versehen.

»Was machen Sie eigentlich hier?«, frage ich neugierig. »Einem ehemaligen Bürgermeister muss doch auf einer solch einsamen Insel furchtbar langweilig sein.«

»Was machst *DU* eigentlich hier«, korrigiert mich Vettermann. »Wir sind in Dänemark. Da ist Duzen Pflicht.« Die dänischen Gepflogenheiten hat er schon voll verinnerlicht, denke ich. Wenn jetzt in seinem Garten noch ein Mast steht, an dem der Dannebrog flattert …

»Also, was machst du eigentlich hier?«, wiederhole ich meine Frage.

»Lass dich überraschen.« Vettermann, Pardon, Dietmar grinst, während er den Wagen durch die Wiesen lenkt.

Wir fahren eine Weile durch sanft-hügeliges Terrain bis zu einer kleinen Kirche mitten im Nirgendwo. Durch ein schmiedeeisernes Tor gehen wir auf den Friedhof. Der Kies knirscht unter unseren Schuhen. Dann stehen wir im Inneren der Kirche. In dem romanischen Gemäuer aus dem 13. Jahrhundert herrscht diffuses Licht. Dietmar zieht es direkt zur kleinen Orgel im hinteren Teil des lutherischen Kirchenschiffs. Ohne ein Wort zu sagen, setzt er sich an das Instrument, zieht ein paar Register und fängt an zu spielen.

Seine Finger flitzen über die Tasten. Vor ihm liegt ein Notenblatt, doch er beachtet es nicht. Es klingt, als hätte er in seinem Leben nie etwas anderes getan.

»Das ist es, was ich hier mache«, erklärt er stolz. Ungläubig starre ich ihn an. Das ehemalige Oberhaupt einer deutschen Großstadt, Kantonist auf einer dünnbesiedelten dänischen Insel? Das ist fast so, als würde sich Angela Merkel in einem oberbayerischen Dorf als Jodelkursleiterin betätigen.

»Was ist passiert?«, frage ich in der Annahme, dass es einen guten Grund für einen solch radikalen Lebenswandel geben muss. Dietmar knetet sich die kalten Hände.

»Jetzt beginne ich doch, ein wenig zu frieren. Komm, wir fahren zu mir. Ich erzähle dir die Geschichte dort.«

Zehn Minuten später kommen wir an. Malerisch gelegen, ist das Gehöft nur durch eine kleine Straße sowie ein kurzes Stück Wiese vom Meer getrennt. Das schwarze Satteldach reicht bis zum Boden, an der Vorderseite rankt Efeu die Wand empor, und im Garten steht tatsächlich ein Fahnenmast, an dem der Dannebrog flattert. Dietmar Vettermann ist ein richtiger Vollblutdäne geworden.

Als wir das Haus betreten, begrüßt uns seine Frau Birgit. In einem mit weißer Farbe bekleckstem Blaumann und mit verschmierten Fingern reicht sie mir lieber den Ellenbogen. Dann verschwindet sie auch schon wieder. Dietmar lächelt milde und führt mich in den ersten Stock, wo sich das Wohnzimmer befindet oder besser gesagt: die Wohnhalle. Der Aufenthaltsraum der Vettermanns ist so riesig, dass man darin sich leicht aus den Augen verlieren kann. Die Zwischendecke ist entfernt worden, so dass man hinauf bis in den Dachgiebel schauen kann. Bunt zusammengewürfelte Möbel, ein alter Globus, Bücherstapel und eine Holztruhe vermitteln das Ambiente eines Antiquariats. Dietmar geht in die Küche, kommt mit zwei Tassen Kaffee zurück und lässt sich in einen roten Ledersessel fallen. Dann beginnt er zu erzählen.

Als gefeierter und frisch gewählter Bürgermeister holte ihn schon bald das politische Alltagsgeschäft ein mit seinen endlosen Debatten um Geschossflächenzahlen und Anträgen, die anderen Anträgen zuwiderliefen. Irgendwann wusste der Politiker nicht mehr, wofür er es auf sich nahm, seine Kinder unter der Woche höchstens fünf Minuten zu sehen. Und für sich selbst überhaupt keine Zeit zu haben. Seine Hausärztin schickte ihn im Februar 2004 für drei Wochen auf Kur nach Dänemark. Dort bekam er nicht nur Kraft, Energie und rosige Frische ins Gesicht zurück, dort fiel während eines Strandspaziergangs mit seiner Frau auch der Entschluss, auszusteigen.

Dietmar nimmt einen Schluck aus der Kaffeetasse und blickt durch die große Fensterfront nach draußen, wo die Regenwolken inzwischen so tief hängen, dass sie fast das Meer zu berühren scheinen.

»Am liebsten hätte ich nach meiner Entscheidung alles stehen und liegen lassen, doch ich war für eine volle Legislaturperiode gewählt und sah mich in der Pflicht.« Deshalb verließ er erst 2008 die politische Bühne. Er trat aus der CDU aus und gab auf einer Pressekonferenz bekannt, dass er bei der kommenden Wahl nicht mehr zur Verfügung stehe. »Tja, und so bin ich hier gelandet«, beschließt er seine Ausführungen. 50 000 Deutsche leben in Dänemark. Sie gehören entweder der deutschen Minderheit in Nordschleswig an, sind einem lukrativen Stellenangebot gefolgt oder der Liebe wegen gekommen. 50 000 Geschichten, von denen sich viele ähneln. Doch die Geschichte von einem Bürgermeister, der nach Dänemark gekommen ist, um Kantor zu werden, ist wohl einzigartig.

Von unten ist Birgit zu hören, die offenbar für heute fertig mit Streichen ist. »Müsst ihr nicht langsam los? Die letzte Fähre legt in einer guten halben Stunde ab«, ruft sie. Erschrocken schaue ich auf die Uhr. »Keine Sorge. Das schaffen wir. Ich fahr dich«, beruhigt mich Dietmar.

Als wir vor das Haus treten, fällt ein Regenbogen in die aufgepeitschte See. Auf dem Weg zum Fährhafen in Ærøskøbing grüßen die Einheimischen Dietmar. Sie scheinen den Deutschen hier zu mögen. Ganz offenbar wird er auf Ærø gebraucht.

»Eine Frage habe ich noch«, sage ich, nachdem wir angekommen sind. »Was machst du eigentlich unter der Woche? Gottesdienst ist doch immer nur sonntags. Oder hast du sechs Tage frei?« Dietmar grinst. »Ich fahre und wasche dreck'sche Wäsche.« Ich schaue ihn fragend an. »Ich arbeite für die Inselwäscherei Ø-Vask. Überrascht?« Ich überlege kurz

»Nein, eigentlich nicht.« In Dänemark ist alles möglich.

Nach einer ruhigen Überfahrt und einer *pølse med det hele* legt die Fähre in Svendborg an. Da ich lange auf meinen Bus warten muss und eine *pølse* in etwa so sättigend ist wie ein Bierdeckel, genehmige ich mir an einer Bude noch eine zweite. In Nyborg verpasse ich dann den Zug nach Kopenhagen und vertreibe mir die Wartezeit, genau, mit einer dritten *pølse*. Als ich gegen 22 Uhr endlich in Kopenhagen ankomme, habe ich nicht nur fünf Stunden für die Reise gebraucht, sondern auch einen ordentlichen Klumpen Würstchen-Gewürzgurkenscheiben-Röstzwiebeln-Gemisch im Magen. Vielleicht sollte ich doch einfach mein Auto ummelden? Das wäre bei künftigen Reisen nicht nur zeitsparend, sondern auch gesünder.

Wie sehr mir mein fahrbarer Untersatz fehlt, merke ich schon zwei Tage später wieder, als ich zu meiner kleinen Expedition nach Bornholm aufbreche, jener Insel, die man rein geographisch auch Polen zurechnen könnte. Ganz im Osten, weitab vom Rest des Landes, liegt die Insel mitten in der Ostsee. Bornholm gehört zum *udkantsdanmark*, zum »Randgebietsdänemark«. So merkwürdig diese Bezeichnung klingt, so offiziell ist sie. Mit *udkantsdanmark* sind all jene Kommunen gemeint, deren größte Stadt weniger als 30 000 Einwohner hat und die mehr als 40 Kilometer entfernt von einem der sogenannten geographischen Zentren Dänemarks liegen. Da es mit der Hauptstadtregion, Odense, Århus sowie Aalborg jedoch nur vier solcher Zentren gibt, ist der überwiegende Teil des Landes *udkantsdanmark*. Der dänische Komiker Jan Gintberg hat in seiner Fernsehsendung *Gintberg på kanten*, Gintberg am Rande, viele dieser Regionen besucht, weil *udkantsdanmark* eben auch den Ruf des Ländlich-Verschrobenen hat, wo die Uhren langsamer gehen und überhaupt alles ein wenig anders ist als im großstädtischen Kopenhagen. Gintberg nimmt das auf die Schippe, ohne es sich dabei mit den *udkantsdanskere* zu verscherzen. Sollte er wohl auch nicht, denn dafür sind es einfach zu viele.

Der Weg ist das Ziel, also entscheide ich mich gegen

das Flugzeug und nehme stattdessen den Zug über den Øresund ins schwedische Ystad und von dort die Fähre nach Rønne, der Hauptstadt Bornholms. Schon bei meiner Ankunft sehe ich, dass Bornholm auch ein Paradies für Fliegenfischer ist, die sich auf die Jagd nach Lachs und Forellen machen. Vor dem Touristeninformationszentrum hat sich eine Gruppe Deutscher in Wathosen und mit Anglerruten versammelt. »Hoffentlich beißen sie heute besser«, grummelt einer und streicht sich eine Strähne seines schlohweißen Haars aus dem Gesicht. »Gestern hatte ich einen sooo großen Grönländer am Haken«, prahlt ein anderer und breitet dabei die Arme aus, als hätte es sich dabei um einen Blauwal gehandelt. »Das ist doch noch gar nichts. Vor zwei Tagen, da wurde ich hier an der Küste fast von einem Fisch ins Meer gezogen, so stark war der«, stimmt ein Dritter ins Anglerlatein mit ein. Für die Hobbyfischer scheint es gut zu laufen. Dabei spielt ihnen die milde Witterung in die Hände. Denn im März können auf Bornholm auch schon einmal 20 Zentimeter Schnee liegen. Heute aber ist es auf der Insel mit zehn Grad überdurchschnittlich warm.

Der Hafen liegt still im Schatten der Sankt-Nikolaj-Kirche. Als eines der wenigen Gebäude in Rønne ist die Kirche vom Bombardement sowjetischer Fliegerverbände am 7. und 8. Mai 1945 verschont worden. Beim großen Umbau zwischen 1915 und 1918 erhielt sie einen Altar mit Holzschnitzereien des Bornholmer Künstlers Christian Koefoed (wahlweise Kofoed oder Kofod). Der Name Koefoed gehört einer von sechs Bornholmer Urfamilien, welche die Stammtafeln der Insel dominieren. Anders gesagt: Jeder zweite Bewohner Bornholms heißt so. Jens Pedersen Koefoed beispielsweise wirkte 1658 maßgeblich an der Befreiung Bornholms von den schwedischen Truppen mit und wird seitdem als Held verehrt. Auch Dänemarks ehemaliger Landwirtschafts- und Fischereiminister Niels Anker Koefoed kommt von der Insel. *Koefoed* heißt übersetzt Kuhfuß. Ein widersinniger Name, findet Komiker Jan Gintberg. Wo Kühe doch keine Füße, sondern Klauen haben. Die Hälfte der Bornholmer müsste sich ihm zufolge umtaufen lassen und *koeklo* heißen.

Nach einer kleinen Stärkung (*en ristet pølse med det hele*) zieht es mich für meinen Artikel über den Niedergang der Bornholmer Fischereiindustrie nach Nexø. Das Busnetz ist mit insgesamt zehn Linien ziemlich gut ausgebaut. Die Route führt einmal quer über den Südteil der Insel. Anders als im Norden, wo sturmumtoste Felsen aus dem Wasser ragen und zwischen Klippen eingekeilte Spaltentäler der Landschaft eine gewisse Dramatik verleihen, ist es hier flach und ruhig. Die fruchtbare Moränenlandschaft ist zu weichen Wellen aufgestülpt, die Küste charakterisiert durch lange und vor allem weiße Sandstrände.

Der Busfahrer ist ein hagerer Mann in den Fünfzigern mit einer für März unverschämten Bräune im Gesicht. Sein Namensschild weist ihn als Jan Erik Koefoed aus.

»Wir haben hier den feinsten und weißesten Sand der Welt!«, ruft er plötzlich nach hinten. Ich drehe mich erstaunt um, doch außer mir sitzt niemand im Bus.

»Äh, das ist ja ganz großartig. Aber wieso erzählst du mir das?«, rufe ich zurück. In Kopenhagen hat mich noch nie ein Busfahrer über die Besonderheiten der Stadt aufgeklärt.

»Na, du bist doch nicht von hier. Da kann ein bisschen Information nicht schaden.« Er hat recht. Doch woran hat er das erkannt? Hätte ich mich zu Beginn der Fahrt gleich als ein Koefoed ausweisen müssen? »Es war dein Dialekt«, klärt mein Tourguide mich auf. »Als du die Fahrkarte kauftest, klangst du so *jysk*. Lass mich raten: Du bist aus Århus.« Ich fühle mich geehrt, dass mein Dänisch inzwischen als das eines Jütländers durchgeht.

»Ich wohne in Kopenhagen, aber eigentlich bin ich aus Deutschland«, gebe ich zu.

»Sieh an, ein *tysker*!«, entfährt es dem Busfahrer. »Ihr habt ja auch Sandstrände. Aber sicher nicht so weiße wie wir. Wir haben hier nämlich den feinsten und weißesten Sand. Aber das sagte ich ja bereits.«

»Stimmt nicht. Den weißesten Sand findet man auf der Insel Rügen«, entgegne ich. Jan Erik Koefoed schüttelt den Kopf.

»Da bist du einer Fehlinformation aufgesessen, *min lille ven* (mein kleiner Freund).« Ehe wir jetzt endlos über etwas diskutieren, was ohnehin nicht bewiesen werden kann, entscheide ich mich für ein riskantes Manöver.

»Ich mache dir einen Vorschlag. Wenn ihr auf Bornholm den feinkörnigsten und weißesten Sand habt, dann kommt das Vollkornbrot aus Deutschland.« Gespannt versuche ich, über den Rückspiegel in dem gebräunten Gesicht des Busfahrers zu lesen. Bin ich zu weit gegangen? Wird mich Jan Erik gleich in der Hügellandschaft Bornholms aussetzen? Momente des Schweigens vergehen. Doch dann lacht Jan Erik laut auf.

»Einverstanden! Du kannst mich auf die Liste deiner Befürworter setzen. Aber sag das bloß niemandem hier auf der Insel.«

Während der verbleibenden Fahrt erzählt mir Jan Erik noch einige Details über Bornholm. Etwa dass die drei einzigen Dinosaurierfossilien Dänemarks hier auf der Insel gefunden wurden. Zeit genug für seine Geschichten hat er, denn der Bus nimmt nicht den direkten Weg nach Nexø. Er hält vielmehr in jedem Dorf und an jeder Haustür. Erst nach knapp 45 Minuten erreiche ich mein Ziel.

Wie die Hauptstadt Rønne wurde auch Nexø während des sowjetischen Bombenangriffs im Mai 1945 fast vollständig zerstört, und heute dominieren Nachkriegsbauten das Stadtbild. Ich verabschiede mich von Jan Erik und marschiere direkt zum Hafen, wo ich auf Fischer zu treffen hoffe. Doch bis auf ein paar kleine Kutter herrscht gespenstische Verlassenheit. Ein Junge dreht auf einem Fahrrad seine Runden, das Summen eines Generators ist zu hören, Wasser schwappt gegen die Kaimauern. Ich schlendere die Hafenpromenade entlang zu einer roten Holzhütte. Ein verblichenes Messingschild trägt die Aufschrift *pakhus*, was so viel heißt wie »Schuppen« oder »Lagerhalle«. Ich höre Stimmen und klopfe an.

»Ja?«, krächzt es von drinnen. In dem Schuppen schlägt mir beißender Zigarettenrauch entgegen. Ich blinzele in eine Runde älterer Männer. Auf den Holztischen vor ihnen stehen halbleere Gläser mit Bier und Aschenbecher. An einem der hinteren Tische spielen vier Männer Karten.

»*Davs*«, versuche ich mich an einer umgangssprachlichen Begrüßung, die bei älteren Dänen sehr gebräuchlich ist. »Ich suche einen Fischer. Oder jemanden, der einmal ein Fischer war.«

»Wieso, Junge?«, antwortet einer der Männer vom

Kartentisch spontan. »Hast du Arbeit für uns?« Einige lachen heiser. Auch ich muss grinsen.

»Nein. Ich würde einfach gerne wissen, was passiert ist, seitdem diese Fotos gemacht wurden.« Ich zeige mit dem Finger auf die eingerahmten Schwarzweißbilder, die an der Wand hängen. Ganze Flotten von Fischkuttern sind darauf zu sehen. Männer, die sich auf ihren Booten kaum bewegen können, weil sie knöcheltief im Hering stehen. Riesige Trawler, die am Hafen von Nexø vor Anker liegen, und weißer Rauch, der an Land aus den Schornsteinen der Räuchereien aufsteigt.

»Ach das. Das ist lange her«, sagt ein Mann. Er sitzt abseits von den anderen und starrt aus dem Fenster, obwohl durch das Milchglas kaum etwas zu sehen ist. Ich gehe zu ihm und setze mich ihm gegenüber an den Tisch.

Der Alte zündet sich mit zittriger Hand eine Zigarette an. Die Flamme lässt die Falten in seinem Gesicht für einen Moment lange Schatten werfen. Nachdem er einen tiefen Zug genommen hat, schaut er mich das erste Mal an. Seine großen Augen liegen nah beieinander und sind wässrig, als spräche aus ihnen die ganze Melancholie des Meeres. Er deutet auf eines der Fotos an der Wand.

»Siehst du den jungen Mann dort, der Heringe in den Frachtraum schaufelt? Das bin ich.«

»Wann war das?«

»Das muss so um 1980 gewesen sein, also vor 30 Jahren. Ich verbrachte meine Lehrjahre auf dem Trawler Thor. Tonnenweise Hering verschwand jeden Tag in seinem Bauch. Die Fische reichten mir manchmal bis zu den Knien. Ich schaufelte Hering und bediente die Maschinen, die das Schleppnetz einholten. Wenn die großen Heringsströme kamen, waren wir Tag und Nacht auf See. Es war harte Arbeit, aber es war Arbeit«, erzählt der Mann, der sich im Anschluss als Martin vorstellt. »Überhaupt, die Achtziger«, fährt er fort, nachdem er seine Zigarette ausgedrückt hat, »das war eine unbeschwerte Zeit auf Bornholm. Die Menschen waren wohlhabend. Wie mein Vater. Auch er war Fischer. Hatte sein eigenes Boot und verdiente viel Geld. Eigentlich war er mehr Kaufmann. Ich fuhr schon als kleiner Junge immer mit ihm raus aufs Meer. Und nach unserer Rückkehr half ich dabei, den Hering aus dem Netz zu fuseln und ihn dann für das Räuchern auszunehmen. Weit mehr als 100 Räuchereien gab es damals noch auf Bornholm. Heute sind es vielleicht noch zehn. Wenn's hoch kommt.« Martin nimmt einen Schluck Bier und zündet sich die nächste Zigarette an.

Als Ende der achtziger Jahre die ersten Fangquoten auf europäischer Ebene beschlossen wurden, traf das die Fischer auf Bornholm hart. »Mein Vater und ich gingen auf die Straße und demonstrierten«, erzählt er. Martin zündet sich die nächste Zigarette an. Der Betrieb seines Vaters ging in Konkurs, wie zahlreiche andere. Die Familie verlor ihr Vermögen und Martin seine Zukunft. Viele Fischkutter wurden vor seinen Augen verschrottet. »Einige Jahre konnte ich noch auf einem der verbliebenen großen Schiffe anheuern. Dann fiel auch dieser Arbeitsplatz weg. Und jetzt sitze ich hier, frühpensioniert«, beendet er seine traurige Geschichte. Fangquoten habe ich wegen der Überfischung der Meere stets vorbehaltlos gutgeheißen. Daran ändert Martins Schicksal und das vieler anderer Fischer auf Bornholm im Prinzip zwar nichts, aber es macht mich nachdenklich und hinterlässt einen faden Beigeschmack. Wir sitzen noch eine Weile zusammen und rauchen eine Zigarette, ohne miteinander zu sprechen. Dann verabschiede ich mich von Martin und den anderen.

Draußen strömt frische Seeluft in meine Lungen. Die Sonne steht schon tief am Himmel und taucht den Hafen von Nexø in ein warmes Licht. Bis der Bus nach Rønne abfährt, dauert es noch eine Weile. Zeit genug für eine kleine Stärkung. Dieses Mal lasse ich jedoch den *Pølse*-Stand links liegen, gehe in ein traditionelles Bornholmer Wirtshaus und bestelle ein Bier und eine Bornholmer Spezialität. *Sol over Gudhjem*, geräucherter Hering mit einem rohen Eigelb, Zwiebeln, Schnittlauch und Radieschen. Irgendwie habe ich das Gefühl, dass ich das Martin und den anderen Bornholmer Fischern schuldig bin.

Um halb zwei Uhr morgens bin ich endlich zu Hause. Es ist still, Sara liegt im Bett und schläft. Erst jetzt fällt mir auf, wie erschöpft ich nach dieser Woche bin. Die Reisen zu den Inseln Ærø und Bornholm waren zwar wunderschön, aber eben auch anstrengend. Ich schaue auf Saras Bauch und denke an all die Wochenendausflüge, die wir als Familie machen werden. Es gibt noch so viel zu sehen in Dänemark: Skagen, die Nordspitze Jütlands, die rauen Küsten Westjütlands, die Kulturhauptstadt Sønderborg, Lolland, Falster. Dann denke ich an die Verspätungen öffentlicher Verkehrsmittel, an verpasste Züge und das viele Umsteigen. Mein Entschluss steht fest:

»Ich werde mein Auto ummelden!« Mit diesem Gedanken schlafe ich ein.

ZWANZIG

Bis zum errechneten Geburtstermin sind es nur noch fünf Tage. Langsam läuft uns die Zeit davon. An einem Freitagmorgen sitzen wir in der Küche und frühstücken. Sara ist bereits bei ihrem dritten Becher Maracujajoghurt. Seit Wochen versuchen wir jetzt schon, einen Namen für unseren Sohn zu finden, doch die Fronten sind verhärtet.

»Ich sagte doch bereits: Maximilian kommt nicht in Frage!«, poltert Sara mit vollem Mund. »Der Name funktioniert in Dänemark einfach nicht, und außerdem finde ich ihn nicht schön. Was ist mit Niels?«

»Zu dänisch, zu norddeutsch«, entgegne ich. Seitdem ich in Kopenhagen lebe, befällt mich bisweilen eine leichte Panik, meine bayerischen Wurzeln könnten im Norden vertrocknen.

»Was hältst du von Luca?«, versucht es Sara weiter.

»Ein schöner Name – wenn wir Italiener wären …«

Sara rollt mit den Augen.

»Dir kann man es wirklich kaum recht machen«, klagt sie, während sie noch einen Becher Maracujajoghurt öffnet.

»Ich weiß«, gebe ich zu. »Aber es ist auch wirklich

nicht einfach, einen Namen zu finden. Er muss sowohl in Dänemark als auch in Deutschland gut klingen, wir wollen keinen Modenamen, und Schöpfungen wie Wilson-Gonzales oder San Diego fallen ebenfalls flach. Was bleibt denn da noch?«, frage ich verzweifelt. Am Anfang von Saras Schwangerschaft ließen wir die Namenssuche noch locker angehen. Ich machte mir einen Spaß daraus, unser Kind nach allem Möglichen zu benennen, das in meinen Ohren lustig klang. Nach Ortschaften (*Fløng*, ausgesprochen Flöng), nach Farben (*grøn*, grönn) oder nach einer bekannten Boulevardzeitschrift (*Billed Bladet*, Billel Blällel). Doch jetzt müssen wir Farbe bekennen. Und die wird ganz sicher nicht *grøn* sein.

»Denk daran, dass wir heute Nachmittag bei meiner Cousine Marie-Louise und bei Toke eingeladen sind«, wechselt Sara das Thema. »Vielleicht können die uns ja bei der Namenssuche helfen.«

»Ja, vielleicht«, antworte ich zögernd. Dass die beiden uns einen guten Rat geben können, bezweifle ich. In meinen Augen sind sie nämlich nicht sonderlich bewandert in der Kunst der Namensgebung. Ihre beiden Kinder heißen Thorvald und Storm.

Marie-Louise, Toke, Thorvald und Storm wohnen in Sluseholmen, einem Teil des Kopenhagener Viertels Sydhavn am anderen Ende der Stadt.

»Können wir nicht doch das Auto nehmen?«, bettelt Sara. »Es ist so ein weiter Weg, und mit meinem Bauch brauche ich schon bis zur Bushaltestelle eine halbe Stunde.«

Ich bin von Saras Vorschlag nicht begeistert. Vor einigen Tagen habe ich den Wagen nach fast vier Monaten aus Finns Garage geholt, um ihn Anfang kommender Woche endlich umzumelden. Bis dahin wollte ich das Glück eigentlich nicht mehr herausfordern und das Auto einfach stehenlassen. Aber als ich sehe, wie viel Mühe es Sara alleine schon bereitet, den Teller in die Spülmaschine zu stellen, habe ich Mitleid und willige ein. Die Arme keucht und stöhnt ja bei jedem Schritt. Eine 45-Minuten-Tour mit öffentlichen Verkehrsmitteln und mehrmaligem Umsteigen will ich ihr da einfach nicht zumuten.

Während sich Sara schon einmal auf die kleine Weltreise bis zu unserem Auto begibt, das vor der Haustür steht, hole ich die Kliniktasche aus dem Arbeitszimmer. Dort steht sie schon seit zwei Wochen fertig gepackt: Bademantel, warme Socken, Nachthemd, Waschutensilien, Handtücher, Müsliriegel und ein Buch – obwohl ich mir nicht vorstellen kann, dass Sara während der Geburt zum Lesen kommen wird. Für mich habe ich neben Anziehsachen zum Wechseln auch noch eine Packung Pflaster in die Tasche gelegt. Für etwaige Blasen an den Füßen, die ich mir wahrscheinlich durch rastloses Auf-und-ab-Gehen auf dem Flur zuziehen werde.

In Kopenhagen ist gerade Fashion Week. Die Straßen Kopenhagens – die auch sonst vielen gutaussehenden Menschen als Flaniermeile dienen – sind von zahlreichen Schönheiten bevölkert. Ich weiß nicht, ob der Verkehr so stockt, weil der Modezirkus Gäste aus aller Welt nach Kopenhagen lockt oder weil die Männer hinterm Steuer beim Anblick der vielen hübschen Passantinnen das Fahren vergessen. Sara räuspert sich laut neben mir, als die Ampel auf Grün springt, während ich einer jungen Frau im kurzen Rock hinterherschaue.

»Du weißt, eigentlich macht mir das nichts aus. Aber mit meinem dicken Bauch und der Gewissheit, dass ich in den kommenden Wochen und Monaten chronisch übermüdet und in Jogginghosen herumlaufen werde, fühle ich mich nicht besonders attraktiv«, weist sie mich zurecht. Zerknirscht streichle ich ihren Bauch.

»Keine Angst, für mich wirst du immer die Schönste bleiben«, beruhige ich sie. »Und *so* anstrengend wird es schon nicht werden.«

Als Marie-Louise uns die Tür aufmacht, bin ich mir da nicht mehr so sicher. Ein kurzes *Hej*, mehr bringt Saras Cousine nicht heraus. Sie muss sich schnell wieder auf die Jagd nach Storm begeben, der sich gerade einen Spaß daraus macht, den Haferflockenbrei, den er eigentlich essen sollte, in der gesamten Wohnung zu verteilen und sich anschließend damit am ganzen Körper zu beschmieren. Klein Thorvald sitzt unterdessen in seinem Babystuhl am Tisch und räumt mit der Hand ein Stück Kuchen samt Teller ab. Unter dem Couchtisch liegen Essensreste, deren Herkunft nicht mehr auszumachen ist. Bauklötze und Spielzeugautos machen den Weg durch die vier Zimmer zu einem gefährlichen Hindernisparcours. Beim Anblick des Chaos packt mich Sara nervös am Arm.

»Ein Kind, das reicht«, flüstert sie. Mit dieser Ansage kann ich gut leben.

Endlich hat Marie-Louise Storm eingefangen. Ziemlich sauer zerrt sie ihn ins Bad, um ihn sauberzumachen.

»Wo ist Toke?«, will Sara wissen.

»Der musste leider ins Krankenhaus, die Schicht eines Kollegen übernehmen«, antwortet Marie-Louise kurzatmig. Wir beschließen kurzerhand, für den Vater einzuspringen. Während Marie-Louise im Badezimmer mit Storm beschäftigt ist, setzt Sara sich neben

Thorvald und passt auf, dass er keine weiteren Kuchenstücke über die Tischkante schiebt. Ich gehe in die Küche und kümmere mich um Kaffee und Tee. Nach einer halben Stunde sitzen endlich alle auf ihren Plätzen, und wir können uns dem leckeren Kardamomkuchen widmen, den Marie-Louise gebacken hat. Natürlich kommen wir auch auf mögliche Namen für unseren Nachwuchs zu sprechen, wobei ich mich vehement gegen Vorschläge wie Malte, Anders, Knut oder Jesper zur Wehr setze. Doch meine nicht ganz ernstgemeinten Vorschläge Hans, Franz und Dieter kommen auch nicht besonders gut an. Schließlich erzählt Marie-Louise von einer Bekannten, die ihren Sohn vor kurzem auf den Namen Julian taufen ließ.

»Julian. Das klingt doch süß!« Sara ist spontan begeistert.»Du hast recht. Julian ist wirklich ein schöner Name.« Ich bin heilfroh, dass wir endlich zusammengefunden haben.

Der Nachmittag verspricht ruhig zu werden, wenn man einmal von Thorvald und Storm absieht, die mit Vorliebe Bauklötze um sich schmeißen. Doch es kommt alles anders. Vielleicht ist es das Kardamom in den drei Stück Kuchen, die Sara verdrückt hat, vielleicht ist es aber auch einfach nur Zeit. Saras Wehen setzen ein. Es geht alles sehr schnell. Als ich das Kopenhagener Rigshospital anrufe, liegt sie bereits mit einem warmen Kirschkernkissen auf der Couch und atmet, so gut es geht, tief ein und aus. Thorvald und Storm werfen keine Bauklötze mehr, sondern starren mit offenem Mund Sara an. Die Dame von der Entbindungsstation sagt mir am Telefon, dass wir sofort kommen sollten. Völlig durch den Wind, packe ich unsere Sachen zusammen und helfe Sara in Mantel und Schuhe.

»Hier, nehmt den noch mit. Ohne wird euch das Krankenhaus sonst nicht wieder fahren lassen«, mit diesen Worten drückt mir Marie-Louise einen Kindersitz für das Auto in die Hand.Nach drei weiteren Wehen sitzen wir endlich im Wagen und brausen Richtung Krankenhaus.

Als uns der altbekannte Polizeibeamte ungläubig anstarrt, sehe ich mich schon in Handschellen und den Wagen beschlagnahmt. Ich könnte es ihm auch nicht verübeln. Beim letzten Mal habe ich ihm schließlich hoch und heilig versprochen, mein Auto so schnell wie möglich umzumelden.

»Was soll ich denn bitte schön davon halten?«, fragt er mich und stemmt die Hände in die Hüften. Aufregungsschweiß und Angstschweiß fließen mir kalt den Rücken herunter. Gerne würde ich dem Polizisten alles in Ruhe erklären, doch die Worte schwirren in meinem Kopf wie ein aufgescheuchter Fliegenschwarm.

»Ich wollte das Auto ummelden, doch das war so teuer, und dann habe ich es bei Bekannten in die Garage gestellt, und dann wollte ich es doch ummelden, und jetzt liegt meine Freundin in den Wehen!«, verhasple ich mich und zeige auf Sara, die mit geschlossenen Augen auf dem Beifahrersitz vor sich hin hechelt. Der Beamte beugt sich nach vorne, um sie besser sehen zu können. Er grübelt.

»Wenn deine Freundin nicht schwanger neben dir säße, würde ich denken, du bist betrunken, so wirr, wie du redest«, sagt er schließlich. »Wie weit ist sie?«

»Weiß ich nicht genau. Aber die Schwester am Telefon meinte, wir sollten sofort kommen.« Ich bin erleichtert, dass sich der Polizist jetzt auf das Wesentliche konzentriert. Er richtet sich wieder auf und blickt die Nørre Søgade hinunter, auf der sich der Berufsverkehr im Schritttempo Richtung Fredensbro quält.

»Rigshospitalet, nehme ich mal an«, sagt er. Ich nicke. »Mir nach. Haltet euch dicht hinter dem Einsatzfahrzeug.« Dann läuft er zu seinem Streifenwagen, steigt ein, schaltet das Blaulicht an und fährt los. Vor lauter Aufregung würge ich erst einmal den Wagen ab. Gerade noch rechtzeitig – ehe sich die Blechlawine, die sich vor dem Blaulicht geteilt hat, wieder schließt – gelingt es mir, dicht hinter den Streifenwagen zu kommen. Im Berufsverkehr hätten wir für die wenigen hundert Meter bis zum Krankenhaus eine halbe Stunde gebraucht. So aber sind wir nach fünf Minuten da. Auf dem Parkplatz spüre ich die Blicke der Passanten, die sich wahrscheinlich über den deutschen BMW mit der Polizeieskorte wundern. Ich stoße in eine freie Parklücke und helfe Sara aus dem Auto. Ihr Gesicht ist schmerzverzerrt. Die Abstände zwischen den Wehen sind inzwischen so kurz, dass ihr kaum mehr eine Verschnaufpause bleibt. Ich bedanke mich überschwenglich bei dem Polizisten für seine Hilfe und schleppe mich mit Sara Richtung Eingang.

»Keine Ursache«, ruft er uns hinterher. »Wir sehen uns dann später.« Ich bin zu nervös, um zu überlegen, was er damit wohl gemeint haben könnte.

Nach einer kurzen Voruntersuchung wird uns ein eigenes Zimmer zugewiesen. Ich bin überrascht, wie wenig es mit einem sterilen, kalten Kreißsaal gemein hat. Fast schon hyggelig ist es. Am Fenster hängen dicke Vorhänge, die dem Raum eine warme Atmosphäre geben. In der Ecke liegt ein Gymnastikball, es gibt eine Sprossenwand, und das Gebärbett sieht so bequem aus, dass ich mich am liebsten selbst hineingelegt hätte. Dann hätte ich aber wohl gewaltigen Ärger mit Sara bekommen. Einzig der graue Linoleumboden und die Messapparaturen erinnern mich daran, dass wir in einer Klinik sind. Sara nimmt sofort die riesige Badewanne in Anspruch, die sich in einem Nebenzimmer befindet. Das warme Wasser entspannt sie für eine Weile. Ich nutze die Zeit und rufe Meliha an. Wir hatten schon vor Wochen ausgemacht, dass sie uns bei der Geburt unterstützt, denn Sara soll keinen Augenblick alleine sein. Inzwischen ist die Hebamme da.

»Gibt es denn nichts zu tun? Wann geht es los? Wie lange dauert es noch?«, löchere ich sie mit Fragen.

»*Bare rolig*, das Ganze wird noch eine Weile dauern. Ich kann aber nicht genau sagen wie lange«, antwortet sie mir ruhig. »Warum setzt du dich nicht und liest etwas?« Die Frau hat gut reden. Ich habe jetzt keine Nerven, um in einem Buch zu schmökern. Stattdessen halte ich Saras Hand oder wandere auf und ab. Als Meliha endlich kommt, scheinen Saras Schmerzen einen neuen Höhepunkt erreicht zu haben. Sie prustet und wimmert und schreit – und macht mich zur Schnecke, weil ich sie die ganze Zeit frage, was ich für sie tun soll. »Nicht fragen, einfach machen!«, ruft sie. Meliha und die Hebamme lachen.

Es dauert vier Stunden, bis wir Julian endlich in den Armen halten.

Ausgelaugt, aber glücklich liegt Sara im Bett. Meliha öffnet eine Flasche alkoholfreien Apfelcidre, und während wir mit Plastiksektgläsern anstoßen, wird Julian einer ersten Untersuchung unterzogen und bekommt im Anschluss sofort eine CPR-Nummer zugewiesen. Wie sollte der Gute auch sonst in den kommenden Tagen ein Bankkonto eröffnen oder einen Bibliotheksausweis beantragen? Nach zwei Stunden werden wir entlassen. Die nächsten beiden Nächte werden wir in einem *barselshotel* verbringen, einer Art Wochenbett-Hotel, wo unerfahrene und aufgewühlte Neueltern wie wir die ersten Tage gemeinsam mit dem Nachwuchs unter professioneller Aufsicht verbringen können und sich nicht um Frühstück oder Mittagessen kümmern müssen. Der dänische Staat stellt Müttern mit ihren Kindern ein solches Wochenbett-Zimmer gratis zur Verfügung, Väter müssen zahlen. Doch anders als in Dänemark sonst üblich, sind die Preise hier sehr niedrig.

Noch außergewöhnlicher ist jedoch unsere Begegnung mit dem Polizeibeamten, der uns fünf Stunden zuvor mit Blaulicht zum Krankenhaus gelotst hat. Immer noch in Uniform, sitzt er auf einem Stuhl und starrt pfeifend an die gegenüberliegende Wand. Hat er etwa die ganze Zeit vor der Klinik gewartet? Ich hätte am liebsten Julian und Sara unter den Arm gepackt und wäre mit ihnen abgehauen. Sicherlich ist er gekommen, um mir das Bußgeld für das wiederholte Fahren mit deutschem Autokennzeichen aufzubrummen. Doch als er uns sieht, springt er auf und schüttelt uns mit strahlendem Gesicht die Hände.

»*Tillykke med barnet*!«, ruft er. Glückwunsch zum Kind! »Ist es ein Mädchen oder ein Junge?« Verdutzt über die herzliche Gratulation, schaue ich mir Julian an.

»Ein Junge. Aber was machst du eigentlich hier?«

»Euch gratulieren. Mir passiert es nicht alle Tage, dass ich eine schwangere Frau mit Blaulicht durch den Berufsverkehr bringe. Und da ich jetzt Feierabend habe, wollte ich schauen, ob sie vielleicht schon entbunden hat.« Spätestens jetzt habe ich diesen Polizisten in mein Herz geschlossen.

Meliha zückt die Flasche Apfelcidre. »*Skål*!«, rufen Sara, Meliha und ich. Wir erheben unsere Plastiksektgläser in das Licht der Leuchtstoffröhren. »*Skål*!«, ruft der Polizist. »Ich heiße übrigens Finn. Und sollten wir uns irgendwann noch einmal begegnen, dann ist dein Auto entweder umgemeldet oder deine Freundin wieder schwanger«, grinst er. »Abgemacht?«

»Abgemacht.«

Gegen Mitternacht kommen wir endlich im *barselshotel* an, wo uns eine freundliche Krankenschwester unser Zimmer zeigt. Sara legt Julian in sein Bettchen und setzt sich daneben. Ich kann es immer noch nicht glauben, aber wir sind jetzt zu dritt. Wir sind jetzt eine dänisch-deutsche Familie.

EPILOG

Eine Woche später stehe ich vor einer dicken Scheibe aus Plexiglas. Die Frau dahinter sieht die Papiere durch, die ich ihr gerade durch einen Schlitz gereicht habe. Die zentrale Zulassungsbehörde liegt im Kopenhagener Stadtteil Sydhavn, nicht weit von Marie-Louises und Tokes Wohnung entfernt. Vielleicht hätte ich das Auto schon vor einer Woche ummelden sollen, als Sara und ich bei den beiden zu Besuch waren, denke ich. Allerdings hätte ich dann nicht den netten Polizisten Finn kennengelernt.

»Macht 93 438 Kronen«, sagt die Frau hinter der Plexiglasscheibe. »Bar oder mit Dankort?« Ich wundere mich schon gar nicht mehr darüber, dass die Zulassungsstelle selbst bei solch hohen Summen keine Kreditkarten akzeptiert, und stecke meine Dankort in das Kartenlesegerät.

»Willst du dein Nummernschild mit EU-Zeichen oder ohne?« Ich muss an Paw denken, der mir mal erzählt hat, dass sich viele Dänen als notorische EU-Skeptiker ganz bewusst für die alten Kennzeichen entscheiden.

»Mit EU-Zeichen natürlich«, entgegne ich, ohne zu zögern.

»Gut. Macht 1500 Kronen bitte.« Wieder zücke ich meine Dankort. *Bare rolig*, denke ich mir. Ich kann es sowieso nicht ändern. Die Frau greift hinter sich in ein Regal, wo die Nummernschilder bereits fertig gepresst stehen. Im Tausch gegen mein geliebtes M-Kennzeichen bekomme ich meine neue Kfz-Identität zugeschoben.

»Wir werden uns um die Abmeldung deines Autos in Deutschland kümmern und die Behörden vor Ort benachrichtigen«, klärt mich die Frau am Ende noch auf. Das Ganze kostet ein Vermögen, aber der Service stimmt. Ich bedanke mich und verlasse das Gebäude.

Draußen scheint die Frühlingssonne auf den Parkplatz. Es hat gerade aufgehört zu regnen, es riecht nach nassem Asphalt. Ich schlendere zu meinem Auto und befestige die neuen Kennzeichen. Dann trete ich ein paar Schritte zurück und betrachte das Ergebnis.

»Sieht gut aus.«

Carlsberg Beer
Carlsberg Beer